KB259966

준비의 힘

준비의 힘

로널드 M. 샤피로, 그레고리 조던 지음 | 신선해 옮김

한울

차 례

들어가는 글 | 프로들은 '준비'를 통해 성공한다 · **7**

Part 1 당신은 결코 충분히 준비하지 않았다

1장. 바보들은 제대로 준비할 줄 모른다 — **20**

날뛰는 열정에 '준비'라는 고삐를 채워라 | 실패하는 사람의 세 가지 변명

2장. 성공의 달인들은 '특별한' 준비를 한다 — **39**

Part 2 시작 전에 승리하는 준비 원칙

1장. 최고가 되는 가장 확실한 방법, 목표 — **50**

약물 사용 누명을 벗은 야구선수들 | 자신의 재능에 알맞은 목표를 세워라
다른 것보다 목표를 먼저 추구하라 | 목표는 반복 또 반복해서 기억하라

2장. 누군가는 분명 해본 일이다 — **67**

보수주의자에게 누드 공연 허락받기 | 연봉을 올리려면 확실한 준비를 하라
과거의 사례를 알면 돈의 흐름이 보인다 | 과거의 사례를 알면 생명을 구할 수 있다

3장. 미래를 예측하면 두려움이 사라진다 — **87**

인재 약탈에 나선 대기업과의 한판 승부 | 삶의 궤도를 바꾼 선택
걸작을 만드는 긍정의 힘 | 나만의 기준과 원칙으로 선택하라
대안을 속속들이 분석하고 평가하라 | 균형 잡힌 시각으로 모든 것을 분석하라

4장. 상대방의 관심사를 꿰뚫어 보라 — **110**

연봉 인상 대신 명예를 택한 콘서트마스터 | 시간과 돈을 아끼는 최고의 방법
상대방의 관심사를 뼛속까지 이해하라 | 상대방의 관심사를 세부적으로 공략하라
청중을 울릴 단 한마디를 찾아라 | 상대의 관심사를 읽는 것이 실력이다
관중의 생각을 손바닥 보듯 읽어라

5장. 전략을 짜면 명확한 길이 보인다 — **133**

《손자병법》보다 더 중요한 당신의 전략 | 비싼 수업료를 내고 배운 전략의 힘
전략을 세우면 인생의 낭비가 없다 | 전략으로 문제의 핵심을 찔러라
상황이 변해도 전략은 버리지 않는다 | 부분으로 쪼개서 전략을 만들어라

6장. 업무의 미로, 일정 관리로 빠져나와라 — **156**

일정은 잔뜩 꼬인 일도 술술 풀리게 한다 | 일정은 모든 장애물을 제거한다
일정은 막연한 꿈을 현실로 만든다

7장. 최고의 팀원으로 최상의 성공을 거머쥐다 — **180**

효율적인 팀 운영이 성공을 약속한다 | 팀원 모두가 완벽할 필요는 없다
성공의 가장 큰 원동력, 팀원 | 최적의 멤버를 찾아라
팀은 팀원으로 만들어진 건축물이다

8장. 어려운 부탁을 할 때는 각본을 준비하라 — **202**

연봉 협상의 가장 중요한 원칙 | 예산을 끌어오는 가장 확실한 방법
직감보다 각본에 의존하라 | 각본은 선택이 아니라 의무다

9장. 실수는 있어도 실패는 없다 ·········· **224**

면접에서 절대 떨어지지 않는 비결 | 실수를 인정하면 길이 보인다
피할 수 없다면 실수에서 배워라

Part 3 준비는 끝났다, 거침없이 승리하라!

1장. 타고난 것만으로 최고가 될 수는 없다 ·········· **244**

흔들림 없는 자신감의 뿌리, 준비 | 협상의 가장 유리한 고지, 자신감
자신감이 이기는 조직을 만든다

2장. 성공한 사람은 결과보다 준비에 집중한다 ·········· **261**

성공한 사람들은 이렇게 준비했다 | 병을 이긴 사람들은 이렇게 준비했다

3장. 결과보다 과정을 즐겨라 ·········· **272**

준비는 상상한 그대로를 이룬다 | 최악의 상황에서 더 빛나는 준비의 힘

부록

준비 원칙 체크리스트 · **282**
이 책에 나온 준비의 달인들 · **284**

프로들은 '준비'를 통해 성공한다

비행기가 부르르 떨더니 곧 활주로 위를 달리기 시작한다. 당신은 출장을 마치고 집으로 향하는 길이다. 주말 내내 가족과 함께 보낼 생각을 하니 마음이 편안해진다. 게다가 좌석도 퍼스트 클래스로 업그레이드되었다!

창밖에는 한 무리의 오리가 우렁찬 소리를 내며 지나가는 비행기에 놀라 푸드득 날아오른다. 당신은 휴대폰을 끄고 노트북도 가방에 넣었다. 비행기는 흔들림 없이 미끈하게 이륙한다. 이제 의자를 뒤로 젖히고 친절한 미소를 띤 승무원이 음료수를 갖다주길 기다린다.

모든 일이 순조롭다. 약간 늦긴 했지만 모자를 반듯하게 쓴 기장이 정중한 표정을 지은 채 조종실로 성큼성큼 들어선다. 그의 느긋한 걸음걸이와 미소 띤 얼굴을 보니 편안한 비행이 되리라는 확신이 든다. 곧 기장은 중후한 목소리로 기내 방송을 시작한다.

"승객 여러분, 안녕하십니까? 오늘도 저희 항공편을 이용해주셔서 대단히 감사합니다…."

출장을 마치고 여유롭게 집으로 돌아가는, 정말이지 기분 좋은 밤이다! 창밖으로 도시가 서서히 멀어진다. 드넓은 하늘이 눈에 들어오고 천천히 물들어 가는 석양 위로 하나둘 별이 반짝인다. 기분 좋은 여행이 될 것 같다. 그런데 갑자기 비행기 몸체에서 그르릉 하는 소리가 난다. 곧 윙윙 돌아가던 엔진 소리가 뚝 멈추더니 고요함이 찾아온다. 그 순간 몸이 의자 위로 붕 떴다 내려앉는다. 승객들은 놀라 서로를 바라본다. 승무원들도 당황한 기색이 역력하다. 그들의 눈에서 스쳐 가는 두려움을 읽는 순간, 고요는 순식간에 아우성으로 바뀐다.

비행기가 뒤집히며 왼쪽 날개가 아래를 향한다. 마침 날개 부근에 앉아 있던 당신은 몸이 왼쪽으로 쏠리는 것을 느낀다. 비행기는 일만 미터 상공에서 땅으로 곤두박질치기 시작한다. 비행기가 추락하는 그 짧은 시간 동안 가족들의 얼굴이 눈앞에 하나씩 스쳐 간다.

사고가 난 뒤, 기장이 이륙 준비를 철저히 하지 못했다는 사실이 밝혀진다. 기장과 부기장은 늘하던 대로 표준 점검 매뉴얼을 대충 훑었다. 게다가 기장은 이륙 전 승강키(비행기가 안전하게 이·착륙할 수 있도록 돕는 뒷날개 장치) 잠금을 해제하는 걸 무시했다!

자, 이번에는 다른 상황을 생각해보자. 당신의 어머니가 폐렴으로 나흘째 고생하고 계시다. 그런데 백혈구 수치가 낮은 게 문제다. 병균의 공격을 받기에 더없이 좋은 조건인 것이다. 당신은 매일 밤 불편한 병원 의자에 앉아 어머니

곁을 지키고 있다. 행여나 병균이 어머니의 병세를 악화시킬까 노심초사하면서 말이다.

당신은 마스크 쓰는 것을 잊지 않는다. 혹시라도 숨을 쉴 때 섞어 나온 뭔가가 어머니를 해칠까봐서다. 당신은 병실에 들어오는 간호사나 의사가 마스크를 착용했는지 매번 확인한다. 또 누구든 병실에 들어오기 전에는 알코올로 손을 소독하라고 두 번씩 당부한다. 병균이 득실득실한 손가락 하나라도 주삿바늘에 닿는 날엔 어머니가 돌아가실지도 모른다!

어머니를 간호하느라 너무 지쳐서 이젠 헛것이 보일 지경이다. 심지어 어머니가 다리 위치를 바꿀 수 있게 돕거나 베개를 바로잡아드릴 때 손 씻는 걸 깜빡할 뻔한 적도 있다.

당신은 의자에 머리를 기댄 채 어머니가 숨 쉬는 모습을 바라본다. 느리긴 하지만 어머니는 조금씩 회복하는 중이다. 어머니를 바라보니 미소가 절로 나온다. 그때 문이 열리고 야간 당직 간호사가 교체할 정맥 주사약을 들고 들어온다. 그는 몸놀림이 빠르다. 말도 빠르고 걸음도 빠른 간호사는 어머니의 체온도 빠르게 잰다.

간호사는 정맥 주사가 꽂혀 있는 스탠드 오른편을 향해 간다. 그 순간, 당신은 퍼뜩 깨닫는다. 간호사가 아직 손을 소독하지 않았다는 사실을! 간호사가 어머니의 팔에 꽂힌 주삿바늘을 향해 손을 뻗는다. 당신은 어머니 몸 위로 텀블링하듯 몸을 던져 간호사의 손목을 잽싸게 낚아챈다. 손목을 붙잡힌 채 간호사는 당신을 미친놈 보듯 쳐다본다. 심지어 어머니도 그렇게 쳐다보신다.

"손도 안 씻고 무슨 짓이야?" 당신은 준엄하게 말한다.

잡은 손을 놓아주자 간호사는 한숨 돌리더니 쿡쿡 웃기 시작한다. 어머니도 따라 웃는다. 방금 아들이 목숨을 살린 거라는 사실을 어머니는 깨닫지 못한 것 같다.

사실 비행기 추락 사고 이야기는 실제 있었던 일이다. 1935년 미국 오하이오 주 데이턴에서 비행기 한 대가 추락했다. 숱한 인명을 앗아간 이 사고는 조종사가 비행기 이륙 전에 승강키를 점검하는 것을 잊었기 때문에 발생했다. 이 사건을 계기로 안전한 비행을 위해 파일럿이 필수적으로 점검해야 할 사항이 하나 더 추가되었다.

파일럿 표준 점검 매뉴얼은 오랜 세월에 걸쳐 다듬어졌고, 현재 미국에서 이륙하는 모든 항공기의 기장들이 따르는 필수 절차가 되었다. 이제 이 매뉴얼은 항공 산업계에 널리 알려진 기본적이고 효과적인 준비 절차가 되었다. 최근에는 미국 전역의 병원들이 의료 서비스 매뉴얼을 개발하기 위해 컨설턴트로 파일럿을 고용하고 있을 정도다.

미국에서는 매년 100만 명에 이르는 사람들이 병원에서 포도상 구균에 감염되고 그중 약 10만 명이 사망한다고 한다. 포도상 구균 감염과 그로 인한 사망을 줄이기 위해 병원이 마련한 방법은 바로 준비 단계에서 점검 매뉴얼을 만드는 일이었다.

모든 점검 매뉴얼의 목표는 '완벽한 준비'다. 출장을 마친 비즈니스맨을 사랑하는 가족이 있는 집으로 안전하게 데려다주는 일이나 쇠약한 환자에게 건강을 되찾아주는 일에도 준비는 항상 결정적인 역할을 한다.

준비는 목숨이 오가는 심각한 상황에서만 중요한 것이 아니다. 비즈니스 거래나 협상을 할 때 또는 직원을 관리하거나 가족의 중대사를 결정할 때도 준비는 성공과 실패를 가르는 결정적 요인이 된다.

예를 들어보자. 오전 9시에 당신은 사무실에 앉아 중요한 고객의 전화를 받는다. 그는 당신 회사의 신제품을 주문하고 싶다고 말한다. 단, 자신의 요구 사항을 수락하고 오늘 정오까지 계약을 매듭짓는다는 조건하에 말이다.

당신은 몇 가지 질문을 던져본다. "혹시 저희 회사 제품 말고 생각해두신 제품이 있나요? 원하시는 가격대는?" 어쨌거나 정오는 빼도 박도 못 하는 '데드라인'이다.

그 고객은 다시 한 번 다짐을 받는다.

"무슨 수를 써서라도 정오까지 끝내야 하는 일입니다."

거래가 성사되기를 원하는 당신은 이제 갑작스런 압박감을 느낀다. 고객에게 어떤 가격을 제시할지, 납품 조건은 어떻게 할지에 대한 생각으로 머릿속은 복잡하게 돌아간다. 당신은 정말로 이 일을 따내고 싶다.

이제부터 무엇을 해야 하는가?

고객, 가족, 친구, 지인 등 누구와도 이런 난감한 상황에 처할 수 있다. 살다 보면 누구든 당신에게 부탁을 할 수도 있고 약속 기한을 요구할 수도 있기 때문이다. 그러니 고객의 질문을 이렇게 바꾸는 게 나을지도 모르겠다.

"준비를 할 준비가 되셨나요?"(Dare to Prepare:이 책의 원제목 - 옮긴이 주)

이제 남은 시간이 별로 없다. 하지만 어떤 상황에서든 수동적인 태도를 벗어나 준비하겠다고 마음먹는 데는 몇 분 걸리지 않는다. 준비는 능동적으로 대응하는 것을 의미한다. 그렇기 때문에 최선의 답은 고객에게 다음과 같이 묻는 것이다. "오전 10시 30분에 다시 연락드려도 될까요?"

고객은 아마 이를 수락할 것이고 그러면 고객의 요구에 즉시 응답하느라 신경 쓸 필요 없이 체계적으로 준비할 시간을 얻게 된다. 그리고 그 시간 동안 상황을 더욱 확실히 파악하고 앞으로 이야기할 준비 원칙을 일에 적용시킬 수 있을 것이다. 중요한 것은 목표를 분석하고 적합한 전략을 세워 상대방에게 제안하고 이를 성공시켜야 한다는 점이다. 무작정 고객의 요청을 받아들이기보다는 90분간 준비를 해두는 편이 더 나은 결과를 안겨줄 것이다. 이처럼 준비는 수동적인 대응이 아니라 적극적인 행동을 하도록 만든다.

더 나은 결과를 얻고자 한다면 당신은 준비할 시간을 확보해야 한다. 설령 시간이 촉박하더라도 체계적인 준비를 하는 것이 오히려 결과에 더 큰 도움이 된다. 사회생활을 하면서 나는 다양한 분야의 '준비의 달인'들과 알고 지내는 특권을 누렸다. 운동선수, 공무원, 사장, 음악가, 의사, 정치인 등을 말이다. 나는 그들의 삶을 보면서 '준비'의 중요성을 깨닫게 되었고, 그들의 사례를 근거로 이 책을 썼다. 이 책을 통해 당신은 삶에서 '준비'가 얼마나 중요하고 도움이 되는지 깨달을 수 있을 것이다.

당신이 알지 못했던, 준비의 모든 것

준비를 정의하기란 쉽지 않다. 조금 다른 맥락이지만 미연방 대법원의 포터 스튜어트 판사는 어느 유명한 사건을 맡으면서 이와 비슷한 문제에 부딪혔다. 그와 부판사들 역시 사건의 중요 단어를 정의하는 데 곤란을 겪었던 것이다. 그 단어는 바로 '포르노'였다. 고민 끝에 그가 내린 정의는 법률이라고 하기에는 다소 직관적인 내용이었다. '포르노란 누구나 일단 보면 포르노인지 아닌지 확실히 알 수 있다.'

준비를 정의하는 것이 이와 같은 경우인지도 모르겠다. 문법을 배우던 학창 시절을 한번 떠올려보자. 선생님은 단어를 정의하는 가장 좋은 방법이 어원으로 거슬러 올라가는 것이라고 가르쳤다. 준비(prepare)의 어원을 분석해보면 라틴어로 'pre-'는 '이전에' 또는 '미리'를 의미하고, 'pare'는 '공급하다', '제공하다'라는 뜻이다. 그렇다면 준비라는 단어는 '미리 공급하다'라는 의미쯤으로 생각해볼 수 있다.

당신은 일을 시작하기 전에 많은 것을 준비한다. 예를 들면 공을 던지기 전에, 프로젝트를 수행하기 전에, 물건을 팔기 전에, 수술 부위를 절개하기 전에, 법정에 들어서기 전에 말이다. 당신은 앞으로 닥칠 상황을 머릿속으로 예측하고 그것을 눈으로 보듯 그려낸다. 그리고 그것들을 조각조각 짜맞춰본 다음 실제로 행하거나, 보여주거나, 말할 것이다.

위인이라 불리는 사람들은 대부분 준비에 일가견이 있었다. 예를 들어 벤저민 프랭클린은 "준비하는 데 실패하는 것은 실패를 준비하는 것과 같다"라는 간결하고도 명쾌한 격언을 남겼다. 조지 워싱턴은 오합지졸인 군대를 철저히 준비시켜 당시 세계 최고의 군사력을 가진 영국과 싸워 승리했다. 케네디와 NASA 역시 엄청난 준비를 통해 인간을 달로 보내는 데 성공할 수 있었다. 살면서 우리는 영웅들의 준비 과정에 대한 이야기를 수없이 들어왔다.

나는 얼마 전《권력의 조건(Team of Rivals)》이라는 책을 읽었다. 링컨이 얼마나 꼼꼼하게 준비하고 그것을 중요하게 생각했는지 강조하는 내용이 무척 많았다. 다음은 그중 일부다.

네브라스카 법안에 반대하는 연설에 앞서 링컨은 몇 시간 동안이나 주립 도서관에 틀어박혀 있었다. 과거부터 현재까지 있었던 의회에서의 논쟁을 연구하여 미국 역사의 흐름을 꿰뚫어 본 뒤, 명확하고 합리적이며 감동적인 연설을 준비하기 위해서였다. 헌든(링컨의 법률 고문)이 관찰한 바에 따르면 링컨은 연설의 주제를 샅샅이 파악하기 전에는 어떤 의견도 내놓지 않을 사람이었다.

다음의 여덟 가지 준비 원칙에 기초해 준비를 정의해보고자 한다. 이것은 내가 40년 동안 사업가, 변호사, 전략 컨설턴트로 일하며 만들어온 것이다. 내 개인적인 삶에서뿐만 아니라 직업상 중요한 결정을 내릴 때도 이 원칙을 따랐으며, 다른 사람들을 도울 때도 유용하게 사용했다. 물론 융통성 없이 원칙만 따를 필요는 없지만 나름의 논리적인 순서는 존재한다. 실생활에서는 이 책의 부록에 실은 체크리스트를 사용하면 도움이 될 것이다. 만약 당신이 이 원칙들을 따른다면 상황에 대한 통제력과 자신감을 키울 수 있을 것이다.

1. 목표를 알아라

무엇보다 자신이 원하는 결론을 분명하게 알아야 한다. 무엇을 성취하고 싶은가? 이 질문에 먼저 분명하게 답해야 한다. 혹시 지금까지 원하는 목표는 정해두지 않고 단순하게 '반드시 해야 한다!'는 결심만 하지는 않았는가? 실제로 너무나 많은 사람들이 목표를 잊고 수단에만 집착한다. 자신의 본능이나 감정을 따르기보다는 무엇을 이루고 싶은지 확실히 생각해보라. 분명한 목표를 정하면 생생한 비전과 긴 안목이 생길 것이다. 그러면 당신은 모든 일을 전보다 침착하고 명쾌하게 처리할 수 있다.

2. 과거의 일을 참고하여 계획하라

지금 당장 어떤 일부터 해야 할지 모르겠다고? 그렇다면 과거에 당신이 경험했던 일들을 떠올려보거나 유사한 상황에서 다른 사람들이 어떻게 해결했는지 알아보라. 과거의 사례는 다른 사람들을 설득하는 데 도움이 될 뿐 아니라 성과에도 도움을 줄 수 있다. 과거의 사례를 찾을 때는 책이나 기록을 보고 동료나 파트너와 토론하라. 아니면 각각의 사례를 비교하는 것도 도움이 될 수 있다.

3. 대안을 마련하라

현실에서는 항상 당신과 고객이 원하는 최선의 결과만 나타나지는 않는다. 이것은 발생 가능한 모든 결과를 예측할 줄 알아야 한다는 뜻이다. 대안을 마련하기 위해서는 가능성이 있는 모든 상황을 예측할 필요가 있다.

4. 상대방의 관심사를 파악하라

상대방의 진짜 목적이나 동기를 아는 데 집중해야 한다. 겉으로 드러난 입장의 이면을 볼 수 있어야 한다는 뜻이다. 상대방이 필요로 하는 것 중 자신이 해결할 수 있는 것은 무엇인지 파악한다.

5. 전략을 세워라

앞에서 언급한 네 가지 원칙을 통해 정보를 수집했다면 이제 분석한 후 실행 계획을 짜야 한다. 모은 정보를 토대로 앞으로 실행할 단계를 결정하거나 상대방에게 질문할 사항들을 정하라. 또한 준비 원칙을 참고하여 어떤 태도로 말할지도 결정해야 한다.

6. 일정을 짜라

몇몇 사람들은 일정을 고역으로 여긴다. 그러나 일정이란 주요 실행 사항을 날짜별로 적어놓은 개요에 불과하다. 일정표는 혹독한 감시관이 아니라 일의 단계를 정리하고 배치하는 전략적 도구일 뿐이다.

7. 팀원을 골라라

누구와 함께 일할지 그리고 누구에게 어떤 역할과 책임을 맡길지를 생각한다. 핵심은 각자의 재능과 관심사에 맞는 역할을 주는 것이다. 또한 과감히 반대 의견을 낼 수 있는 '선의의 비판자' 역할을 훌륭하게 해낼 사람도 찾아야 한다.

8. 각본을 짜라

전하고 싶은 메시지나 제안을 적고 그것을 실현하기 위해 사용할 기술을 정한다. 프레젠테이션을 준비할 때는 초안을 만들고 연습한 다음, 팀원들과 공유하도록 한다. 이 과정을 통해 프레젠테이션이 얼마나 효과적인지 점검할 수 있으며 자신감도 얻을 수 있다.

나는 다양한 직업을 경험해본 덕분에 각 분야 최고들의 준비 습관을 가까이서 목격하는 행운을 누렸다. 처음 사회에 발을 디뎠을 때 나는 메릴랜드 주의 금융감독위원으로 일했고, 그 후에 로펌과 출판사를 차렸다. 그러다 우연히 스포츠 매니지먼트 회사를 설립했고, 곧 메이저리그 명예의 전당에 입성한 선수를 가장 많이 보유한 회사로 성장했다. 그리고 이 모든 경험을 모아 샤피로 협상 연구소를 공동으로 설립하게 되었다.

이처럼 다채로운 일을 하면서 나에게는 한 가지 믿음이 생겼다. 교차훈련(cross - training : 한 분야에서 능력을 높이기 위해 다른 여러 분야를 경험하는 것)은 스포츠뿐만 아니라 비즈니스에서도 생산적이라는 점이다. 외과 의사, 투수, 바이올리니스트, 배우 그리고 CEO와 매니저들에게 준비와 협상에 관한 조언을 하면서 나 역시 다른 분야에 뛰어들 준비를 더 잘할 수 있었다.

당신이 어떤 직종에 종사하든 상관없다. 단지 각계각층의 사람들, 즉 각자 처한 환경과 개성이 다른 다양한 사람들이 어떻게 만반의 준비를 하는지 아는 것만으로도 큰 도움을 얻을 수 있다. 이 책에서 당신은 교차 훈련(잘나가는 투자가, 세계적인 정신과 의사, 소방관, 인질 협상가, 대학 학장, 메이저 리그 단장 등의 준비 과정을 분석하는 것)을 통해 더 나은 준비 방법을 배울 수 있을 것이다. 그리고 이를 자신의 분야에 적용하면 한층 더 훌륭한 전문가로 성장할 수 있다.

이 책에 실린 사람들은 주로 내 친구들, 동료, 고객이며, 가족도 포함돼 있다. 이들은 모두 뛰어난 장인 정신을 가졌으며 제각각 상징하는 바가 있기 때문에 선택되었다. 이들은 직업에서부터 개인적인 도전에 이르기까지 꼼꼼하게 준비하면 자신감과 능률뿐 아니라 만족감도 높아진다는 사실을 보여주는 산증인들이기도 하다. 이들의 준비 과정을 보면서 당신도 모든 일에서 더 현명한 준비를 하도록 자극받을 수 있을 것이다.

Part 1

당신은 결코 충분히 준비하지 않았다

바보들은 제대로 준비할 줄 모른다

누구나 어린 시절에 이런 종류의 경험을 해봤을 것이다. 당신은 지금 피아노 레슨을 받는 어린아이이다. 선생님은 다음 주에 연주할 곡을 미리 알려주신다. 그리고 당신은 선생님의 도움으로 곡의 가장 어려운 코드를 연습한다. 집으로 돌아온 뒤 혼자서 유명 피아니스트처럼 멋지게 연주를 한다. '아, 잘했어. 이제 연습은 더 할 필요가 없겠어. TV나 보자.' 일주일 후 다시 선생님에게 레슨을 받으러 간 당신은 손가락을 풀고 연주에 돌입한다. 그리고 완벽하게 연주를 망친다.

이번에는 리틀 야구단의 대기석에 당신이 앉아 있다. 그런데 당장 경기장으로 뛰어들고 싶어 좀이 쑤신다. 당신이라면 저 공을 쳐서 안타를 만들 수 있을 것 같다. 이때 코치가 당신을 부른다. 드디어 기회가 왔다! 기쁜 마음으로 경기장에 들어선다. 그리고 바로 삼진 아웃을 당한다.

누구나 어린 시절에 이런 경험을 한두 번쯤 해보았을 것이다. 우스운 일이지만 우리는 어른이 돼서도 계속해서 이런 일을 겪는다. 100만 달러짜리 계약을 앞두고 있거나 중요한 발표를 할 때, 취직 면접을 앞두고 있을 때, 어쩌면 주치의를 정할 때 말이다. "코치님, 제가 들어갈게요!"라는 말은 사실 전에 한 번 해봤으니 이번에도 잘할 수 있다는 근거 없는 믿음에서 나온 말이다.

1980년대 중반에 미네소타 트윈스 선수로 활약하며 한창 주가를 올리던 커비 퍼켓을 아는가? 월드 시리즈의 마지막 경기에서 팀을 승리로 이끄는 데 결정적인 역할을 했던 영웅 말이다! 많은 팬들이 그를 보며 '나도 할 수 있다'는 자신감을 얻었다. 그도 역시 리틀 야구단에서 활동할 때는 우리처럼 설레발치는 어린아이였을 것이다.

하지만 커비 퍼켓과 우리는 큰 차이가 있다. 그는 '연습'을 했다. 즉, 자신의 인생을 걸고 야구를 '준비'해온 스포츠 선수인 것이다. 야구에 대한 집착으로 따지면 그는 칼 립켄 주니어(Cal Ripken Jr. : 메이저리그 볼티모어 오리올스 선수로 21년간 활약했으며 1982년부터 1998년까지 2,632경기 연속 출장 기록을 세워 '철인'이라는 별명을 얻었다 - 옮긴이 주)와 1등을 다투던 사람이다. 둘은 모두 완벽하게 준비되었다는 생각이 들 때까지는 "코치님, 제가 들어갈게요"라고 절대로 말하지 않았을 사람들이다. 그들도 마치 아이처럼 경기 앞에서 흥분했지만 그 열정을 성실하고 철저한 준비로 승화시켰다. 칼과 커비는 힘의 99%는 연습에, 나머지 1%는 경기에 쏟았다. 그들은 쉴 새

없이 땀을 흘리며 연습했기 때문에 다른 사람들은 그들의 경기를 잠깐 보기만 해도 감동을 받았다.

하지만 사람들은 준비의 달인들에게 그다지 주목하지 않는다. 사람들은 대개 영웅이 이뤄낸 결과에만 감탄할 뿐 준비 과정을 연구하고 본받으려 하지 않기 때문이다. 우리는 그 어느 때보다 결과지상주의가 판을 치는 시대에 살고 있다. 어느 틈엔가 이익과 성과는 완벽한 준비를 통해서만 얻을 수 있는 것이 아니라고 여기게 됐다. '빨리 빨리'와 '대충'의 문화에 익숙해진 것이다.

그러나 지속적으로 성공하기 위해서는 효과적으로 준비하는 것밖에 길이 없다. 어쩌면 당신은 그동안 준비 과정을 요리조리 피할 지름길을 찾거나 꼼수를 떠올리려고 애썼을지도 모른다. 그러나 결과지상주의는 결국 더 큰 실패를 부른다는 사실을 기억해야 한다.

날뛰는 열정에 '준비'라는 고삐를 채워라

어렸을 때 친척 어르신들은 나더러 대통령이 될 거라고 종종 말씀하셨다. 아마도 많은 아이들이 이런 소리를 들으며 자랐을 것이다. 그런데 나는 반장이나 과대표로 활동하면서 어렸을 때 줄곧 들었던 어른들의 호들갑을 실제로 믿기 시작했다. '아, 대통령 후보 자격이 주어지는 서른다섯 살까지 어떻게 기다리지? 코치님, 나 좀 넣어줘요. 난 대통령이 될 수 있다고요!'

다행히도 어느 현명한 분이 내 조급증을 잠재워 주었다. 로스쿨을 갓 졸업했을 무렵 나는 친척 어르신들이 세금에 관해 이것저것 물으면 학교에서 배운 것을 멋지게 말해줄 계획이었다. 그런데 당시 내 상사였던 선배 변호사가 이렇게 말했다.

"지식과 경험에서 나온 게 아니라면 조언 따위는 하지도 말게."

그는 말하는 방법보다는 스스로 생각하고 깨닫는 법을 먼저 익히라고 충고했다. 남의 가르침을 수동적으로 받아들이지 말고 연습하고 익혀서 자기 것으로 만들어야 한다는 뜻이었다.

나는 살면서 수많은 멘토들로부터 준비에 대한 영감을 얻었다. 사람들은 멘토라고 하면 나이 지긋한 어르신을 떠올리는 경향이 있다. 물론 나이가 많은 쪽이 멘토가 되는 경우가 많다. 그러나 마음을 열기만 한다면 멘토는 나이와 상관없이 만날 수 있다. 내가 쉰을 훌쩍 넘겨 샤피로 협상 연구소를 열었을 때, 30대에 불과한 동업자 마크 얀코프스키를 멘토로 삼았던 것처럼 말이다. 그는 사업의 생산성과 조직성을 향상시킬 때 기술이 얼마나 중요한 요소인지 가르쳐주었다. 나이에 상관없이 당신에게 부족한 무언가를 갖고 있다면 그 사람이 당신의 멘토가 될 수 있다.

내가 이제껏 만난 사람들 중 가장 훌륭하다고 생각하는 '준비의 멘토'는 바로 우리 아버지였다. 러시아에서 미국으로 건너온 이민자로 초등학교밖에 졸업하지 못했지만 뛰어난 사업 수완으로 배관 설비업체를 운영하셨다. 내가 아버지 회사에서 일할 수 있을 만큼 자랐을 때의 일이다. 나는 당연히 환상적인 두뇌와 새로 산 계산기를 옆에 끼고 아버지 곁에서 일하게 될 줄 알았다. 그러나 아버지는 나를 창고로 보내셨고 나는 재고 관리와 파이프 부품 배달을 도와야 했다. 한여름 뜨거운 햇볕 아래서 트럭에 짐을 싣고 내리는 일을 했던 것이다.

아버지는 이렇게 말씀하셨다. "사업을 제대로 하려면 밑바닥부터 배우지 않으면 안 된다."

나는 분노했다. 열심히 일한 첫 직장에서 겨우 쥐꼬리만 한 월급을 받은 기분이었다. 나는 두고두고 아버지를 원망했다.

그러다 시간이 한참 지난 어느 날 문득 깨달았다. 아버지는 내가 곧장 사업에 뛰어들어 실패하지 않도록 막아주셨던 것이다. 아버지는 그 일을 통해 나에게 준비의 중요성을 알려주셨다.

하지만 요즘에는 이런 견습생 문화가 점차 사라지고 있는 것 같다. 이것은 준비로부터 멀어져가는 세태를 잘 보여주는 상징적인 일이기도 하다. 우리는 한꺼번에 여러 가지 일을 처리하고 더 많은 성과를 올려야 한다는 압박감에 시달린다. 그래서 차근차근 단계를 밟기보다는 좀 더 쉬운 지름길을 찾는다. 현대인들은 철저한 준비 뒤에 따라오는 만족감을 잊어버렸다.

다행스럽게도 내 아버지는 준비를 소중히 여기는 시대의 사람이었다. 아버지는 "코치님, 제가 들어갈게요"라고 말하고픈 충동을 조절할 수 있게 가르치셨다. 아버지는 언제나 이렇게 말씀하셨다. "열정을 억누르지 말되, 그것에 고삐를 채워라", "할 수 없다고 핑계 대선 안 된다."

실패하는 사람의 세 가지 변명

꼼꼼하고 완벽하게 준비하지 않는 사람들이 늘 입에 달고 다니는 세 가지 핑계가 있다.

1. 너무 바빠서 준비할 시간이 없어.
2. 전에 해봤던 일인데 왜 또 준비하지?
3. 나는 어떻게 해야 할지 이미 다 알고 있어.

너무 바빠서 준비할 시간이 없어

고등학교 선생님이나 대학 교수님이 숙제나 리포트를 요구할 때 자주 했던 말을 기억할 것이다. "일찍부터 열심히 준비해야 나중에 고생하지 않는다"는 이야기 말이다. 당신은 몇 번 고생하고 나서야, 영양가 없이 들렸던 그 말이 옳았다는 사실을 깨달았을 것이다. 처음부터 시간을 들여 보고서나 발표할 내용의 윤곽을 완벽하게 잡아놓으면 실패할 확률도 적고 우수한 결과가 나오는 것이 당연하다.

　누구나 다 알고 있는 이야기라고? 그럼 당신은 왜 그렇게 하지 않는가? 당신은 아마 '준비할 시간이 없었다'고 대답할 것이다. 멀티태스킹과 속도 만능주의를 부추기는 현대 기술의 발전도 이런 생각에 한몫 한다. 우리는 즉시 접속할 수 있고 곧바로 응답할 수 있는 도구를 사용한다. 세상은 더 짧은 시간에 더 많은 것을, 한 번에 여러 가지를 처리하라고 우리를 달달 볶는다. 현대인들은 너무 바쁘다고 느끼면서도 때때로 자신이 하는 일이 참

비생산적이라는 생각을 한다.

고등학교 물리 시간에 속도와 속력에 대해 배운 것을 기억하는가? 얼핏 비슷해 보이는 이 두 개념에는 큰 차이가 있는데 그것은 바로 방향성의 유무다. 속력에는 방향이 없다. 그래서 속력만 가진 물체는 어느 곳으로든 움직일 수도 있고 한없이 원을 그리며 돌수도 있다. 하지만 속도에는 고정된 방향이 있다. 특정한 방향 없이 맴도는 속력은 바로 '준비'를 통해서 뚜렷한 방향을 가진 속도로 변할 수 있다.

멀티태스킹을 하는 사람은 빠르기는 하다. 태블릿 PC, 휴대폰, 컴퓨터를 한꺼번에 능숙하게 다루면서 주식 시장의 흐름을 파악하고 신문까지 들춰볼 수 있다. 나도 예전에는 아침에 운전하면서 신문을 읽곤 했다. 그러나 내 경우에 멀티태스킹은 일의 질을 떨어뜨릴 뿐 아니라 무사고 기록과 나의 생명까지 위협하는 것이었다!

예전에는 이메일을 받으면 시간이 지나서 답을 해도 되었다. 상대방이 던진 질문이나 화제에 답할 수 있을 때까지 답신을 보류할 수 있었던 것이다. 그러나 요즘은 스마트폰과 태블릿 PC등의 보급이 확산되면서 이메일도 전화 못지않은 긴급성을 갖게 되었다.

나 역시 최근까지 회의나 강연을 할 때 휴대폰을 진동 모드로 돌려놓았다가 전화가 걸려 오는 순간 멀티태스킹 모드에 들어가곤 했다. 수십 명의 사람들 앞에서 연설하면서도 한쪽으로는 걸려 온 전화의 용건을 생각하는 것이다.

사람들은 기술이 발전해서, 주위에서 요구하니까, 아니면 본인의 지나치게 활동적인 성향 때문에 멀티태스킹을 한다. 원인이야 어떻든 이제 목적 없는 멀티태스킹은 그만하길 바란다. 꼼꼼한 준비를 통해 방향성 없는 속력을 방향이 분명한 속도로 바꿔야 한다. 아마 준비 체크리스트(이 책의 부록에 실린 '준비 원칙 체크리스트' 참고)가 도움이 될 것이다.

준비가 주는 또 하나의 선물은 바로 즐거움이다. 준비 과정을 제대로 밟으면 실수가 줄어들 뿐 아니라 일을 더 즐겁게 할 수 있다. 당신은 어느새 시간이 많아졌다고 느낄 것이다. 그리고 이제는 자만심이 아니라 자신감을 갖고 말하게 될 것이다. "코치님, 제가 들어갈게요!"

– 침착한 준비를 통해 위기를 기회로 만들다

최근에 우연한 일을 겪으며 나는 준비를 꼼꼼하게 하는 것이 얼마나 중요한지 더욱 확신하게 되었다. 나의 첫 저서인 《The Power of Nice》는 협상에 관한 책인데, 4개 국어로 번역되었다. 내가 운영하는 샤피로 협상 연구소는 이 책의 제목을 트레이드 마크로 삼고 있으며, 교육 프로그램명으로 활용하고 있다. 말하자면 책 제목은 우리 브랜드의 중요한 일부로써컨설팅 활동과도 밀접한 관련이 있다.

2006년 초여름, 친구에게 이런 전화를 받고 나는 깜짝 놀랐다. "방금 〈뉴스위크〉를 봤는데, 'The Power of Nice'라는 제목의 다른 책이 곧 출간될 거라던데?" 그 순간 온갖 생각이 머릿속을 스쳤다. 어떻게 이럴 수 있지? 어떤 뻔뻔스런 자식이 우리 트레이드 마크를 이용해먹으려고 하는 건가? 아니면 우리 브랜드를 남모르게 도용하려는 세력이 있나?

나는 당장 친구가 말한 기사를 읽어보았다. 문제의 책을 쓴 사람들은 뉴욕의 광고 회사 중 하나인 카플란 탈러의 경영진이었다. 카플란 탈러라면 어떤 보험 회사의 광고에 오리를 등장시켜 화제를 모았던 유명한 회사다. 불쌍한 오리가 허구한 날 괴롭힘을 당하던….

기사는 《The Power of Nice》를 인생 지침서로 소개했지만(그래서 내용상으로는 내 책의 경쟁 도서가 아니었다), 그래도 나와 우리 회사로선 제목이 중요한 문제였다. 그러나 늘 그렇듯, 나는 바빴다. 그때 막 아내와 함께 오리건으로 휴가를 가려던 참이었으니까. 게다가 동업자인 마크마저 중병에 걸린 아내를 간호해야 했기 때문에 시간적 압박이 더욱 심했다. 문제를 더 깊이 파고들 만한 시간은 없었지만 당장 내가 무엇을 하고 싶은지는 잘 알고 있었다. 그래서 스스로에게 말했다. '이 문제를 붙들고 있을 시간이 없어.'

그래서 곧바로 그쪽 저자들에게 연락을 취해 제목을 바꿔달라고 요청했다. 독자들이 내 책을 비롯한 우리 회사의 트레이드 마크 상품과 헷갈리지 않게 말이다. 전화를 걸었을 때 나는 앞으로 벌어질 대화에 전혀 준비가 안 된 상태였다. 그리고 당연히 전화기 건너편에서 들려오는 응답은 기분 좋은 내용이 아니었다. 나는 광고 속 오리처럼 괴롭힘당하고 무시받는 처량한 신세가 된 기분이 들었다.

나는 통화하는 동안 사무실에 앉아 볼티모어 항구를 내려다보았다. 그리고 반짝이는 바다를 보며 한 가지 사실을 깨달았다. 정작 남들에게 준비의 중요성에 대해 말하고 다니던 내가 준비하는 데 실패했다는 사실을 말이다. 게다가 이번이 처음도 아니었다.

나는 팀원들 없이 혼자 있었고 준비 원칙에 입각해 상황을 철저히 분석하지도 않았다. 목표를 꼼꼼히 점검하고 상대가 무엇을 원하는지도 파악하지 않았다. 또한 잠재적인 결과를 예측하고 곧 맞닥뜨릴 상황에 대하여 다양한 접근 방식을 모색하는 과정도 건너뛰었다.

사실 성급하게 전화할 만한 이유는 있었다. 하지만 왜 준비하지 않았냐는 질문에 대해서는 할 말이 없었다. 그래도 한 가지 희망적인 사실은 준비하기에 너무 늦은 때란 없다는 것이다. 마크는 내가 무엇을 잘못했는지 깨닫게 도와주었고, 나는 팀과 함께 꼼꼼히 준비하는 데 다시 한 번 열중할 수 있었다. 우리는 준비 체크리스트를 놓고 문제를 분석했다.

꼼꼼한 준비를 거치고 나자 우리는 못난 오리에서 철저히 준비된 협상가로 변신했다. 먼저 카플란 탈러의 저자들에게 책의 개요 사본을 요청했고, 내 책과는 완전히 다른 내용이라는 사실을 알 수 있었다. 그들이 우리의 저작과 아이디어를 표절한 것은 아니었지만, 사전에 조사하지 않고 제목을 지은 것은 분명했다. 그래서 우리는 무의미한 소송을 거는 대신 그들의 책으로 우리도 약간의 이익을 얻을 수 있는 협상안을 제시했다. 결국 마크는 다음과 같은 내용의 이메일을 보냈고, 내 머릿속을 복잡하게 만든 문제는 간단히 정리됐다. "저자들과의 협의를 통해《The Power of Nice》의 브랜드를 널리 알리고 이름을 높이길 원합니다."

잘못을 깨닫고 꼼꼼히 준비한 덕에 우리는 원하는 결과를 얻어낼 수 있었다. 카플란 탈러는 그들의 책을 홍보하는 웹사이트에 우리의 트레이드 마크를 명시하고 우리 쪽의 협상 사이트로 통하는 링크를 거는 데 동의했다. 또한 그들은 자신들의 책에 우리 책과의 차이점을 언급하는 주의 문구를 따로 넣기로 했다. 이렇게 해서 우리는 이미 8년 전에 출간한 우리 책을 다시 한 번 대중에게 알릴 수 있었다.

시간이 없다는 핑계 대신 준비를 택한 덕분에 우리는 상대방과 싸우지 않고 더욱 합리적인 결과를 이끌어낼 수 있었던 것이다.

전에 해봤던 일인데 왜 또 준비하지?

준비 과정을 건너뛰는 두 번째 이유는 과거에 경험해봤다고 생각하기 때문이다. 10년 내내 학생들을 가르쳐온 고등학교 역사 선생님을 떠올려보자. 당신은 이런 상황에서 어떻게 해야 하는지 너무나 잘 알고 있다. 하지만 똑같은 일을 여러 번 반복해서 모든 것을 꿰뚫고 있다 해도 매번 미묘한 차이는 있기 마련이다. 당신이야 어떻든 상대방으로서는 처음이니까 말이다.

나는 매년 폭풍이 휩쓸고 지나간 뒤에는 농장을 정리하는데, 그때마다 전기톱을 사용한다. 전에도 문제없이 전기톱을 다뤘기 때문에 빨리 작동시키고 싶어 안달하곤 한다. 위험하기 짝이 없는 태도다. 그때마다 어김없이 날아오는 아내의 경고 덕에 내 목숨은 여전히 잘 붙어 있다. 아내 덕분에 나는 안전에 대하여 깨끗이 잊는 대신, 설명서와 주의 사항을 다시 읽게 된다.

실제로 미국 질병통제예방센터(CDCP)의 보고에 따르면 매년 약 3만 6,000명에 달하는 사람이 전기톱을 사용하다 다쳐서 응급실로 실려 온다고 한다. 다치기 전에 그들 대부분은 이렇게 생각했을 것이다. '전에 해본

일인데 뭐.'

이 책의 서문을 다시 떠올려보자. 당신이 탄 비행기의 조종사 말이다. 그 사람 역시 비행 지침을 숙지하고 표준 점검 매뉴얼을 이미 여러 차례 봤을 것이다. 그리고 당신은 그 조종사가 수천 번의 비행 경험을 했지만 이번에도 첫 비행인 것처럼 최선을 다하리라고 확신한다.

형식적으로 준비하면 개인적인 노력이나 전문가로서 해야 할 일들을 게을리하게 된다. 그러므로 이 책 부록의 준비 원칙 체크리스트를 참고하여 "전에도 해봤어"라는 평계를 대지 않도록 주의하자.

– 연고지 출신의 유망주 선수를 놓치다

나는 일련의 혹독한 경험을 거치고 나서야 "전에도 해봤어"라고 우겨서는 안 된다는 것을 깨달았다. 그중에서도 가장 뼈아프게 교훈을 얻었던 일이 있다. 바로 마크 테세이라와 같은 대단한 야구선수를 우리 회사로 데려올 기회를 놓친 일이다.

야구선수들은 고향 팀에 소속되어 경기하는 것을 굉장히 큰 기쁨으로 여긴다. 야구는 지역색이 매우 강하기 때문이다. 마크 테세이라는 내 고향인 볼티모어에 있는 고등학교 야구부의 유망주였다. 나는 그가 우리 회사에 들어올 것을 추호도 의심하지 않았다.

마크는 오리올스(Orioles：볼티모어의 메이저리그 소속 구단 – 옮긴이 주) 광팬이라고 익히 알려져 있었다. 그의 가족은 애향심이 강했으며, 우리는 안면이 있는 사이였다. 어디 그뿐인가. 그의 야구 코치는 우리의 전 고객인 브룩스 로빈슨의 친구였는데, 브룩스로 말할 것 같으면 명예의 전당에 이름을 올린 오리올스 3루수였다. 거기다 주요 비즈니스 관계자 중 어떤 사람은 마크가 에이전트를 선택하고 프로 선수로 뛰기로 결심한다면, 우리와 관계를 맺을 거라고 귀띔하기까지 했다.

그래서 나는 무의식적으로 마크와 그의 가족들과의 미팅을 평소처럼 꼼꼼하게 열정적으로 준비하지 않았다. 내심 '당연히 우리한테 올 수밖에 없잖아?'라고 생각한 것이다. 우리 동네의 청년과 그의 착한 가족들이 도덕적으로 문제가 많은 이 업계에서 가치관과 관계를 중히 여기는 것으로 알려진 스포츠 에이전트를 만나는 자리였다. 나는 스스로에게 말했다. '전에 해본 일이잖아.'

전에 내가 무엇을 했냐고? 우리 회사는 딱 마크 같은 고객을 타깃으로 삼는다. 우리는 브룩스, 칼 주니어, 커비 퍼켓에 이어 조 마우어를 고객으로 유치했다. 우리는 작은 회사였고 계속 작은 회사로 남길 원했다. 계약 협상가였지만 인생의 코치가 필요한 고객들을 찾고 있었다.

그렇기 때문에 나는 평상시 고객과 그의 가족들을 만날 때 꼼꼼히 준비했다. 앞에서 내가 이야기한 준비 원칙을 하나하나 밟으면서 말이다. 그중에서도 네 가지 원칙, 즉 목표와 과거의 사례, 대안, 상대방의 관심사에 특히 집중했다. 우리의 목표는 고객과 장기적인 관계를 유지하고, 고객의 개인 브랜드를 만들기 위해 협력하며, 고객이 괜찮은 연봉을 받을 수 있도록 하는 것이다.

나는 모든 과거의 사례, 예전의 프레젠테이션 때 사용했던 원고와 각본들을 철저하게 살핀다. 그리고 잠재적인 고객과 미팅을 할 때 그중 일부를 인용한다. 고객의 목표를 구체적으로 파악하고 미팅에서 이야기할 몇 가지 대안을 만든다. 또한 그의 관심사를 확실히 알기 위해 노력한다. 그는 연봉을 중요하게 생각하는가? 그의 성격은 어떤 조직에 알맞은가? 그는 가족과 친구들, 일반적인 인간관계를 얼마나 중요시하는가? 그가 생각하고 있는 다른 에이전트는 어디 어디인가?

그런데 마크 테세이라를 데려오기 위한 준비를 할 때는 이런 과정을 거의 생략해버렸다. 왜냐면 전에 해본 적이 있으니까. 과거의 경험이 이번에도 효력을 발휘할 테니까 말이다. 자, 이제 누가 마크의 에이전트가 되었는지 맞춰보기 바란다.

정답은 스콧 보라스다. 그렇다. 작은 나라의 GDP와 맞먹는 규모의 계약으로 알렉스 로드리게스를 데려간 그 에이전트다. 그는 운을 중요하게 생각하고 자기 승률을 스스로 관리하지 못하는 선수들에게 인기가 높았다.

스콧은 내가 벌여놓은 게임판을 비집고 들어와 너무도 쉽게 승리해버렸다. 나는 더 이상 "전에 해본 일이잖아"라고 자신 있게 말할 수 없었다. 머릿속을 맴도는 질문에 대한 해답을 찾느라 머리를 쥐어뜯을 뿐이었다. '도대체 내가 무슨 짓을 한 거지?'

사실 우리는 사업 규모를 줄이려던 참이었다. 비현실적인 기대에 들뜬 선수 가족들에게 지쳐서 나름의 기준으로 고객을 엄선하기로 한 것이다. 업계 동향과는 상관없이 명석함이나 성실성, 야구를 즐기는 태도 등과 같이 기본적인 기준으로 선수를 뽑으려고 했다. 사실 마크는 이런 기준에 완벽하게 들어맞았고, 그의 가족들 역시 마찬가지였다. 그런데 그걸 내가 날려버린 것이다. 나는 볼티모어에서의 경력과 명성만 믿고 아무 준비 없이 미팅 자리에 걸어 들어갔다. 마크의 가족이 기대하는 연봉이라든지 마크 본인이 원하는 훈련이나 교육 수준도 충분히 이해하지 못한 상태였다. 그들이 회사에 기대하는 바를 물어보지 않았으니 알 도리가 없었다. 그러니 완벽한 협상안을 제시하지도 못했다. 한마디로 나는 꼼꼼히 준비하지 않았던 것이다!

마크는 지금 미국 야구계의 최고 선수로 성장하여 승승장구하고 있다. 나는 그의 경기를 즐겨 본다. 특히 그의 팀이 볼티모어로 올 때는 더 열심히 본다. 그는 프로 근성을 가진 준비의 화신이다. 마크가 타석으로 걸어가는 것을 볼 때마다 나는 형편없이 준비했던 당시의 나에게 절실히 필요했던 한 가지 교훈을 되새긴다. 도대체 내가 무슨 짓을 한 거지? 나에게 있어서는 너무나 고통스러운 기억이다. 앞으로는 절대로 "전에 해본 적 있는 일이야"라는 말을 입 밖에 꺼내고 싶지도 않다.

나는 어떻게 해야 할지 이미 다 알고 있어

어떤 일을 맡았다. 처음 하는 일이긴 하지만 당신은 뭘 하든 잘 해내는 편이다. 그래서 자신 있게 말한다. "어떻게 하는지 알아요."

확신에 찬 당신은 이 일을 성공적으로 하는 데 필요한 준비 과정을 건너뛰어도 되겠다고 판단한다.

여기 다소 누추해 보이는 방이 하나 있다. 벽은 상처투성이에 군데군데 움푹 팬 곳도 있다. 당신은 페인트 가게로 가서 근사한 색깔의 페인트를 고르고 붓과 통, 롤러도 구입한다. 페인트칠은 처음 해보지만 다른 사람이 칠하는 걸 본 적이 있으니 쉬운 일이라고 생각한다. 당신은 스스로에게 말한다. "어떻게 하는지 알아."

당신은 통에 페인트를 쏟아붓고 사다리를 설치한 다음 벽에 짙푸른색 페인트를 칠하기 시작한다. 쓱싹쓱싹 칠하며 혼자 만족하고 있는데 이웃 사람이 들어오더니 묻는다. "프라이머(primer : 페인트가 잘 칠해지도록 표면을 매끄럽게 하는 재료-옮긴이 주)는 칠했어요?"

엥, 프라이머라니? 자신감이 자만심으로 변하는 건 순간이다. "이거 어떻게 하는지 알아"라고 말하는 것은 나쁜 습관이다. 방에 페인트칠을 하든, 처음으로 어떤 일을 해보든 말이다.

하지만 금방이라도 시작하고 싶은 충동을 억누르고 꼼꼼하게 준비 과정을 따른다면 자만심이라는 함정에 빠지지 않을 수 있다. 준비 원칙은 당신을 겸손하게 만드는 동시에 남들 앞에 나서서 "나 이거 할 줄 알아"라고 뻐기는 사람이 되지 않도록 도와줄 것이다.

– 준비를 통해 최고의 아나운서가 되다

켄 싱글턴은 선수 생활을 끝낸 후 야구 중계 아나운서가 되어 1997년 무시무시한 조지 스타인브레너(George Steinbrenner : 뉴욕 양키스 구단주. 독선적이고 불같은 성격으로 감독을 20여 차례나 갈아치운 것으로 유명하다. 2010년 10월 사망 – 옮긴이 주) 밑으로 들어가 현재도 해설자로 활약 중이다. 그는 세계 스포츠 방송계의 전설로 역사상 가장 유명한 해설자였다. 사실 그는 단 한 번도 양키스 선수로 뛴 적이 없다. 오히려 그는 오랫동안 볼티모어 오리올스 선수였으며, 심지어는 '양키스 킬러'였다!

그는 어떻게 업계에서 가장 명망 높은 야구 중계 아나운서가 될 수 있었을까?

그는 "어떻게 하는지 알아"라고 말하고 싶은 유혹에 넘어가지 않았다. 선수 시절 켄은 수천 번도 넘게 카메라 앞에서 인터뷰를 했다. 그는 수많은 스타 선수들의 길을 그대로 따라갈 수도 있었다. 선수로서 쌓은 명성만으로 중계석에 들어가는 것 말이다. 그랬다면 그는 헛다리만 짚는 안목과 실속 없는 코멘트에 청중들이 슬슬 질리기 시작할 때까지 몇 년 정도 버텼을 것이다. 그러나 여느 운동선수와는 다르게 카리스마와 지성을 겸비했던 켄은, 선수 생활을 그만두기 전에도 일에서 성공을 거두려면 '어떻게 하는지 알아'라는 식의 태도는 금물이라는 사실을 잘 알고 있었다.

1980년 켄과 나는 함께 계획을 짰다. 방송인으로서의 목표와 성공하기 위한 전략을 만든 것이다. 우리는 전직 선수들의 사례를 함께 살펴보았고 성공한 사람과 실패한 사람을 모두 분석했다. 그리고 내린 결론은 켄이 방송에 관해 하나부터 열까지 모조리 통달해야 한다는 것이었다.

우리는 평소 친분이 있던 지역 TV방송국 간부에게 연락을 해서 야구 시즌이 아닌 때에 켄이 지역 방송국에서 인턴으로 일하게 해달라고 부탁했다. 인턴으로 일하면서 켄은 편집 기술을 익혔다. 방송 용어로 '컷' 하는 법, 프로그램 한 꼭지를 구성하는 법, 그리고 날카로운 질문을 던지는 법도 배웠다. 미로처럼 복잡한 방송국에서 길을 찾는 데도 익숙해졌다. 그리고 스포츠 뉴스 팀원들, 아나운서와 프로듀서, 스태프 간의 동료애와 팀워크가 중요하다는 점도 배웠다.

그로부터 1년 후인 1981년, 메이저리그 선수 노조가 파업에 돌입했던 그 끔찍한 시기에 켄은 볼티모어에 있는 채널 11에 일자리를 얻었다. 그곳에서 그는 완벽히 구성된 제작팀과 함께 자기 프로그램을 방송했다. 제작팀원들은 그에게 방송 요령을 몸소 보여주었다. 그는 선수로 복귀하기 전까지 스포츠 중계 아나운서로 일했다. 켄은 내게 이렇게 말했다.

"방송국에서 인턴 생활을 하면서 직접 방송 일을 배운 경험이 내 직업 자체를 뒤바꿔놓았어. 빅 리거들 중 상당수가 자신이 곧바로 중계석에 앉을 수 있다고 생각하는 건 사실이야. 프로 야구선수로서 그 정도 위치까지 올라가려면 어쨌든 자신감 하나는 넘쳐야 하거든. 하지만 경기장 밖의 일에 대해서도 그런 자신감을 가진다는 건 정말 큰 실수야."

켄은 캐나다의 프로 야구팀인 엑스포스와 블루제이스에서 10년 넘게 경기를 중계하다가 선수 시절의 맞수이자 현재 메이저리그를 주름잡고 있는 양키스에서 면접을 보게 되었다.

"사무실로 걸어가던 순간을 잊을 수가 없어. 스타인브레너 씨는 나에게 악수를 청하긴커녕 자리에서 일어나지도 않더군. '면접도 시작하기 전에 퇴짜를 맞는 건가'라는 생각까지 했다니까. 그런데 그분이 이러는 거야. '양키스 선수가 아니었던 사람한테 이 일을 맡기자니 아무래도 찜찜해.' 나는 선수 생활을 오리올스에서 했을 뿐 뉴욕 출신이라고 말씀드렸어. 그러니까 돌아오는 대답이 '우리 팬들은 자넬 싫어할 거야. 자네가 우리한테 한

짓을 생각해보라고.' 그런 다음에 대화를 좀 더 나누다가 그가 어떤 프로듀서 이름을 대면서 '만나보면 좋을 거야'라더군. 나는 집으로 돌아와 아내에게 말했지. 된 것 같다고 말이야."

그 다음 날로 켄은 양키스 전담 해설자가 되었고, 지금은 야구계에서 가장 오랫동안 중계한 해설자 중 한 사람이 되었다. 그는 운동선수들이 흔히 행하는 '어떻게 하는지 알아'라는 식의 오만한 태도를 거부했다. 그는 방송인이 되기 위해 철저히 분석하고 꼼꼼하게 준비했다. 장담하건대 스타인브레너와 양키스 방송국 경영진은 아마 켄을 고용하기 한참 전부터 이 사실을 알고 있었을 것이다.

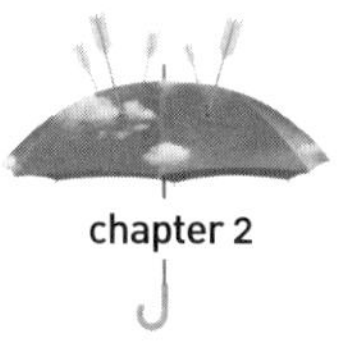

성공의 달인들은 '특별한' 준비를 한다

자, 이번에는 당신이 시나리오의 주인공이라고 가정해보자. 당신에게는 애지중지하는 딸이 하나 있다. 그런 딸아이가 괜찮은 젊은이를 만났다. 그러나 당신은 그를 좀 더 살펴보고 과연 딸애의 완벽한 짝인지 판단하고 싶다. 1년쯤 지나자 결점 같은 게 눈에 띄었다. 그러나 그 결점이라는 게 사실은 장점이다. 그의 성격과 신념을 보여주는 상징이랄까. 그러니까, 그는 너무 열심히 일한다. 물론 그도 휴식을 취할 줄 알고, 가족과 함께 있는 걸 몹시 좋아한다. 하지만 그는 의욕이 넘친다. 성공이 아니라 완벽을 추구하는 것이다. 그는 시간이 얼마나 걸리든 모든 일을 완벽하게 해내기 위해 일한다.

사실 이 시나리오는 내 이야기다. 오래전 내 딸 줄리는 에릭 맨지니와 사랑에 빠졌다. 에릭 맨지니는 뉴욕 제츠(New York Jets : 북미 프로 미식축구 팀)의 전(前) 코치이자 NFL(National Football League : 북미 프로 미식축구 리그) 역사상 최연소 수석 코치다. 솔직히 에릭처럼 열심히 일하는 사람은 나도 처음 봤다. 그리고 그처럼 꼼꼼하게 준비하는 사람도 드물다. 에릭과 그의 스태프들은 슬럼프에 허덕이던 팀을 2006년 시즌의 승자로 만들어 놓았다. 물론 철저한 준비를 통해서 말이다.

NFL 수석 코치란 상당히 에너지를 많이 잡아먹는 자리다. 미국의 프로 풋볼은 최신형 사회주의 스포츠로 연봉 상한제와 수익을 공평하게 배분하는 독특한 시스템을 갖고 있다. 세계 최고의 재능을 가진 선수와 코치들이 그 안에서 각각의 역할을 해야 하는 것이다. 결과적으로 리그 전체가 평준화되기 때문에 다른 팀보다 조금이라도 준비를 더 하는 팀이 승리를 차지하게 된다. 그래서 대부분의 팀은 1년 내내 쉬지 않고 혹독하게 연습하고, 게임을 녹화해서 비디오로 끝없이 돌려보며, 스카우트 담당자는 스포츠에 인생을 건 젊은이들을 늘 찾아 헤맨다.

그러니 단지 준비를 많이 한다고 해서 승리를 확신할 수도 없다. NFL에서 훌륭하게 준비했다는 것은, 꼼꼼하게 준비했다는 말과 같다. 즉, 체계적인 준비 시스템이 있어야 한다는 뜻이다. 따라서 당신이 풋볼 팬이 아니라고 해도 에릭의 준비 원칙을 활용하면 업무에 필요한 준비 과정을 체계화하는 데 도움이 될 것이다.

그가 해왔던 준비의 진가는 2004년 AFC(American Football Conference : NFL은 AFC의 16개 구단과 NFC 16개 구단, 총 32개 팀으로 구성돼 있으며, 각 컨

퍼런스 우승 팀이 슈퍼볼 경기를 통해 최종 우승을 가린다-옮긴이 주) 결승전 때 확연히 드러났다. 당시 에릭은 뉴잉글랜드 패트리어츠의 부코치였고, 수석 코치는 빌 벨리칙이었다. 그해 수비진에서 부상이 속출한 탓에 에릭은 트로이 브라운 같은 공격수를 수비수로 다시 훈련시켜야 했다.

벨리칙은 전형적으로 꼼꼼한 사람이었기 때문에 에릭은 그에게서 많은 것을 배울 수 있었다. 수비진을 구성할 때 에릭은 맨투맨 방어와 개개인의 재능을 강조하기보다는 협력 체제에서 수비를 하는 훈련에만 집중했다. 그 결과 수비진은 서로를 한 몸처럼 생각하고 움직일 정도가 되었는데, 경기 중 각자의 역할과 위치를 파악하는 능력은 가히 혀를 내두를 정도였다. 선수가 부족한 팀이었지만 계획을 세우고 철저하게 준비한 덕에 깜짝 놀랄 만큼 능률적인 팀이 된 것이다.

패트리어츠는 AFC 결승전에서 승리를 거두었다. 당시 세이프티(safety : 풋볼의 최후방 수비수 - 옮긴이 주)를 맡았던 로드니 해리슨은 환희에 들떠 인터뷰에서 다음과 같이 외쳤다. "하나님과 에릭 맨지니에게 감사의 말을 전합니다!"

내 기억으로는 프로 선수가 부코치에게 감사를 표하는 걸 들어본 적이 없다. 하나님이나 부모님께 감사한다는 소리야 질리도록 많이 들었고 가끔은 수석 코치에게 고맙다는 선수도 있긴 하다. 하지만 부코치에게? 우리 사위 말인가? 로드니 해리슨은 에릭이 말했던 꼼꼼한 준비의 가치를 가슴 깊이 이해한 것 같다.

에릭은 뉴욕 제츠의 수석 코치가 된 첫해에도 선수들의 찬사를 한 몸에 받았다. 2007년 초, 에릭의 지휘 아래 제츠가 플레이오프 첫 경기를 펼치기 전이었다. 피츠버그 스틸러스가 슈퍼볼 우승을 거머쥐었을 당시 선수로 뛰었던 NFL의 거물, 키모 본 오흘하펜은 자기가 만나본 코치 중에서 가장 준비가 잘된 사람이 바로 에릭이라고 했다.

13년 경력의 베테랑인 키모는 〈뉴욕 포스트〉와의 인터뷰에서 "풋볼에 관해 내가 지금까지 배운 모든 것을 합한 것보다 더 많은 것을, 단 1년 만에 이 사람에게서 배웠습니다"라며 감탄했다.

"에릭은 돌다리도 두들겨보고 건너는 사람이죠. 그것도 돌 하나하나를 다 두들겨본답니다. 우리가 학을 뗄 때까지 확인하고 또 확인한다니까요. 그처럼 열심히 일하는 사람은 처음 봅니다. 그는 우리에게 요점을 이해시키고, 선수와 스태프 모두가 자신의 역할과 책임, 경기 계획을 확실히 알도록 짚어주죠. 경기를 하다보면 별의별 상황이 다 생기지만 우리는 어떤 상황에서 어떻게 대응해야 할지 이미 다 알고 있어요. 그러니 마음이 불안해서 실수를 하는 일은 거의 없죠."

내가 에릭에게 처음으로 그의 훈련 방식에 대해 물어봤을 때 우리는 둘 다 놀랐다. 그가 신봉하는 단어들, 즉 목표, 과거의 사례, 대안, 계획 등이 내가 가르치는 준비의 체크리스트에 그대로 들어맞았기 때문이다.

"우리가 하는 일은 모두 준비의 과정이라 할 수 있습니다. 일주일 내내 준비의 수준을 최대한 끌어올려서 성과를 만드는 데 집중하죠. 10종 경기 선수인 댄 오브라이언 아시죠? 그는 '성공하려는 의지가 아무리 강해도 준비하려는 의지가 없다면 아무것도 아니다'라고 말했대요. 멋지지 않나요?

나는 우리 연습장에 이 문구를 걸어뒀습니다. 사실 선수라면 누구나 성공하길 원합니다. 프로 선수로 뛸 정도면 다들 재능이 뛰어난 친구들이죠. 하지만 저는 팀에서뿐만 아니라 개인적으로도 준비를 해야 한다는 것을 늘 강조합니다. 연습장뿐만 아니라 밖에서도 늘 준비가 중요하거든요.”

그렇다. 에릭의 말이 정답이다. 준비를 하려면 대단한 의지가 필요하다. 야구 코치 겸 매니저인 칼 립켄 주니어가 남긴 명언이 생각난다. “완벽한 준비가 완벽을 만든다.”

어느 팀을 이끌건 모든 것을 천천히, 꼼꼼하게 살피는 의지와 준비 단계에서 점검 매뉴얼을 지키려는 의지는 정말로 중요하다. 심지어 에릭은 제츠의 훈련 장비까지 준비한다.

“성과를 높이기 위해 필요한 모든 분야에서 모든 준비를 해둡니다. 예를 들면 연습을 마치고 식당에 가잖아요? 원래는 식당 테이블이 다 둥근 모양이었습니다. 그런데 호주에서 온 친구가 하는 말이, 호주 사관 학교에선 긴 테이블을 사용해서 팀워크와 소속감을 기른다고 하더군요. 그래서 식당 테이블을 긴 것으로 바꿨어요. 물론 어떤 변화가 생길지는 아직 모릅니다. 그저 준비에 가장 효과적인 환경을 조성하기 위해 모든 걸 해주려고 노력할 뿐이지요.”

누가 뭐래도 에릭의 첫 번째 목표는 우승이다. 그는 이 사실을 아주 분명히 알고 있었다. 2006년 11월, 제츠는 뉴잉글랜드 패트리어츠와의 경기를 앞두고 준비하고 있었다. 패트리어츠는 스포츠계의 스타로 떠오르고 있었다. 눈부시게 발전한 선수들의 기량, 팀 결속력, 정확성이 타의 추종을 불허했다. 1990년대의 뉴욕 양키스나 1980년대의 LA 레이커스에 비견할 만한 팀이었다.

제츠 역시 강하긴 했지만 2006년에 패트리어츠와의 경기에서 한 번 진 경험이 있었다. 그것도 홈그라운드인 뉴욕에서 말이다. 풋볼은 홈게임의 이점이 굉장히 큰 스포츠다. 게다가 제츠는 이번에 플레이오프 경기를 펼치기 위해 패트리어츠의 홈그라운드인 보스턴으로 날아가야 하는 상황이었다.

이처럼 부담스러운 경기를 앞두고 에릭은 어떻게 준비했을까? 첫째, 그는 가장 근본적인 전략, 즉 경기 속도를 늦추고 커뮤니케이션을 개선하는 일에 그 어느 때보다도 맹렬하게 집중했다. 에릭과 코치들은 매주 팀원들과 기본적인 두 가지 전략을 연습했다. 에릭은 선수들이 경기 전략을 직관적으로 실행할 수 있도록 일주일 단위의 계획을 세웠다. 즉 경기 전략을 짜고, 리허설을 하고, 두 배 느린 속도로 연습한다. 그러다 점차 속도를 높이며 실제 경기 속도에 이를 때까지 반복하고, 녹화 비디오를 보며 연구하고, 다시 처음부터 반복하는 것이다.

에릭은 이미지 트레이닝을 반복하면서 선수들이 실제 경기를 좀 더 찬찬히 그려보도록 했다. 그는 마이클 조던이 한 말을 가슴에 품고 있었다.

"조던이 늘 하던 말이 있습니다. 자기가 그토록 열심히 준비하는 이유는 결정적인 순간이 왔을 때 속도를 늦출 수 있기 때문이라고요."

둘째, 에릭은 11명의 선수를 한 몸처럼 움직이게 하는 복잡한 작업이 상당히 중요하다는 것을 잘 알고 있었다. 그러나 8만 명의 관중이 일제히 고함을 질러대는 경기장 안에서는 결코 쉽지 않은 일이었다. 이를 위해 에릭은 효율적인 커뮤니케이션을 위해 만반의 준비를 갖출 수 있는 훈련법을 고안해냈다. 그는 코치를 선발할 때도 커뮤니케이션 기술에 큰 비중을 뒀다. 그리고 코치 및 동료들과 분명한 커뮤니케이션을 할 수 있는 선수를 뽑았다. 성공적으로 커뮤니케이션을 하려면 뭐든지 명료하게 말하는 코치와 팀원이 필요했기 때문이다.

"풋볼에서는 커뮤니케이션이 굉장히 중요합니다. 11명의 선수가 동시에 똑같은 결정을 내려야 하니까요. 우린 항상 커뮤니케이션의 수준을 높이기 위해 노력합니다. 예상치 못했거나 이례적인 경기 상황은 모두 녹화해서 연구하고 테이프는 도서관에 보관합니다. 일어날 수 있는 모든 상황에 대비해야 하거든요."

에릭은 경기 테이프뿐만 아니라 과거의 모든 사례를 샅샅이 뒤졌다. 다음 경기를 위한 전략을 짜는 데 도움을 얻기 위해서였다. 그는 11월 주말의 일기 예보까지 점검했다. 그리고 모든 날씨 조건에서 패트리어츠의 경기 내용을 면밀히 분석했다. 그는 자신의 선수들이 남은 일주일 동안 패트리어츠 경기 비디오를 계속 보도록 했다. 그들의 성향과 전략도 분석했다. 그리고 그는 커뮤니케이션 훈련을 하기 위해 아주 특별한 방법도 생각해냈다.

〈스포츠 일러스트레이티드(Sports Illustrated)〉의 한 기자는 이것에 주목했다.

11월 8일에 호프스트라 대학의 제츠 훈련장을 찾은 이들은 약간 혼란을 느끼고 자신의 눈을 의심했을지도 모르겠다. 비가 내리는 야외 훈련장에는 줄을 맞춰 세워놓은 스피커에서 시끄러운 음악이 쿵쿵 울려 퍼지고, 선수와 코치들이 사방팔방으로 흩어져 연습에 한창이었다. 잔디가 깔린 필드가 아니라 질퍽한 진흙탕에서의 훈련이었다. 뽀송뽀송한 실내 훈련장은 이날 전혀 사용되지 않고 배경 화면 역할만 했다.

에릭은 과거의 사례를 찾아본 끝에 또 다른 훈련 방법을 개발했다. 즉, 가능한 한 실제 경기와 유사한 조건하에서 반복 훈련을 하는 것이었다. 비가 오고 시끄러운 상황을 만들어 커뮤니케이션에 방해를 받는 상황에서 전략(침착하게 경기에 임하고 효과적으로 커뮤니케이션하는 것)을 실전처럼 연습했다. 일기 예보에 따르면 다가오는 결전의 날에 비가 올 예정이었고, 뉴잉글랜드 경기장은 비가 오면 미끄럽기로 악명 높았다. 에릭은 이 모든 것을 염두에 두고 있었다.

비와 진흙탕, 시끄러운 음악과 침착한 움직임 속에 이뤄진 에릭의 꼼꼼한 준비가 어떤 결과를 만들었는지 궁금하지 않은가? 제츠는 17대 14로 역전승을 거두었다! 경기가 끝날 무렵 경기장은 완전히 진흙탕이 돼있었다. 양 팀 선수들 유니폼도 진흙 범벅이었다. 경기장에서 승리를 기뻐하는 제츠 선수들의 세리머니는 마치 인디언들의 기우제처럼 보였다.

빗물에 흠씬 젖어 진흙을 뒤집어쓴 한 선수가 승리의 비결을 묻는 기자에게 이렇게 대답한 것이 기억난다. "저희는 이미 훈련 중에 이 경기를 치렀으니까요.”

뉴잉글랜드의 후방 수비수인 리처드 시모어는 〈보스턴 헤럴드〉의 기자에게 “그들의 경기 능력이 우리를 능가했습니다. 그들의 훈련도 우리를 능가했고요”라고 말했다. 내 귀에는 “그들의 준비 능력이 우리보다 월등했습니다”로 들렸다.

〈보스턴 헤럴드〉 기자는 에릭의 팀 선수들을 보고 “그를 위해서라면 벽이라도 뚫고 돌진할 기세다. 단, 그가 가르친 정확한 질서와 순서로 말이다”라고 표현했다.

에릭이 연습을 주도하거나 스태프와 의사소통하는 모습을 보면 정확한 질서와 순서를 향한 그의 고집을 누구라도 금세 느낄 것이다. 그는 끈질기고 꼼꼼하게 준비한다. 그래서 처음 제츠의 수석 코치를 맡았을 때 몇몇 베테랑 선수들은 그의 고집을 마뜩잖게 여겼다. 엄격하고 반복적인 훈련에 불만을 토로하는 선수들도 있었다. 그러나 보스턴에서 역전승으로 얻은 짜릿한 승리 이후 모든 것이 바뀌었다. 패트리어츠는 제츠와의 경기 이후 경기장 바닥을 바꿨다고 한다.

앞으로 제츠는 이기기도 하고 지기도 할 것이다. NFL은 단 한 치 앞도 내다볼 수 없는 불확실한 세계이기 때문이다. 이들보다 더 신출귀몰한 팀이 나타날 수도 있고, 계약 문제로 주전을 잃거나 시즌 첫 경기에서 쿼터백이 부상을 입을 수도 있다. 성공을 위해 신중하게 계획을 짜도 어그러지는 경우가 부지기수다. 그러나 제츠는 준비 부족으로 지는 일만큼은 결코 없을 것이다.

물론 준비가 성공을 절대적으로 보장하는 것은 아니다. 이는 제츠뿐만 아니라 모든 팀과 조직에 적용되는 이야기다. 2007년 제츠는 고전을 면치 못했다. 수많은 '외부 요인'이 작용했고 몇몇 내부적인 판단 오류도 있었다. 그러나 에릭은 팀에 닥친 위기에도 아랑곳하지 않고 오로지 자신이 해야 할 준비에만 집중했다. 변한 것이 있다면 그가 2006년에 놀라운 성공을 거뒀을 때보다 오히려 2007년에 저조한 성적을 기록했을 때 준비의 중요성을 더 뼈저리게 느꼈다는 것이다. 에릭 맨지니는 보스턴 경기에서의 승리로 얻었던 '맨지니어스(Mangenius)'라는 별명이 무색하게 된 것에도 별로 신경 쓰지 않았다. 준비하는 사람이란, 상황이 좋을 때든 나쁠 때든 항상 인내심을 가지고 준비에 임하는 사람이지, 천재를 뜻하는 게 아님을 잘 알고 있기 때문이다.

에릭 맨지니에게서 얻을 수 있는 교훈은 바로 이것이다.

"자신의 인생에서 통제할 수 있는 유일한 한 가지가 바로 준비다."

살면서 누구나 자신보다 더 똑똑하고 능력 있는 사람을 만나기 마련이다. 당신은 그들의 행동을 통제할 수도, 그들의 기술을 훔칠 수도 없다. 하지만 당신과 당신의 팀을 완전히 준비시켰다면 최상의 결과를 얻기 위한 모든 노력을 다했다고 봐도 좋을 것이다.

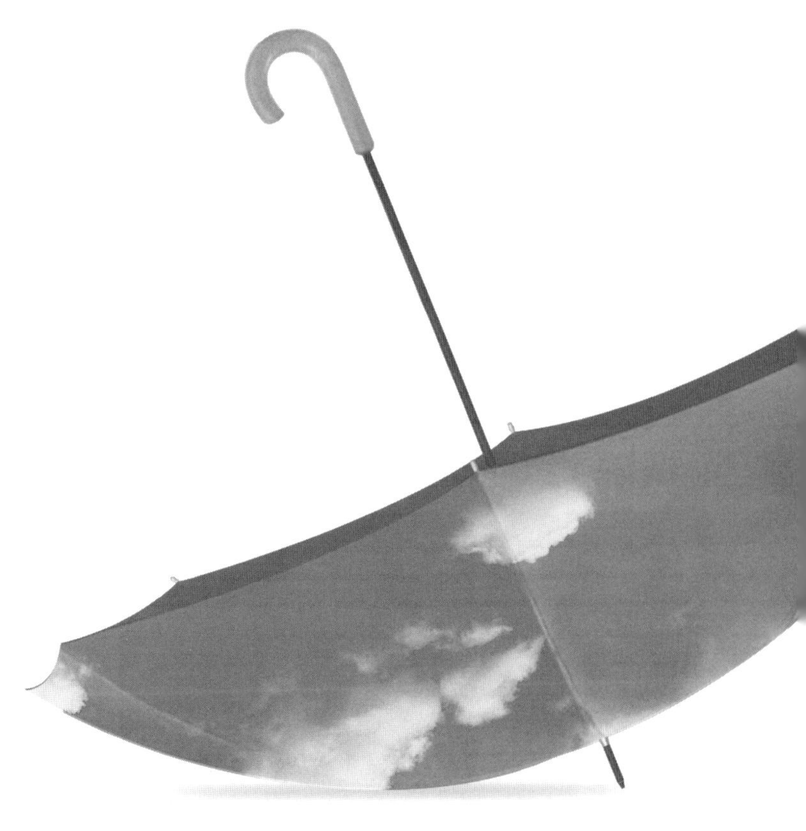

Part 2

시작 전에 승리하는 준비 원칙

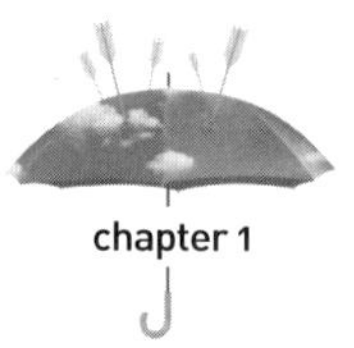

chapter 1

최고가 되는 가장 확실한 방법, 목표

열정이 있는 것은 좋다. 그러나 열정만 있고 방향이 없다면 더 나아가지 못하고 제자리에서 빙빙 돌 뿐이다. 노력하는데도 왜 원하는 것을 이루지 못하는지 답답한 마음만 들 것이다.

일의 목표를 파악하고 싶다면 다음의 두 질문을 던져보자.

무엇을? 왜? 이것은 무엇을 성취하고 싶으며, 왜 그렇게 하고 싶은지 묻는 것이다. 두 질문에 대한 답을 생각해보면 당신이 하려는 일의 목표를 정확히 알 수 있다. 이는 첫 번째 준비 단계에 반드시 포함돼야 한다.

혹자는 목표를 설정하는 것이 시간만 잡아먹을 뿐이라고 말한다. 그러나 내 경험에 의하면 목표 설정은 성과를 '보통'에서 '최고'의 수준으로 끌어올리는 데 결정적인 역할을 한다. 당신은 그 분야에서 활약하는 수천 명의 재능 있고 열정적인 사람들 중 한 명에 불과하다. 그중에서 남보다 더 나은 성과를 내고 더 큰 성취감을 얻고 싶은가? 그렇다면 목표에 대해 명확히 인식하고 그것을 가지고 스스로에게 동기를 부여하라. 명확한 목표야말로 남보다 나은 결과를 만들어낼 수 있는 비결이다.

만약 당신이 에베레스트 산을 정복하고 싶다고 가정해보자. 정상에 오르겠다는 것은 분명한 목표다. 그러나 안전하게 내려오는 것을 포함한 상위의 목표를 분명히 하지 않는다면 무사히 돌아오겠다는 당신의 계획은 실패로 돌아갈 수도 있다. 수많은 등산가들이 그랬듯 말이다.

그러면 이번에는 당신이 꿈에도 그리던 승진을 했다고 상상해보자. 이제 당신은 본인의 자리를 대신할 적당한 사람을 지목해야 한다. 후보는 회사에서 가장 친한 동료 두 사람이다. 둘 중 한 사람에게 상처를 주는 대신 당신은 해당 직위를 둘로 나누는 타협안을 만든다. 상사도 그러라고 한다. 하지만 당신은 한 명이 명확한 직위와 책임을 가지는 것이 더 나았다는 사실을 1년이 지나고 나서야 깨닫는다. 리더십을 공유하게 되자 서로에게 책임을 미루는 상황만 발생할 뿐이었다.

그들은 누가 의사 결정을 하느냐를 놓고도 신경전을 벌였다. 부하 직원들은 혼란스러워했다. 무엇이 잘못된 것일까? 당신은 해당 직위가 가진, 명백한 책임을 진다는 '목표'를 확실히 이해하지 못하고 있었다! 그리고 직감과 충동만으로 결정을 내렸다. 만약 목표를 분명히 파악했더라면 우정을 깨뜨리지 않고도 직위를 넘겨줄 다른 방법을 찾을 수 있었을 것이다.

직감과 그의 위험한 친척인 충동은 준비 원칙을 건너뛰어도 괜찮다며 사람들을 꼬드긴다. 특히 목표를 완전히 이해하지 못하고 일을 떠맡은 경우 직감과 충동을 따르고 싶다는 유혹은 더욱 강렬해진다. '내가 이 일을 왜 하고 있지? 이 일의 종착지는 어디일까?' 등을 고민하지도 않고 바로 일에 뛰어들 때 말이다. 준비의 목록은 일의 순서대로 연결되어 있기 때문에 이를 무시하면 각 단계의 의미가 약해져 준비 전체의 힘이 약해진다. 마치 도미노 조각처럼 쭉 늘어선 여러 개의 준비 단계가 있다면, 모든 단계가 차례로 밀려 넘어지도록 만드는 제일 첫 번째 조각이 바로 '목표 설정'이다.

일이나 삶에서 성공하고 싶은 당신에게 누군가 속도를 늦추라고 말한다면 어떤 생각이 들겠는가? 준비의 중요성을 잘 알고 있는 나도 직감을 따르고 본능에 충실하고 싶다는 욕구를 억제하는 것이 가끔은 어렵다. 이처럼 준비란 지속적인 겸손을 요하는 과정이기도 하다.

목표는 세상의 모든 일을 이끈다. 목표를 분명히 했을 때 어떤 일에서든 최고의 결과를 얻을 수 있다. 상사가 명령했다는 이유만으로 행동하지 마라. 본능적인 느낌만으로 움직여서도 안 된다.

1986년 미국의 야구계는 한 차례의 약물 파동으로 떠들썩했다. 당시 나는 우리 선수들과 이런 문제로 계속 논의 중이었다. 그때 직감에 따라 행동했다면 나는 당장 언론을 통해 우리 선수들이 결백하다는 사실을 팬들에게 알렸을 것이다. 그러나 우리는 조금 속도를 늦추고 목표를 분명히 한다는 원칙을 지켰다. 그래서 우리는 목표에 맞는 해결책을 마련할 수 있었다. 20여 년이 지난 지금도 그때의 일은 모범 사례로 남아 있다.

약물 사용 누명을 벗은 야구선수들

야구 팬이라면 1980년대 초중반의 약물 파동을 기억할 것이다. 당시 캔자스시티 로열스와 피츠버그 파이어리츠를 비롯한 메이저리그 선수들의 약물 남용 사실이 밝혀지자, 팬들의 인기를 한 몸에 받던 그들의 명성은 바닥으로 추락했고 팬들은 격렬하게 분노했다.

1986년 당시 우리 회사에도 볼티모어 오리올스의 메이저리그 선수가 여러 명 있었다. 그들은 성실과 신의를 중요시하는 상당히 건전한 사람들이었다. 선수들도 약물을 반대하는 목소리를 내고 싶어했지만, 그로 인해 동료 야구선수들에 대한 우정을 배신하게 될까 걱정하고 있었다.

둘 다 명예와 관련된 것이었다. 문제라면 간혹 이 둘이 충돌한다는 점이다. 우리는 선수들이 모인 자리에서 먼저 목표를 명확하게 공유했다. 모인 사람들 모두 팬들 앞에서 건전한 시민이 되고 싶다는 진실된 마음을 서로에게서 느꼈다. 우리는 한 가지 결론을 내렸다. 그들의 가치관을 팬들에게 보여줄 최선의 방법은 언론을 통한 것이 아니라 직접적으로 보이는 증거라는 결론을 말이다.

결국 우리는 다음과 같은 목표를 만들었다.

'우리 팀이 이 문제와 관계없다는 것을 지역 시민들에게 보여주기 위해 전 시즌에 걸쳐 도핑 테스트에 자발적으로 참여한다.'

그리하여 몇몇 선수를 제외하고 경영진과 스태프가 모두 존스홉킨스 의과대학에서 1년 동안 실시하는 도핑 테스트에 참여하기로 했다. 이 테스트는 과학적인 방법으로 엄격하게 진행될 예정이었다.

그해 말 볼티모어 팬들과 오리올스 선수들 간의 결속력은 그 어느 때보다 강했다. 선수협회와 메이저리그는 선수들이 근본적으로 변화하려고 하는 의지를 보고 난 뒤, 약물 남용에 반대한다는 성명을 발표했다. 훌륭한 젊은이들이 확고한 목적의식을 가졌기 때문에 모범적인 결과가 만들어진 것이다.

물론 처음 느꼈던 충동대로 하는 것이 맞았을 수도 있다. 그러나 어떤 문제든 그것을 해결하는 첫 단추는 '목표를 확실히 하는 것'이다. 목표는 필요한 경우 다듬거나 새로 만들 수 있다는 사실도 기억해야 한다.

다음은 자신의 목표를 분명히 이해했던 세 사람의 이야기이다. 〈포브스(Forbes)〉가 선정한 400대 부자 중 한 사람인 스티브 비스코티, 존스홉킨스 공중보건대학의 헨리 테일러, 은행가 미셸 셰퍼드가 그들이다.

비즈니스맨인 스티브는 자신의 독특한 재능을 목표에 따라 적절하게 활용한 사람이다. 내가 아는 사람들 중에서도 그는 가장 능숙하게 그 역할을 해냈다. 헨리는 국제 보건의 위기라는 급박하고 복잡한 상황에서도 속도를 늦추고 목표를 뚜렷하게 잡았다. 미셸은 목표를 끊임없이 상기하고 명확하게 해서 다양한 팀원들이 공동의 목표를 향해 협력할 수 있도록 했다.

자신의 재능에 알맞은 목표를 세워라

목표를 정하면 전부 다 준비한 것이다

걸걸한 목소리와 사교적인 성격을 가진 스티브 비스코티는 NFL의 젊은 구단주지만, 그보다 올스타 풋볼 선수로 더 유명하다. 자신의 직업에 대해 이야기할 때 그의 눈을 본다면, 날카롭고 저돌적이며 목표에 집중하는 라인배커(linebacker : 라인맨 바로 뒤 수비수 - 옮긴이 주)의 눈을 볼 수 있을 것이다.

스티브는 자신의 강점에 맞춰 목표를 갈고닦았다. 그는 자신에 대해 정확하게 인식하고 있었기 때문에, 목표를 분명히 하고 그것에 집중할 수 있었다. 스티브가 가진 최우선 목표는 자신이 가진 세일즈 능력을 바탕으로 회사를 차리는 것이었다. 그의 또 다른 목표는 가족을 안정적으로 먹여 살리는 것이었다. 아버지를 일찍 여의고 나서 생긴 두 번째 목표는 첫 번째 목표를 이루어야만 하는 강력한 동기가 되었다. 스티브는 지금도 이 두 가지 목표에서 눈을 떼지 않고 있다. 그는 매일 아침 일어나 하루를 시작하기 전에 목표를 하나하나 곱씹어본다.

스티브가 기술 서비스 및 리크루트 기업인 알레기스 그룹을 설립했을 때 그는 겨우 스물세 살이었고, 통장 잔고는 달랑 3,500달러였다. 당시 스티브는 첫 직장에서 해고 당한 상태였고, 바텐더 일을 하는 친구 두 명의 집에서 함께 살고 있었다. 스티브는 친구에게 1층을 사무실로 이용하게 해달라고 부탁했다. 바텐더 친구 한 명이 그의 첫 직원이 되었고, 사촌은 파트너 겸 비즈니스 매니저가 되었다. 그곳에서 스티브는 세일즈 능력을 발휘하여 약 10년 후에 수십 억 달러의 가치를 지닌 회사를 만들어냈다. 그리고 그는 이제 NFL의 볼티모어 레이븐스 구단주가 되었다.

어떻게 그처럼 레이저를 쏘듯 자신의 목표에만 집중할 수 있었을까? 그는 이렇게 말한다. "제가 여덟 살 때 아버지가 백혈병으로 돌아가셨습니다. 그때부터 어머니는 우리가 무엇을 위해 일하는가와 목표에 대해 끊임없이 말씀하셨죠. 저는 그 덕분에 세상 모든 일들이 긴박하게 돌아간다는 걸 깨달았습니다. 동시에 분명한 목표를 가져야 할 필요성도 느꼈고요."

그래서 스티브는 청소년이 되기도 전에 인생과 직업에 대한 첫 번째 목표를 만들었다. 만약 자신이 아버지처럼 30대 중반에 목숨을 잃더라도 가족은 문제없이 먹고살 수 있도록 만들겠다는 것이었다.

아버지가 돌아가시자 가족을 지키려고 고군분투하던 어머니의 모습을 스티브는 분명히 가슴에 새겼다. 오히려 그 덕분에 좋은 직업과 재산을 모두 가질 수 있었다. "젊은 시절 저의 유일한 목표는 부자가 되는 것이었습니다. 제가 서른다섯 살에 죽어도 아내와 아이들이 일할 필요 없이 먹고살 수 있는 부자 말이에요. 아주 단순했지요."

스티브의 어머니는 그에게 또 다른 중요한 목표를 알려주었다. 바로 '남들과 비슷한 능력이 아니라 자신만의 독특한 특징을 발견하고 그것에 집중하라'는 것이었다. 그는 지금도 이것을 위해 노력하고 있다.

스티브는 힘든 학창 시절을 보냈다. 기억력도 좋지 않았고, 수업에 집중하기도 힘들었다. 하지만 그가 형편없는 성적표를 가지고 집으로 돌아와도 어머니는 성적보다는 최선을 다했는지부터 물어보았다고 한다. 어머니는 마치 숙제 검사를 하듯 그의 태도와 성격, 결단력 같은 것을 점검했다. 스티브에게 세일즈를 권한 것도 바로 어머니였다.

"어머니는 개인적인 윤리나 도덕성만큼 사업적인 성공을 중요하게 생각하셨어요. 비록 학교 성적은 바닥을 기었지만 어머니는 저의 태도, 성격, 성실성을 자랑스러워하셨습니다. 게다가 세일즈맨으로서의 내 미래를 일찌감치 예견하셨어요. 공부는 못했지만 어머니는 저를 꿰뚫어 보고 제 안에 있는 재능을 끄집어내신 겁니다."

대학을 졸업하자 세 군데 회사에서 일을 같이 하자는 제안이 들어왔다. 하지만 그는 제품이 아닌 서비스를 판매하고 싶었다.

"회사에서 제안한 일은 컴퓨터나 의료 장비를 파는 것이었어요. 그게 아니면 저는 서비스 판매 회사에서 임시직을 맡아야 했지요. 저는 서비스 판매 회사를 선택했습니다. 그때 상사가 한 말이 제 인생을 바꿔놨습니다. 그는 제품을 판매하는 일을 하면 아무리 열심히 일해도 뒤처질 수밖에 없다고 말하더군요. 어떤 사람이 IBM 컴퓨터 대신 이름 없는 회사 컴퓨터를 사겠어요? 하지만 서비스 산업에서는 제품 때문에 뒤처지는 일이 없다고 하더군요. 그래서 훌륭한 판매원이 되겠다는 저의 목표가 더 분명해졌습니다."

스티브가 처음 회사를 운영할 때는 혼자 모든 일을 처리해야 했지만 경쟁자들보다 더 열심히 일하려고 애썼다. 당시 그가 있었던 미국 동부 해안에서는 오후 6시가 되면 대부분의 사람들이 퇴근을 했다. 하지만 그는 동부 해안과 서부 해안의 근무 시간을 모두 지키려고 오전 7시부터 오후

10시까지 전화통을 붙잡고 엔지니어와 씨름했다. 통화하지 않을 때는 회계 업무를 처리하거나 변호사를 만나고 임금을 지불했다. 그는 이 모든 일을 혼자서도 썩 잘했다. 하지만 지원 업무까지 혼자 하려니 '최고의 판매원이 된다'는 목표에서 점점 멀어지는 기분이 들었다.

"저는 타고난 판매원이었습니다. 자신도 그걸 알았고요. 사람들이 저에게 일을 주고 싶도록 만드는 방법을 본능적으로 알았거든요. 하지만 판매 외에도 신경 쓸 일이 너무 많았습니다. 그 때문에 점점 우울해지더군요. 그래서 멘토에게 사업을 운영하는 방법을 가르쳐달라고 부탁했지요."

멘토의 조언을 듣고 난 뒤, 스티브는 공인 회계사인 사촌을 끌어들여 대표로 앉히고 자신은 다시 판매에만 집중했다. 바로 그때 알레기스는 비약적으로 발전했다. 계속해서 성공을 거두자 스티브는 또 다른 목표를 만들었다. 바로 스포츠 사업에 뛰어드는 것이었다. 진작부터 품었던 꿈이었지만 가족을 부양하고 최고의 판매원이 되기 위해서 속으로만 묻어뒀던 꿈이기도 했다. 스티브는 항상 스포츠를 사랑했고 스포츠 팀을 운영하는 것이 오랜 소원이었다.

마침내 그에게 볼티모어 레이븐스를 인수할 기회가 생겼다. 그가 이 계약을 따고 싶었던 데는 나름의 특별한 이유가 있었다. 첫째, 당시 레이븐스 구단주였던 아트 모델은 팀을 꼭 팔아야 하는 상황이었다. 재정적으로 상황이 몹시 어려워져 가족이 먹고살 방법을 찾아야 했던 것이다. 그래서 스티브는 NFL에 남긴 아트의 유산을 보존하기 위해서라도 계약을 성사시키고 싶었다. 둘째, 이 거래는 스티브가 통달한 단 하나의 비즈니스 분야,

즉 판매 외의 세계로 그를 데려다줄 것이었다. 그는 어렸을 때부터 목표를 분명히 하고 전문 분야에 집중한다는 결심을 했다. 그래서 이번 거래에서도 목표를 분명히 했다. 아트 모델이 구단주에서 물러나는 것과 자신이 새로운 비즈니스 영역으로 들어가는 일, 이 둘을 달성하려면 팀을 단계적으로 인수해야 했다.

몇몇 유능한 변호사와 회계사의 도움을 받아 스티브와 아트는 4년에 걸쳐 구단주를 교체하기로 계약했다. 스티브가 처음에 소유한 지분은 적었지만 점차적으로 지분을 늘려가 결국 실제적인 구단주가 되었다. 물론 아트의 지분은 남겨놓았다.

"어머니 말씀대로 비즈니스를 하려면 그런 식으로라도 아트의 명예를 존중해야 했습니다. 게다가 생소한 분야라 저도 배워야 할 게 무척 많았고, 팀 관계자들에게 조금씩 좋은 인상을 심어줄 필요도 있었으니까요. 레이븐스 인수는 저에게 유리한 조건이었어요. 하지만 아트와 나, 우리 둘의 공동 작품이었습니다. 한마디로 윈 - 윈(win-win)이었죠."

프로 스포츠 업계에서 이것은 굉장히 혁신적인 방법이었다. 보통 돈 많은 구단주들은 하루라도 빨리 팀을 자기 손으로 주무르며 갈채를 받고 싶어 하기 때문이다. 그러나 스티브는 우선 스포츠 업계를 이해하고 아트를 지원한다는 목표를 세웠다. 인수를 시작할 때부터 구단주로 자리 잡을 때까지 그는 레이븐스의 비즈니스 관계자와 코치진을 평가해서 누굴 남겨두고 누굴 교체할지 결정하는 기간으로 삼았다.

스티브는 절대 한눈을 팔지 않는다. 독신자 주택 1층에서 판매원으로 하루에 10시간씩 전화통을 붙들던 때와 똑같이 그는 지금도 구단주로서의 목표에만 집중하고 있다.

스티브 비스코티는 23세에 사업을 시작한 뒤 35세에 인생이 끝날지도 모른다는 각오로 준비했다. 아버지가 돌아가시고 나서 자신의 목표를 세웠고, 그 목표에서 시선을 거둔 적이 없었다. 그는 자신의 강점에 꼭 맞는 목표를 정했고, 거침없이 그것을 추구했다.

다른 것보다 목표를 먼저 추구하라

전염병에서 인류를 구할, 준비된 방역 팀

조류 독감에 걸리고도 지금까지 멀쩡하게 살아 있는 사람이 있다면 존스홉킨스 블룸버그 대학 공중보건대비센터의 헨리 테일러 박사와 그의 동료들에게 감사를 표해야 한다. 사실 여기서 할 이야기는 센터명만 봐도 충분히 이해할 수 있다. 공중 보건 '대비(preparedness)' 센터가 아닌가.

이 센터의 목표는 단순하다. 전 세계의 전염병을 통제 또는 박멸하는 것이다. 헨리와 그의 동료들은 이 목표를 두 가지로 나눴다. 첫째, 사회 구조를 변화시켜 공중 보건이 필요한 공동체가 건강을 더 잘 관리할 수 있도록 보건 수준을 향상시킨다. 둘째, 질병과 전염병의 각 단계를 분석하여 적절한 시기에 연구비를 지출하고 정치적 로비나 공적인 개입이 이루어지도록 한다.

여기서 우리는 명확한 목표를 설정하는 법을 배울 수 있다. 온갖 문제들이 복잡하게 얽힌 상황에서는 시간을 들여 문제를 세분화해야 한다. 헨리의 전문 분야는 공중 보건이지만 그의 목표 설정 방식은 어떠한 직업군이나 비즈니스 분야에 적용해도 손색이 없다.

헨리와 동료들은 이제 다음에 나오는 두 가지 역설적인 사실에 익숙하다. 자신들의 일에 영원한 성공이란 없다는 것 그리고 아무 일도 일어나지 않게 하는 것이 노력의 결과라는 사실 말이다. 그들에게 완전한 성공은 영원히 없다. 박테리아와 바이러스는 끊임없이 진화하기 때문이다. 질병이나 전염병이 지구상에서 완전히 사라지거나 새로운 질병이 출현할 가능성이 전혀 없는 미래란 없다.

공중 보건 분야에서는 눈에 띄지 않는 소수의 노력으로 수많은 사람들이 혜택을 입는다. 그 소수 가운데 일부가 바로 공중보건대비센터에서 일하는 사람들이다. 다음에 올 전염병을 대비하는 보건 전문가들의 철저한 준비 덕에 우리는 편히 지낼 수 있다.

헨리의 배낭에는 언제나 알코올 소독수가 담긴 물병이 들어 있고, 검소한 사무실의 책장에는 감염에 관한 책들이 꽂혀 있다. 그는 식당 카운터에 서식하는 세균을 분석해서 사람들이 점심을 주문할 때 병균이 옮지 않도록 한다. 박테리아와 바이러스가 얼마나 위험하고 복잡한지 안다면 누구나 불안해할 것이다. 하지만 헨리에게 병균이란 변함없이 지적 호기심을 채워주고 사회적 책임감을 일깨워주는 존재일 뿐이다.

위험한 분야에서 일하려면 목표를 명확하게 하는 것이 필수적이다.

"공중 보건 분야는 변화를 만들기 위한 곳이지, 질병을 없애기 위한 곳이 아닙니다. 변화를 만들려면 공중 보건 단체에서 먼저 준비해야 합니다. 병원을 예로 들어봅시다. 병원에서 청결을 유지하기 위한 절차는 무엇이 있나요? 격리 원칙과 폐기물 처리 절차는요? MRSA(메티실린 내성황색포도 상구균 - 옮긴이 주)의 위험이 전혀 없는 곳을 만드는 것이 병원의 목표입니 까? 전염병 때문에 증가하는 의료비와 질병 예방에 들어가는 비용을 비교 분석한 결과는 무엇인가요?”

그는 전염병을 통제할 적절한 시기를 선정하기 위해 과거의 사례를 수 집한다. 1976년 미연방 정부는 인플루엔자가 곧 돌 것이라는 연구자들의 경고를 심각하게 받아들인 적이 있다. 물론 경고는 옳았다. 하지만 시기가 문제였다. 분석상의 오류로 전염병이 도는 시기를 잘못 예측한 것이다. 연 방 정부는 약 1억 3,700만 달러를 들여 백신을 개발했다. 그러나 아무 일 도 일어나지 않았다. 인플루엔자는 돌지 않았던 것이다.

세계보건기구(WHO)는 전염병 평가 및 반응 과정을 여섯 단계로 규정하 는데 각 단계마다 목표가 다르다. 오늘날 질병통제예방센터(CDCP)는 기상 청에서 허리케인을 구분하듯 심각성을 기준으로 각 전염병의 단계를 구분 하고 있다. 헨리는 얼마나 세밀하게 단계를 구분해놓았는지에 따라 공중 보건의 결과가 달라진다고 믿는다.

“과거의 사례를 조사하다보면 특정한 상황을 예측할 수 있습니다. 그리 고 상황에 맞는 대응책을 찾을 수 있지요. 물론 공중 보건을 유지하고 향상 시킨다는 목표는 변하지 않습니다. 중요한 것은 절차에 충실해야 한다는 것입니다. 잘못된 경고나 정치적 압력 때문에 성급하게 과잉대응해봤자 질병을 예방하는 데 방해만 될 뿐이에요."

이런 명확한 목표 덕분에 헨리와 그의 동료들은 미생물 세계에서 온 반갑지 않은 손님들을 추적하고 통제할 수 있었다. 헨리가 몸담은 세계는 막중한 책임이 따르는 분야였고, 자신이 설정한 분명한 목표를 따라 부단히 노력했기 때문에 목표는 그 효력을 충분히 발휘할 수 있었다.

목표는 반복 또 반복해서 기억하라

거대 기업을 한 몸처럼 움직이게 만든 목표

관리자의 핵심 업무 중 하나는 사람들의 협력을 잘 이끌어내 효율적인 팀을 만드는 것이다. 이는 모든 분야에 필요하지만 어디서든 힘든 일이고, 대기업에서는 특히 더 어렵다. 뱅크오브아메리카의 동부 지구 운영 책임자인 미셸 셰퍼드는 명확한 목표를 설정하여 어려운 상황을 이겨낼 수 있었다. 그녀의 이야기를 통해, 목표를 정하고 계속해서 점검하면 팀워크를 강화할 수 있다는 사실을 확인하게 됐다.

미셸에겐 끊임없이 되뇌고 점검하는 아주 특별한 네 가지 목표가 있다. 1) 매 회계 연도마다 실질적인 매출액을 늘린다. 2) 각 지점의 '고객 감동' 점수(10점 만점)를 9나 10점으로 높인다. 3) 금융 법규를 완벽하게 준수한다. 4) 직원 만족도를 꾸준히 높인다.

미셸은 이 네 가지 목표를 이루는 데 모든 노력을 기울였다. 그녀는 하루를 계획할 때도 이 목표들을 마음속으로 되새겼다. 그래서 그녀가 이끄는 동부 지구는 고위 간부부터 행원에 이르기까지 모두가 자신의 역할과 위치를 잘 알고 있었다. 목표를 향한 그녀의 집념은 분명하고도 '전염성'이 있었다. 그녀의 팀은 목표를 반복하여 제창했고, 그녀가 일하는 동부 지구는 지금도 계속해서 성장하고 있다.

뱅크오브아메리카는 신용 카드 업계의 거인인 MBNA를 인수하면서 두 가지 선물을 받았다. 하나는 미셸이었고 다른 하나는 기업의 혁신 문화였다. 미셸은 원래 MBNA에서 출세 가도를 달리고 있었다. 카드 후원 프로그램을 개발하면서 회사의 혁신과 성공을 이뤄낸 일등 공신이 되었다. 그녀는 성공 비법을 이렇게 말한다.

"네 가지 목표를 이루기 위해서 저는 모든 일에 '기업가 정신(entrepreneurship)'을 도입합니다. 사람들은 대개 금융 일이 기업가 정신과 별로 상관없다고 생각합니다. 하지만 기업가 정신은 어떤 사업에서든 빼놓을 수 없는 것입니다. 우리는 모든 지점에서 직원들이 기업가 정신을 가지고 고객들을 대하도록 합니다."

기업가는 자신의 목표를 이루기 위해 물불을 가리지 않는다. 미셸은 거대한 은행에 기업가 정신을 알려서 모든 직원들의 마음을 모았다. 그녀는 네 가지 목표를 반복해서 강조했고 커다란 조직에 있는 사람들이 동시에 공동의 목표를 향해 집중하도록 했다. 네 가지 목표는 간단명료했으며 부서나 직위를 초월했기 때문에 덩치 큰 금융 기업은 점차 민첩하고 집중력 있는 조직으로 바뀌어갔다.

"매주 월요일 오전 8시에 저는 간부들과 함께 네 가지 목표를 달성했는지 평가합니다. 가끔 힘들긴 해도 반복 학습의 효과는 끝내주죠. 우린 오직 이 네 가지 목표 안에서만 살아 숨쉰답니다."

네 가지 목표를 반복하여 되뇌는 그녀가 마치 고장 난 레코드처럼 보일지도 모르겠다. 그러나 이러한 목표를 공유하고 지속적으로 추구함으로써 성공할 수만 있다면, 끊임없이 반복하면서 생기는 지겨움도 일순간에 날아간다는 것을 그녀는 알고 있었다.

각 팀은 목표를 반복하면서 거대한 조직 속에서도 자신들이 할 일에만 집중할 수 있게 된다. 또 자신들만의 공통 언어와 화제도 만들어진다. 뱅크오브아메리카 같은 대기업에는 수많은 사람들이 모여서 각자 맡은 다양한 일을 한다. 이런 환경에서는 팀원들이 지속적으로 공통의 목표를 생각해야 결속력과 팀워크를 유지할 수 있다.

미셸은 다음과 같이 말한다.

"팀 전체가 집중할 방향을 정하면 팀원들의 업무는 더 잘 정리되고 좋은 결과를 만들 가능성도 큽니다. 따라서 저도 그 목표를 마음에 확실히 새긴 상태에서 직원들을 이끌고, 가르치고, 관리하려고 애쓰죠."

미셸이 한 이야기 중에서 계속 떠오르는 말이 있다.

"사람에겐 관대하되 시간에는 가혹하십시오." 네 가지 목표에서 눈을 떼지 말라는 교훈을 그녀가 어떻게 은행 직원들에게 가르칠지 미루어 짐작할 수 있는 표현이다. 미셸을 보면 훌륭한 리더가 되기 위해 목표를 반복해서 강조하는 것이 얼마나 중요한지 잘 알 수 있다.

목표를 세우는 법

– 목표를 설정하려면 속도를 늦추고 자문해야 한다. 나는 무엇을 위해 일하고 있으며 어떻게
할 것인가?

– 대답을 통해 목표가 명확해지면 다음 준비 단계가 무엇인지 알 수 있다. 다른 과업과 목표의
관계를 파악할 수 있고 충동이나 직감을 따르고 싶은 유혹에서도 벗어날 수 있다.

– 목표가 분명하면 성과가 좋다. 어떤 일을 하기 전에 먼저 명확한 목표를 설정하는 것이 중
요하다.

– 저돌적이면서도 명확하게 목표를 설정하는 것은 준비의 주춧돌 역할을 한다.

– 목표를 잘 이해하고 효과적으로 실천하려면 목표를 세부적으로 나눠야 한다.

– 목표를 지속적으로 확실하게 반복하면 일에 대한 집중력을 키울 수 있다.

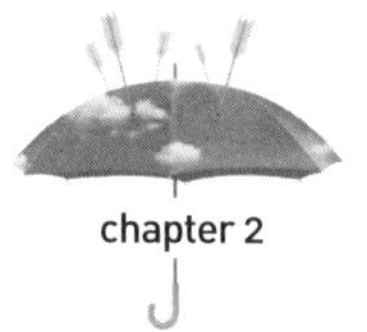

누군가는 분명 해본 일이다

과거의 사례를 살펴보면 비슷한 상황에서 어떤 일이 벌어졌는지 알 수 있기 때문에 문제를 해결하는 데 도움이 된다. 과거의 사례라고 하면 커다란 성공만 의미하는 것은 아니다. 일반적인 절차나 논리적인 의사 결정에서부터 약삭빠른 묘책, 위험천만한 결정, 신속한 대응이나 단순한 실수까지도 모두 포함된다. 나와 다른 사람의 경험까지 포함하여 역사라는 큰 무대 위에서 벌어진 모든 사건 속에 과거의 사례가 존재한다.

법조계에는 판례라는 것이 있어서 과거의 재판 사례가 현재의 재판 결과에 결정적인 영향을 미칠 수 있다. 일이나 개인의 삶에서 과거의 사례가 그렇게 막강한 영향력을 갖는 일은 드물지만, 현재의 일에 적용할 수 있다는 것만큼은 분명하다.

과거의 사례를 바탕으로 계획을 세우려면 아마추어 역사가나 탐정이 된 것처럼 집요하게 선례를 찾을 각오를 해야 한다. 또 그 사례를 통해 지금 하고 있는 일의 최종 결과를 예측하고, 전략을 세울 때 나와 다른 이들까지 설득할 수 있어야 한다.

경쟁업체가 당신의 상품이나 서비스가 비싸다는 점을 공격하는 상황이라고 하자. 가격을 내릴 수는 없기 때문에 가격 문제를 성공적으로 비켜 갔던 과거의 사례를 찾아야 한다. 고객에게는 가격뿐 아니라 배송 시간 역시 중요하다는 것을 생각한다면, 당신은 경쟁업체가 약속한 배송 시간을 맞추지 못했던 사례를 찾아볼 수도 있다. 결국 가격을 낮추지 않고서도 배송 시간을 정확히 지키는 것만으로 당신의 비교 우위를 만들 수 있다. 고객은 이 조건에 만족할 것이고 당신은 위기를 무사히 넘길 수 있게 됐다.

이번에는 좀 더 규모가 큰 일을 생각해보자. 가령 미국이 베트남 전쟁에 참전하기 전에 프랑스가 인도차이나에 남겼던 암울한 사례(인도차이나 전쟁을 말한다. 프랑스가 식민지였던 인도차이나 3국 - 베트남·라오스·캄보디아 - 을 다시 지배하기 위해 일으킨 전쟁으로 프랑스가 패전했다)를 면밀하게 검토했다면 어땠을까? 베트남 전쟁에서 참패하는 일도 없었을 테고 사회주의가 확대되는 데도 더 효과적으로 대처할 수 있었을 것이다. 그토록 많은 피를 흘리지 않아도 되었음은 물론이다.

과거의 사례를 참고하라고 해서 맹목적으로 믿으라는 것은 아니다. 현대 사회는 급격히 변하고 있기 때문에 어떨 때는 과거의 일이 전혀 도움이 되지 않을 수도 있다. 빚을 예로 들어보자. 부모님은 당신에게 빚지고 살지 말라고 신신당부했겠지만 기업이나 가정에 적당한 채무가 있는 것을 나쁘게만 볼 수는 없다. 또 우리 부모님 세대는 평생을 한 직장에서 일하는 것을 당연하게 생각했다. 하지만 요즘은 한 조직 내에서 성장하는 것보다 주기적으로 이직하는 것이 경력을 쌓는 데 유리할 수도 있다. 그러므로 과거의 사례를 활용하라는 말은, 현재의 상황에 적용할 수 있는 유사한 것에서 핵심적인 준비 패턴을 뽑아내라는 의미다.

믿을 만한 과거의 사례는 다른 사람들을 설득하는 좋은 도구가 될 수 있다. 나는 자서전이나 역사책, 영화 등을 보며 발견한 교훈을 개인적인 일이나 사업에 적용하는 것을 좋아한다. 예를 들어 〈보리밭을 흔드는 바람(The Wind That Shakes the Barley)〉은 20세기 초 영국군에 대항하는 아일랜드 독립군의 이야기를 다룬 감동적인 영화다. 어느 시골 마을을 배경으로, 서로 반대 입장에 있는 영국군과 아일랜드 독립군 리더들의 잘못된 리더십을 훌륭하게 묘사하고 있다. 특히 아일랜드 독립군의 근본적인 과오가 생생하게 그려져 있다. 영화에서 한 형제는 아일랜드의 독립이라는 목표를 함께 공유하는 데 실패한 채 서로 갈라선다. 두 갈래로 갈라진 아일랜드 독립군은 영국군에게 어떻게 대응할 것인가를 놓고 단 한 번도 분명하고 차분하게 논의하지 못한다. 결국 양 진영의 리더가 된 형제는 궁극적인 목표, 즉 아일랜드의 독립이라는 명분을 잃어버린 것이다.

이 영화를 보면서 나는 목표를 명확히 공유하는 것이 중요하다는 사실과 리더는 의견 대립이 있을 때 감정적으로 싸우지 않게끔 막아야 한다는 점을 배울 수 있었다.

과거의 사례를 활용하면 특정 상황에 대한 정보뿐 아니라 당신의 의견을 강화하는 정보도 얻을 수 있다. 당신은 과거에 발생했던 유사한 상황에 대해서는 전문가가 될 만큼 준비해야 한다. 상대방에게 영향을 줄 수 있는 과거의 사실들을 최선을 다해 수집해야 한다. 그러면 역사의 엄청난 힘을 등에 업고 프레젠테이션 장소나 회의장으로 당당하게 걸어갈 수 있을 것이다. 올리버 웬델 홈스는 이렇게 말했다. "1온스의 역사는 1파운드의 논리와 맞먹는 가치가 있다."(1파운드는 16온스 - 옮긴이 주)

보수주의자에게 누드 공연 허락받기

내가 법조계에 처음 발을 디뎠을 때였다. 개인적으로도 잊혀지지 않지만, 예술사에 획기적인 한 획을 그은 뮤지컬 〈헤어(Hair)〉(1967년부터 미국에서 상영된, 베트남전과 히피들의 삶을 다룬 최초의 록 뮤지컬. 반전(反戰)이라는 주제와 배우들의 누드 장면으로 논란을 일으켰다 - 옮긴이 주)가 볼티모어에도 찾아왔다. 볼티모어는 매력적인 도시이긴 하지만 뉴욕보다는 약간 보수적인 편이었다. 뭐, 솔직히 말하면 약간보다는 많이 보수적이었다. 나는 법조계에서 경력을 쌓으면서 정치에도 살짝 관여하고 오리올스 선수들과는 처음으로 일을 하는 상황이었는데, 논란의 여지가 있는 뮤지컬을 보수적인 동네에서 공연하도록 하는 민감한 문제를 맡게 된 것이다.

첫 공연을 하기도 전에 동네의 초특급 보수주의자들과 종교 단체들이

들고일어났다. 모두의 입장을 골고루 살펴보기 전에는 어느 한쪽 입장을 옹호하지 않는다는 것이 내 원칙이었다. 그래서 나는 제작자, 배우, 청중의 권리를 보장한 수정 헌법 제1항을 존중하는 동시에 보수적인 사람들의 눈으로 〈헤어〉를 바라봤다.

〈헤어〉는 뉴욕 외의 다른 몇몇 도시에서도 공연된 바 있었다. 무대 위에서 배우가 홀딱 벗는다는 이유로 미 전역에 화제를 뿌렸지만 몇몇 지역에서는 거부감을 보이고 있었다. 나는 개인적으로 공공장소에서 노출해본 경험은 없었지만, 수정 헌법 제1항과 관련한 이번 사건이 무척 마음에 들었다. 우선 법적, 역사적인 면에서 가치 판단을 하기 위해 과거의 사례를 수집하기 시작했다. 이때부터 내 머릿속에는 준비 원칙 체크리스트의 두 번째 원칙(과거의 사례)에 대한 개념이 싹트고 있었다.

이번 문제와 관련이 있는 사례는 크게 두 가지였다. 공연에 대한 전통적인 판례와 〈헤어〉가 다른 도시에서 공연되었을 때의 사례가 그것이었다. 나는 우선 동료들과 함께 공연 중에 나체를 드러내는 것이 헌법상 보장된 표현의 자유와 어떤 관련이 있는지에 대해서 간략하게 초안을 짰다. 동시에 다른 도시의 변호사들이 구사했던 전략도 꼼꼼하게 분석했다. 특히 변호사들이 언론을 통해 사건에 대해 어떻게 말했는지를 중점적으로 살폈다. 또한 공연 검열이나 중단을 요구하는 사람들의 변호사들은 어떤 전략을 쓰고 어떤 주장을 했는지도 집중적으로 점검했다.

과거의 사례를 통해 볼티모어에 팽배한 반대 의견을 잠재우는 동시에 재판에서 주장할 만한 강력하고 설득력 있는 내용을 뽑아낸다는 것이 우리의 전략이었다. 우리는 여러 가지 과거의 사례를 들어 설득했는데, 그 결과 공연은 무사히 막을 올리게 되었고 배우들은 알몸으로 뜨거운 연기를 펼칠 수 있었다. 과거의 사례가 적절하다면 상대방을 설득하는 일은 한결 쉬워진다. 사람들이 전적으로 당신과 같은 생각을 하도록 만들 수 있기 때문이다.

과거의 사례는 설득력이 아주 강하다. 하지만 과거의 사례를 사용할 때는 그것에 사로잡혀 '당연한 진리'라고 믿지 않도록 주의해야 한다. '상관관계가 반드시 인과관계인 것은 아니다'라는 학창 시절의 교훈을 새기는 것이 좋다. 과거의 사례는 상상을 초월할 만큼 설득력이 강해서, 듣는 사람들로 하여금 그 사례가 현재 사건과 관련이 있는지 또는 적합한지 생각해 보지도 않고 맹목적으로 믿게 만들 수가 있다. 역사의 힘은 대부분의 사람들을 아주 간단히 사로잡기 때문이다. 물론 과거의 사례가 적절하고 명확하다면 현재의 문제를 해결하는 데 결정적인 기여를 할 수 있다.

연봉을 올리려면 확실한 준비를 하라

어느 날 유명한 프로 스포츠 단장 한 명이 내게 전화를 걸었다. 당시 그의 팀은 플레이오프에 진출해서 승승장구하고 있었다. 그는 경기의 주인공이자 언론의 스타였고 사교 활동에도 열심히 참가했는데, 고위 경영진 중에서도 자신의 몸값이 더 올라간다는 사실에 매우 큰 기쁨을 느끼고 있었다.

겉으로는 언제나 겸손한 태도를 유지했지만 그는 팀을 슬럼프에서 멋지게 건져냈기 때문에 재계약 연봉을 약간 과하게 제시할 참이었다.

하지만 구단주나 이사회 또는 사장이 그가 원하는 만큼의 돈을 순순히 내줄 리가 없었다. 고객이나 친구에게 기대치를 낮추라고 해야 할 경우 어떻게 이야기해야 할까? 아마도 십중팔구 과거의 사례를 말해줘야 할 것이다.

나 역시 그 단장에게 이렇게 조언했다. 인맥을 통해 과거의 계약 사례를 찾아보라고 말이다. 사례를 꼼꼼히 살펴보고 브레인스토밍하는 것이 도움이 될 것이라고 말해줬다.

그는 자기 주장을 뒷받침할 사례를 한두 개쯤은 찾았을지도 모른다. 하지만 아마도 그가 찾아본 계약 사례의 주인공들은 상당수가 눈부신 업적을 일궈냈음에도 그가 생각했던 만큼의 연봉을 받지는 못했을 것이 분명하다. 그는 영리한 사람이니 금세 자신의 기대가 너무 컸다는 사실을 깨닫고, 구단과 계약을 유지하려면 적정선을 지켜야 한다고 느꼈을 것이다.

이렇듯 비즈니스는 과거의 사례를 토대로 이루어진다. 연봉 협상이나 인수, 합병에 이르기까지 모든 것이 그렇다. 텍사스 레인저스가 알렉스 로드리게스에게 10년간 2억 5,000만 달러를 쏟아부은 이례적인 사례가 있긴 해도 선수나 감독, 단장의 몸값은 대개 과거의 수치를 바탕으로 결정된다. 따라서 과거에 자신이 받은 가치나 금액을 뛰어넘으려면 그에 합당한 사례를 종합하여 상대방에게 보여줄 수 있어야 한다.

과거의 사례를 준비 과정의 필수 요소로 삼았던 두 사람을 더 소개하겠다. 펀드 매니저인 빌 밀러는 과거의 투자 경험과 역사적 패턴을 사례로 언제 주식을 사고팔지를 결정한다. 앤 마리 티어니는 명확하게 구축된 과거의 사례를 통해 소방관인 자신과 팀 전원이 위험한 행동을 피할 수 있도록 했다. 과거의 사례가 이토록 다양한 사람들에게 중요하다는 사실을 알 수 있을 것이다. 준비의 달인들이 역사를 열광적으로 추종했다는 점도 그리 놀라운 일은 아니다. 각종 역사책과 전기가 그들의 서류 가방에 들어있거나 침대 옆 또는 비행기를 탄 그들의 무릎에 얌전히 놓여 있을 것이다. 훌륭한 책뿐만 아니라 특정 유형의 거래나 회사의 역사, 개인의 과거 경험에서도 배워야 할 점은 많이 있다.

과거의 사례를 알면 돈의 흐름이 보인다

불경기에도 최고의 수익을 올린 애널리스트

금융계에서 빌 밀러만큼 열정적으로 과거의 사례를 파고든 펀드 매니저는 아마 없을 것이다. 2005년 핼러윈에 빌은 아랍의 석유 재벌처럼 옷을 입고 사무실에 도착했다. 그해 연일 상종가를 치던 에너지 주를 사지 않았던 몇 안 되는 펀드 매니저들 중에 그도 포함되어 있었다. 15년 연속 S&P 500 지수 상승률보다 높은 수익률을 올렸던 그의 기록도 곧 무너질 판이었다. 그가 핼러윈 복장을 그렇게 입은 것은 사실 당시 자신의 상황을 자조하는 것이었다.

　2006년 핼러윈에 나는 빌과 함께 회의실에 앉아 볼티모어 항구를 내려다보고 있었다. 그는 자신의 복장을 '사채업자' 콘셉트라고 설명했다. 그는 녹색 셔츠, 굵은 금목걸이에 폴리에스테르 바지를 입고 있었다. 그의 부하 직원들도 전부 핼러윈 복장을 입고 있었고 복도에는 테니스 선수, 신인 여배우, 스턴트맨들이 돌아다니고 있었다. 핼러윈 파티를 위해 모두들 만반의 준비를 했다.

그날 직원들은 빌의 입사 25주년을 축하하는 자리도 마련했다. 빌은 한가한 시간에는 산타페 연구소의 회장으로서 똑똑한 과학자들과 어울렸다. 또한 회사의 가치 투자 펀드를 운용하며 레그 메이슨 캐피털 매니지먼트의 회장직도 함께 맡고 있었다. 그래서 크고 작은 투자자들은 그의 능력을 믿고 총 500억 달러가 넘는 돈을 맡긴 것이다.

빌과 이야기를 나누던 중 어느덧 '준비'가 화제에 올랐다. 그는 세 가지 격언을 내게 들려줬다. 첫 번째는 '준비하는 데 실패하는 것은 실패할 준비를 하는 것과 같다'였다. 나는 전설적인 UCLA 농구 코치인 존 우든이 그 말을 한 줄 알았다. 빌은 원래 이 말을 했던 사람이 벤저민 프랭클린이라는 사실을 알려줬다. 나머지 격언은 '완벽함을 만드는 것은 연습이 아니다. 완벽함을 만드는 것은 완벽한 연습이다', '보통 사람들은 이길 수 있을 때까지 연습한다. 하지만 프로는 절대 지지 않을 때까지 연습한다'였다.

빌은 준비에 관해 상당히 해박한 지식을 갖고 있었다. 하지만 그는 자신의 준비 방법과 경력에 대해 말할 때 전혀 심각하지 않았다. 빌은 언제나 즐겁게 준비했던 것이다. 벤저민 프랭클린도 그랬을 것 같다. 빌이 가진 가장 인상적인 준비 기술은 과거의 사례를 활용하는 것이었다. 그는 자기

업무 패턴을 만들거나 직원을 고용할 때, 주식을 선택할 때(가장 중요함) 과거의 사례를 이용했다. 현재의 어려운 상황에 잘 대처할 수 있는 정보를 과거의 사건을 살펴보고 결정하는 것이다.

"과거의 사례를 살펴본다는 건 자신이나 다른 사람의 과거 행동을 분석하는 거잖아요. 제가 온종일 하는 게 그겁니다. 투자자의 행동과 기업의 움직임을 분석하고 저의 성향이나 제가 과거에 했던 의사 결정을 분석하는 거예요."

빌의 하루는 30년 동안 변함이 없었다. 자신이 주식을 고르는 정확한 패턴을 꿰고 있기 때문에 최상의 결과를 안겨줄 시스템만 남은 것이다. 빌은 자신의 일상을 이렇게 설명한다.

"포트폴리오에 있는 다양한 기업들에 영향을 미치는 모든 사건들을 훤히 알기 위해서는 일정한 패턴을 따라야 합니다. 저는 아침에 일어나서 해외 시장을 체크하고 주요 뉴스와 밤사이 통화율 변동 상황도 살펴봅니다. 그리고 신문과 블룸버그를 확인하고 인터넷을 연결합니다. 주식 시장이 열리면 그날 우리가 어떻게 움직여야 하는지 감을 잡으려고 노력하죠. 이메일을 체크하고 사무실에 가면 오후 1시 정도 됩니다. 아침에는 혼자 더 많은 일을 할 수 있기 때문에 저는 이런 패턴을 고수하고 있습니다. 사무실에서는 계속 방해를 받아서 제대로 준비할 수 없거든요."

빌은 본인의 일상을 분석하여 자신과 직원들에게 가장 효율적인 업무 패턴을 만들어냈다. 오전에는 직원들 역시 이메일이나 자료 조사, 프레젠테이션 등의 업무에 집중한다. 그리고 오후에는 서로 협력할 수 있는 일을 한다.

"이 패턴이 제 일상적인 업무의 틀입니다. 시행착오를 통해 주 7일 패턴으로 다듬어진 훌륭한 시스템이지요."

그의 분석력에 힘입어 주식 거래팀의 명성은 업계에 자자하다.

"제가 뭐, 편집증적으로 질서를 지키는 사람은 아니에요."그가 너털웃음을 터뜨리며 말했다.

"저 스스로를 분석하면서 사회 심리학과 행동 심리학에 관심이 가더군요. 우리 회사에서 애널리스트를 훈련시키는 동안 인성을 평가하는 심리학자가 있어요. 직원들의 스타일과 유형을 파악하기 위해서죠. 성격에 따라 준비할 것이 다르니까요."

빌이 자신을 분석했던 방법으로 직원을 고용하고 훈련시킨 것은 간단하지만 혁신적으로 과거의 사례를 활용한 케이스다. 빌은 내가 만났던 다른 모든 전문가들처럼 자기 자신을 완벽하게 알고 있었다. 즉 자신의 강점과 약점, 지적 관심사나 개인적인 신념 등을 정확히 알고 있었다. 스스로를 잘 알고 전문 분야에 대한 지식이 있었기 때문에 그는 개인적인 성향까지도 업무에서 잘 활용할 수 있었다.

빌은 행동 심리학을 자신과 직원들에게 적용하는 데 그치지 않고 시장과 투자 사례에 대해서도 행동 심리학을 적용했다. 금융 시장이 침체 일로로 치닫고 투자자들이 서둘러 발을 뺄 때도 그는 오히려 공격적으로 투자를 강행해 성공을 거뒀다.

2001년은 9 · 11사건으로 미국 시장 전체가 공황 상태였다. 하지만 비정상적인 혼돈 속에서도 빌과 그의 팀은 기존의 높은 수익률을 유지할 수 있었다. 빌은 이미 1929년과 1987년(두 해 모두 뉴욕의 주가가 대폭락했다 – 옮긴이 주)의 시장 붕괴와 같은 과거의 위기 상황을 연구했고, 현재 상황과 꼼꼼히 비교한 끝에 이 위기가 이만큼의 시장 반응을 이끌 이유가 없다고 판단했던 것이다.

빌은 과거의 사례를 알고 있었고 사회 · 행동 심리학을 활용했기 때문에 자신이 성공할 수 있었다고 확신한다.

"투자자들은 사건을 너무 크게 받아들입니다. 9 · 11 사건이 터진 후 우리는 당장 주식을 매입했죠. 1987년의 증시 위기도 유동 자산의 붕괴일 뿐 경제 전반의 몰락은 아니었습니다. 대개 유동 자산이 주춤해도 경제와 시장은 괜찮거든요. 우린 그냥 행동하지 않습니다. 비슷한 사건이 일어난 당시의 경제 상황을 살펴보고 그에 따라 의사 결정을 합니다."

빌은 주식 종목을 선택할 때도 자신의 포트폴리오와 다른 소스를 통해 얻은 사례를 활용한다.

일례로, 빌은 2004년에 IPO(Initial Public Offering : 기업 공개. 기업이 법정 절차와 방법에 따라 그 주식을 일반 대중에게 분산하고 재무 내용을 공시하는 일 – 옮긴이 주)를 한 구글에 투자해 엄청난 수익을 얻었다. 당시 그는 복잡한 경매 이론을 빠삭하게 꿸 때까지 공부했다. 구글의 IPO가 일반적인 IPO와는 조금 달랐기 때문이다. 주가와 수량을 투자자들에게 고정적으로 제공하는 전형적인 IPO 대신 경매 방식을 도입한 것이다.

빌은 캘리포니아 기술 연구소에 있는 경매 이론 전문가를 찾았다. 그런 다음 경매 전문가에게서 배운 경매의 작동 원리와 특징을 연구해 구글에 투자하기 위한 적절한 입찰가와 전략을 준비했다.

빌은 일명 '구글 전담반'을 만들었다. 팀원 중 한 명은 구글의 장기 성장 전략을 분석했고 다른 한 명은 검색 엔진의 경제적 효과를, 또 다른 한 명은 구글의 재무 모델과 성장 전망을 연구했다. 그들은 구글이 가진 기회가 어마어마하다고 판단했다. 게다가 경매 방식이었기 때문에 액면가를 감안해도 엄청난 지분을 매입할 수 있었다.

하지만 당시 언론은 구글의 IPO를 푸대접하는 분위기였다. 빌과 그의 팀은 구글이 투자자들에게 많은 정보를 공개하지 않으려고 했기 때문에 생긴 현상이라고 판단했다. 게다가 경매 방식을 도입해 투자 은행의 역할을 축소시켜서, 은행들도 초우량 고객에게 일정 수량의 지분을 보장할 수 없었다.

"우리가 결정을 내릴 수 있었던 가장 큰 이유는 경매 이론가와 접촉했기 때문입니다. 자리를 비집고 들어가 제대로 하기만 한다면 엄청난 기회가 있을 거라는 결론을 내렸죠."

"다른 사례들도 분석했습니다. 우리는 이미 아마존, 이베이, 야후의 지분을 보유하고 있었거든요. 하지만 가장 큰 확신을 준 건 역시 경매 전문가의 의견이었습니다. 그는 구글의 IPO는 경매 방식이기 때문에 우리가 생각하는 주식의 가치만큼 입찰하고 그만큼의 수익을 기대할 수 있다고 자신하더군요. 우린 이처럼 치밀하게 준비를 하고 들어갔습니다. 우리 말고는 그렇게 큰 위험을 감수할 사람이 별로 없을 거라고 생각했죠."

빌은 특정 주식 종목을 선택했던 경험과 과거의 시장 동향, 다른 분야의 비슷한 사례를 면밀히 조사했다. 그에게 자금을 맡겼던 투자자들은 현재 엄청난 수익을 거두고 있다. 빌 스스로도 자신의 분야에서 또 하나의 혁혁한 사례를 남긴 것이다. 꼼꼼한 준비가 성공을 부른 사례 말이다.

과거의 사례를 알면 생명을 구할 수 있다

위급한 상황에서 목숨을 지켜주는 준비

과거의 사례를 찾는 것이 얼마나 중요한지 알려주는 또 다른 이야기가 있다. 이번에는 준비에 실패하면 목숨을 잃을 수도 있는 직업에 관한 이야기다.

앤 마리 티어니는 미국 캘리포니아 주 치코에 위치한 화재 진압 회사에서 일한다. 한달 중 14일을 숲과 국립 공원에서 보내는데, 때로는 산림청이나 공원 관리국이 일부러 놓은 불(controlled fire : 숲의 성장을 통제하고 숲을 비옥하게 하기 위해 놓는 불 - 옮긴이 주)을 진압하기도 한다. 또 산불이 마을이나 사람을 덮치지 않도록 동료들과 함께 사투를 벌일 때도 있다.

과거의 사례를 제대로 활용하려면 단순히 사건을 수집하는 데 그치는 것이 아니라, 위기의 순간에 분별력 있게 사용할 수 있는 능력까지 키워야 한다. 예를 들어 화재로 인해 갑작스러운 위기에 처했을 때 앤은 18가지 사례 목록 중에서 당장 쓸 수 있는 것을 재빨리 찾아야 한다. 앤이 미래를 예측할 수 있는 유일하고도 완벽한 도구는 바로 과거였다.

2004년 10월 2일, 앤을 비롯한 소방대원들은 캘리포니아의 한 국립 공원에서 발생한 화재와 씨름하고 있었다. 공원 관리국에서 의도적으로 불을 놓은 지역에 화재가 발생했던 것이었다.

바람이 불어 불이 나무 꼭대기에 옮겨붙자 앤의 팀원들은 그 나무 밑에 모여 나무를 잘라야 할지 의논했다. 나무가 쓰러지면 근처에서 작업하던 사람들이 그 밑에 깔릴 수도 있기 때문이었다.

불행하게도 우려는 현실로 나타났다. 2미터나 되는 나무 윗부분이 뚝 꺾이면서 대원 중 한 사람을 덮친 것이다. 충격이 얼마나 강했는지 그의 몸 일부가 땅에 박혀버렸다.

"과거의 사례는 결코 틀리는 법이 없답니다." 앤은 단언한다. "과거의 사례를 소홀히 한 게 잘못이었죠. 불타는 나무 밑에 서 있지 말라는 항목이 분명히 있거든요. 그런데도 사람들은 나무 밑에 모여서 20분이나 이야기를 했어요. 우린 계속 자리를 옮기라고 소리쳤죠. 물론 대부분의 소방대원들은 매뉴얼을 명심합니다. 명심하지 않았던 친구는 목숨을 잃었지만요."

소방 업계에 종사하는 사람들은 소위 '불에 대한 열정(fire fever)'으로 가득하다. 그들은 불과 싸우고 불을 이해하고 불과 동고동락하는 일에 열정을 쏟는다. 그러나 그들은 원칙을 갖고 자신의 열정을 다스린다. 소방 업계에는 전문 용어로 '10가지와 18가지'라는 게 있다. 10가지는 표준 화재 진압 순서다. 소방대원은 어떠한 대가를 치르더라도 이 10가지를 지켜야 한다. 이것이 그들의 생명을 지키기 때문이다.

한편 18가지는 '경계 상황'을 뜻한다. 산불 진압반이 이제까지 경험해왔고 앞으로도 경험할 게 분명한 목록이며, 판단이나 의사소통의 실수, 통제 불가능한 날씨도 포함된다. 그 전체 목록을 소개하는 것도 의미가 있을 것 같다.

1. 사람들이 발견하지 못했지만 규모가 커지지 않은 화재

2. 대낮에도 햇빛이 뚫지 못하는 지역

3. 안전지대와 탈출로 미확보

4. 화재에 영향을 미칠 수 있는 이례적인 날씨와 지역적 상황

5. 전략, 전술, 위험 요인에 대한 정보 부족

6. 명확하지 않은 지시와 업무 배분

7. 팀원과 팀장 간 연락 두절

8. 기점(anchor point : 화재 저지선의 시작 지점 – 옮긴이 주) 없이 소방 비상선 구축

9. 화재가 아래로 번지는 상황에서 내리막에 소방 비상선 구축

10. 화재를 정면에서 진압

11. 대원과 불 사이에 존재하는 탈 수 있는 연료

12. 화재 중심지를 볼 수 없거나, 볼 수 있는 사람과 연락 두절

13. 산 윗자락에서 굴러 내려오는 물체(아래에 있는 연료에 불이 붙을 수 있음)

14. 점점 덥고 건조해지는 날씨

15. 바람의 방향이 바뀌거나 강해짐

16. 불똥이 자주 소방 비상선을 넘어옴

17. 지형과 연료 때문에 안전지대로 탈출하기 어려움

18. 소방 비상선 근처에서 낮잠을 자는 것

이 목록들이 지금도 실제 상황과 너무나 잘 맞는다는 것이 놀라울 뿐이다. 단순해 보이는 이 18가지 경계 상황에는 사실 생사를 가르는 경고가 담겨 있다. 앤과 그녀의 팀은 숲으로 향할 때마다 몇 번이고 이 목록을 되새긴다. 앤은 이렇게 말한다.

"화재가 났을 때 발생할 수 있는 상황을 18가지로 나누었다는 건 대단한 일이에요. 소방대원이라면 누구나 맞닥뜨릴 수 있는 실수나 상황이 전부 들어 있죠. 심지어 화재의 움직임에 따른 상황도 들어 있으니까요."

거칠고 위험한 화재라도 적절하게 준비만 한다면 상당 부분 통제할 수 있다. 앤은 16번째 목록에 있는 '불똥'이 가장 자주 마주치면서도 가장 위험한 상황이라고 말했다. 보통 그녀의 팀은 선을 긋고 '화재 진입 금지' 지역을 지키는 방법을 쓴다. 그리고 산불을 금지선 안에 가두기 위해 온갖 노력을 다한다. 화재가 더 이상 진행되지 않게 막는 것이 진압의 첫 단계이기 때문이다. 특히 일부러 불을 놓은 경우라면 반드시 그런 식으로 통제해야 한다.

"일부러 놓은 불을 다룰 때는 선을 그어두고 불이 그 안에서 마음껏 퍼지게 합니다. 절대로 선을 넘어선 안 돼요. 하지만 간혹 타다 남은 불이 선 밖에 옮겨붙는 경우가 있습니다. 건조하거나 바닥에 탈 만한 물질이 있을 때 그런 일이 생기죠. 제 앞에서 그런 일이 벌어질 때도 있습니다. 그러면 재빨리 자리를 피하고 다시 방어선을 구축해서 더 번지지 않게 막아야 합니다. 자신의 안전지대를 확보하는 것은 물론이고요.”

어떤 순간에서도 앤은 불똥이 튀는 지역 주위에 방어선을 구축하고 안전지대를 확보해야 하며, 팀원들에게 그때그때의 상황을 알려줘야 한다. 일을 진행하는 동시에 말이다.

불은 서서히 퍼질 수도 있고 미친 듯이 날뛸 수도 있다. 후자의 경우는 대개 바람 때문이다. 15번 항목에 ‘바람이 강해지거나 방향이 바뀌는’ 것 또한 자주 일어나는 상황이다. 바람이 예측 불허라는 건 누구나 아는 사실이다. 소방대원들이 이를 공식적인 사례로 만든 것을 보통 사람들은 이해하기 어려울 수도 있다. 하지만 이러한 목록을 만든 이유는 바람과 불이 한꺼번에 미쳐 날뛰는 무시무시한 상황이 발생할 수 있기 때문이다.

“목숨을 앗아갈 수 있는 가장 위험한 상황을 만드는 게 바로 바람입니다.” 앤은 말한다. “한번은 불 속을 뚫고 지나가야 했던 적이 있어요. 엄청 뜨거운 데다 연기가 많아서 정신이 나갈 지경이었죠.”

그러나 앤은 5번(전략, 전술, 위험 요인에 대한 정보 부족)과 6번(명확하지 않은 지시와 업무 배분), 7번(연락 두절) 목록을 단단히 머릿속에 새겨둔 상태였다. 그래서 불을 뚫고 뛰어가는 것이 최선이라는 사실을 알았다. 그러기 위해서는 7번 목록, 즉 지속적인 의사소통을 유지하는 것이 가장 중요했다. 팀 동료가 그녀더러 불 속을 뚫고 가라고 하면 그 지시를 따라 움직여야 했다.

“우리는 항상 소통을 하기 때문에 바람이 언제쯤 불어닥칠지는 대개 알고 있어요. 하지만 한 사람이 볼 수 있는 것은 화재의 일부지 전체가 아니기 때문에 항상 다른 사람이 안전지대를 알려줘야 합니다."

물론 모든 사례를 항상 머릿속에 담아 두기는 어렵다. 목록을 제대로 기억하기 어려운 두 가지 상황이 있는데, 기력을 너무 많이 소진했거나 자신감이 지나친 경우다. 나무에 깔려 목숨을 잃은 앤의 동료는 지나친 자신감이 문제가 되어 사고를 당했을 수도 있다.

일부러 놓은 불을 진압하기 전에 대원들은 며칠째 강행해온 일로 지친 상태였고, 아름답고 고요한 숲의 풍경에 잠시 취해 있었다. 꼭대기에 불이 붙은 나무는 그저 사소한 문제에 불과했다. 활활 타오르는 아름다운 불꽃과 경이로운 자연을 가만히 바라보는 평화로운 순간에 대원들은 지나친 자신감에 빠져버렸다.

일부 대원들은 그렇게 안전 수칙을 잊어버렸고, 결국 한 사람의 생명을 잃고 말았다.

"우리가 어디에 있어야 하고 어디로 가야 하는지는 다들 알고 있어요. 하지만 현장에 있으면 안전 수칙을 잊어버리는 경우가 발생합니다. 그의 죽음 앞에 우리는 망연자실했어요. 그 후 우리는 한자리에 모여서 안전 수칙을 되새기고 머릿속에 집어넣었습니다. 생생한 사례가 또 하나 생긴 거죠. 이제 나무 위에서 불이 붙은 걸 볼 때마다 이건 경계 상황이라는 사실을 잊지 않고 떠올릴 거예요."

앤은 불에 관해 아는 것만큼 사례 역시 똑똑히 기억해두고 있다. 언젠가는 이 18가지 경계 상황 중 하나가 그녀의 목숨을 구해줄 것이다. 거래가 성사되거나 목숨이 오가는 긴급한 상황에서도 똑같이 적용할 수 있는 중요한 사실이 하나 있다. 과거의 사례를 수집했다면 그것을 적용할 수 있도록 만반의 준비를 해야 한다는 것이다.

과거의 사례를 통해 준비하라

- '과거는 프롤로그다'라는 말은 어떤 분야에서도 적용할 수 있는 명언이다. 현재나 미래의 일을 준비하고자 한다면 과거의 경험을 꼼꼼히 분석해야 한다.
- 다른 분야나 역사 속의 인물들을 찾아보면 과거의 사례를 활용해 계획을 세울 수 있다. 자신의 목표를 확실히 정했다면 지금까지 읽었던 책, 함께 일했던 사람들 또는 과거에 봤던 영화를 떠올려보고 비슷한 상황에 대한 정보를 얻도록 한다.
- 과거의 사례는 설득력이 강하다. 발표나 광고, 협상을 더욱 강력하게 하고 싶다면 이들을 활용할 수 있다.

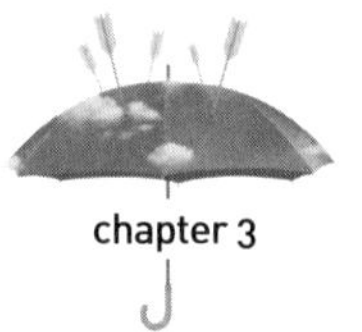

chapter 3

미래를 예측하면 두려움이 사라진다

과거의 사례를 찾는 일이 뒤를 돌아보는 것이라면, 대안을 마련하는 일은 앞을 내다보는 것이다. 대안을 마련한다는 것은 가장 끔찍한 결과에서부터 목표를 완벽하게 달성하는 최고의 순간까지 모든 잠재적인 결과들을 예측해보는 것을 말한다. 주식 투자, 창업, 제품 판매, 채용 등 어떤 상황에서든 최종 결과를 예측해두면 바른 길로 갈 수 있다.

잠재적인 대안을 완벽하게 마련하지 않으면 가장 좋은 결과를 만들 수 있는 선택을 하기 어렵다. 예를 들어 협상을 하기 전에는 반드시 최고의 목표와 최소한의 타협점을 모두 생각해두는 것이 좋다. 내가 원하는 최고의 가격, 최대의 물량, 최선의 거래는 무엇인가? 반대로 그럭저럭 괜찮은 결과마저 없을 듯 보인다면, 협상 테이블을 박차고 나갈 시점은 언제인가?

협상은 상대방에게서 무언가를 얻기 위해 노력하는 일이다. 그러므로 자신이 원하는 결과뿐 아니라 상대방이 원하는 결과까지 파악해서 그것이 거래에 미칠 영향을 파악해야 한다. 상대가 지나친 요구를 할 때 이를 받아들일 수 있는 사람은 나와 상대방 중 누구인가? 상대는 팽팽한 줄다리기를 감당하려 할 것인가, 아니면 여의치 않아서 자리를 뜰 것인가?

새로운 일자리를 찾는 상황에 이를 적용해보자. 당신은 눈앞에 놓인 선택 사항을 여러 가지 맥락에서 분석해야 한다. 새로운 일자리에는 어떤 것들이 있는가? 기존의 직장에서 상황을 개선할 여지는 없는가? 좀 더 기다리게 되더라도 기준을 다소 높게 잡는 편이 나은가? 생각한 대안들은 현실적으로 가능한 것인가?

새로운 일자리를 소개받았다면 나중에 자신의 상사가 될 사람의 의중도 함께 생각해야 한다. 나를 고용하는 사람이 나에게 기대하는 것은 무엇인가? 그 기대는 현실적인가? 만약 나를 제외한다면 그들은 누구를 고용하려 할까? 대안을 마련하는 단계에서는 상대방의 대안도 함께 파악해야 한다.

대안을 예측하면 이상적인 결과를 만들어 낼 전략을 짜기가 쉽다. 다양한 결말을 상상하고 그것을 얻어 낼 방법을 생각한 뒤 최상의 목표와 가장 근접한 대안이 무엇인지 생각해야 한다. 그러면 어떤 변수가 생기더라도 전략을 실행하는 데 흔들림이 없게 된다.

인재 약탈에 나선 대기업과의 한판 승부

최근 나는 시애틀의 한 중소 미디어 기업을 컨설팅하면서 꼼꼼하게 준비한 대안의 진정한 힘을 다시 한 번 깨달았다. 이 회사는 그간 급속히 성장하며 높은 성과를 유지해왔다. 그런데 뉴욕과 LA에 소재한 대기업이 회사의 경영진을 스카우트 대상으로 삼으면서 난감한 상황에 처하게 되었다. 대기업은 엄청난 재력을 무기로 어마어마한 연봉을 제시하여 최고의 인재들을 모두 빼앗을 기세였다.

문제는 떠오르는 슈퍼스타 COO(Chief Operating Officer : 최고운영책임자)인 수잔마저 헤드헌터들의 물망에 오른 것이다. 만약 수잔이 회사를 떠난다면 2년 내로 제3선 경영진이 무너질 터였다. 그녀는 놀라운 재능과 카리스마를 겸비한 리더인 데다 이미 회사 내부에는 그녀를 대체할 노련한 인재가 없었다. 이사회는 깊은 고민에 빠졌다.

회사에서는 그녀에게 약간의 보너스와 특전 외에 약 40만 달러의 연봉을 제시할 수 있었다. 꽤 매력적인 조건이긴 했지만 대기업들이 제시한 조건과는 애당초 비교가 되지 않았다. 이 바닥의 숱한 인재들이 몽땅 그들 손에 넘어갈 판이었다.

우리의 임무는 수잔에게 제시할 조건을 준비하는 것이었다. 우리는 시애틀과 비슷한 수준에 있는 다른 도시의 기업에서 연봉 사례를 모았고 그것을 기초로 대안을 만들었다. 우리가 만든 대안은 두 가지였는데, 하나는 40만 달러의 연봉을 주고 성과에 따라 후한 인센티브를 제공하는 것이었다.

다른 하나는 연봉을 50만 달러로 올리는 대신 보너스를 약간 낮추는 안이었다. 회사 입장에서는 후자가 최종 타협점이었다. 수잔을 놓치는 한이 있어도 그 이상 양보하기는 어려웠다.

우리는 수잔이 뉴욕이나 LA로 가는 상황에 대해서도 검토했다. 당연히 돈으로는 비교가 되지 않았다. 하지만 수잔의 가족은 시애틀에 살고 있었고 그녀는 시애틀 바닷가에 아름다운 가족 별장도 있었다. 또 시애틀은 다른 도시에 비해 상대적으로 물가가 쌌다. 이런 것들은 뉴욕이나 LA에서도 얻지 못할 것이었다. 그리고 그녀는 자신의 개인적 삶을 중요하게 생각하는 사람이었다. 그래서 우리는 슈퍼스타 COO의 사생활과 금전적 보상을 조화시킬 수 있는 최종 전략을 짜야 한다고 판단했다. 어쩌면 그녀는 더 큰 비즈니스 무대에서 얻을 수 있는 기회나 금전적 혜택보다 시애틀에서의 생활이 더 중요하다고 생각할지도 몰랐다.

어쨌든 우리는 그녀가 원하는 것을 분석하면서 대안의 결과를 예측했다. 결국 그것은 성공의 핵심 요인이 되었다. 과거의 사례와 수잔에 대해 얻은 정보를 바탕으로 최종 대안을 만든 덕분에 우리 고객사는 대기업에게 유능한 COO를 뺏기지 않을 수 있었다. 결국 그녀는 시애틀에 남았고 회사는 승승장구했다. 수잔은 성과에 따라 인센티브를 받았는데, 타 도시에 비해 시애틀의 물가가 낮았기 때문에 상대적으로 높은 구매력을 유지할 수 있었다. 현재 그녀는 대기업에 합류했을 때와 비슷한 수준의 돈을 벌면서도 그녀가 원했던 '높은 삶의 질'도 함께 만끽하고 있다.

삶의 궤도를 바꾼 선택

1992년 겨울 어느 날 아침, 나는 아내 캐시와 함께 아름다운 해변을 걷고 있었다. 당시 나는 어떤 사건을 맡고 있었는데 소송이 지나치게 과열되어 기운이 쑥 빠진 상태였다. 안 그래도 그동안 몸담았던 법조계에 더 이상 매력을 느끼지 못하는 상황이었다. 내가 시도한 다른 사업들이 점점 성장하고 있는 마당에 이렇게 일정에 얽매여 사는 일은 이제 그만두고 싶었다. 산책을 하며 우리 부부는 앞으로 펼쳐질 내 직업과 개인적 삶의 대안들을 상상하며 이야기했다.

"당신이 남을 가르치는 걸 얼마나 좋아하는지 알아요?" 아내의 이 말이 가장 가슴 깊이 와 닿았다. 그렇다고 내가 학교에서 학생들을 가르치는 일에 흥미를 느끼는 것은 아니었다. 나는 뼛속까지 기업가였으니까. 우리는 나와 같은 관심사를 가졌을 법한 사람들을 생각해보고 내가 선택할 수 있는 대안에 대해 브레인스토밍했다.

궁극적으로 추구할 방향을 정하고 나자 이제야 내 삶을 스스로 통제할 수 있을 것 같은 기분이 들었다. 이렇게 단순한 연습만으로도 나는 한 가지를 선택하기 위해 다른 하나를 반드시 그만둬야 할 필요는 없다는 사실을 이해할 수 있었다. 해변에서 아내와 산책을 하며 이야기를 나눈 덕분에 나는 내가 고문으로서 로펌에 계속 관여하면서 스포츠 회사를 운영하고 동시에 다른 사람을 가르치고 싶은 열망도 품을 수 있다는 사실을 깨달았다. 그리고 이제 내가 꿈꾸던 가능성은 샤피로 협상 연구소 설립으로 현실이 되었다. 나는 사업가로서 일을 하며 돈을 벌 뿐 아니라 열정도 채우면서 다른 모험을 해볼 수 있었다. 대안이란 서로 배타적인 것이 아니기 때문에 적절한 전략만 세운다면 여러 가지 대안을 동시에 이룰 수도 있다.

걸작을 만드는 긍정의 힘

결말이란 항상 성공적으로 예측할 수 있는 것은 아니다. 어떤 때는 적당한 대안을 찾지 못할 수도 있다. 이때 최선의 방법이 대안 찾기를 그만두는 것인 경우도 있다.

가장 좋은 대안을 찾지 못했다 해도 이런 연습을 계속하다 보면 일에 대한 마음가짐이 달라진다. 간혹 과거의 사례와 대안을 찾아봐도 막다른 골목에 몰린 기분이 들거나 현상을 유지해야만 하는 경우도 있다. 그 순간 더 나아갈 이유나 방향을 찾지 못할 수도 있다. 그러나 과거의 사례를 찾고 대안을 마련하는 일을 철저히 연습하면 현재의 상황과 문제를 훨씬 더 긍정적으로 바라볼 수 있게 된다.

거래를 체결하지 않거나 전화를 걸지 않는 것이 최선의 대안이라고 판단할 수도 있다. 이때 자신이 아무 일도 하지 못했다고 좌절하는 것은 옳지 않다. 오히려 아무것도 하지 않는 방법도 대안이 될 수 있다는 사실을 깨닫는 것이 중요하다. 아무 일도 하지 않았기 때문에 당신은 위험천만한 길로 가지 않았고, 전에는 보지 못한 새로운 길을 찾게 될 수도 있다. 나는 이런 일을 꽤 많이 경험했다. 꼼꼼하게 준비하다보면 아무리 안 좋은 상황에서도 긍정적인 면을 찾을 수 있는 것이다. 준비를 하면 최소한 부정적인 상황에 숨이 막히는 것은 피할 수 있다. 자신이 상황을 잘 통제하고 있다는 느낌을 받으면서 불안감도 줄어들고 더 나은 통찰력을 얻는 동시에 객관적인 시각도 확보할 수 있는 것이다.

이제부터 만나게 될 세 명의 인물들은 대안을 통해 목표를 달성하는 최적의 길을 찾는 과정을 잘 보여준다. 역사가인 테일러 브랜치는 지루한 학술 서적이 아니라 독자들이 생생하게 역사를 체험할 수 있는 책을 내고 싶었다. 그래서 책을 구상할 때부터 그렇게 방향을 잡았다. 빌 월튼은 어떤 결정을 하든 자신의 경력과 회사의 업적으로부터 여러 가지 대안을 뽑아내 비교한 후에 행동했다. 와인 평론가인 로버트 파커는 와인을 평가할 수 있는 최선의 방법을 선택했고, 이는 와인 업계에 새로운 바람을 일으켰다.

나만의 기준과 원칙으로 선택하라

살아 숨쉬는 작품으로 다시 태어난 역사

테일러 브랜치는 이렇게 말했다. "준비가 곧 작품이다." 역사가이자 작가인 그는 장인 정신을 발휘해 미국 민권 운동의 역사를 3부작으로 써냈다(《Parting the Waters》, 《Pillar of Fire》, 《At Canaan's Edge》. 이 3부작을 합쳐 《America in the King Years》라고 한다. 마틴 루서 킹 목사의 활동과 미국 민권 운동의 역사를 담고 있다 - 옮긴이 주). 이 책들에는 대중이 역사를 쉽게 접하게 하겠다는 테일러의 의지가 담겨 있다. 그는 분석과 이론이 아니라 사람들의 진솔한 이야기가 듣는 이의 흥미를 자극한다고 생각했다.

테일러는 하나의 작품을 쓰기 위해 수백 명의 인물들을 취재하고 수천 가지 사건을 이야기로 다듬어서 이를 유려한 산문으로 옮겼다. 테일러가 사용한 이런 방식은 거의 모든 분야의 사람들에게 롤모델이 될 수 있다. 여러 가지 대안의 결과를 분석하는 일이 수집한 정보를 성공적으로 전달할 때 얼마나 유용한지 보여주기 때문이다.

역사가로서 테일러는 먼저 작가가 될지 분석가가 될지를 선택해야 했다. 작가가 된다면 결정적인 순간들을 잘 표현하고 역사적 맥락을 유지하기 위해 수백 가지 이야기 중에서 몇 가지를 뽑아내야 했다. 그는 취재를 할 때도 거의 1,000명에 이르는 사람들을 직접 만나서 정확하고 생생한 일화를 수집하는 작업을 했다. 테일러 브랜치는 수많은 대안을 끊임없이 비교·분석했다. 이런 이유로 그는 가장 많은 박수를 받은 역사가 중 한 사람이 된 것이다.

– 역사가로서의 준비

어떻게 역사를 전달할지 고민하기 전에 테일러는 근본적인 질문부터 먼저 했다. 역사란 무엇이며 독자들을 어떤 세계로 안내하길 원하는지 스스로에게 물었다. 아마 대부분의 역사가가 이런 고민을 할 것이다. 역사에는 매혹적인 이야기들이 너무도 많았고 중요해 보이는 이야기도 무척 많았다. 따라서 그중 하나를 선택하는 일은 머리에 쥐가 날 정도로 어려웠을 것이다.

테일러는 역사적 사실을 조사하면서 분석가보다는 작가가 돼야겠다고 생각했다. 그는 먼저 정리 시스템을 개발했다. 1790년부터 매달, 매년 있었던 거의 모든 이야기들을 담은 파일을 만든 것이다.

그는 사건과 사람들의 데이터를 상호 참조(cross - reference : 문서의 양이 많을 경우 다른 쪽에 있는 내용이나 그림, 표 등 다른 개체를 현재 본문에서 항상 참조할 수 있도록 하는 기능 - 옮긴이 주)할 수 있게 컴퓨터의 데이터 베이스를 설정했다. 어떤 맥락에 어떤 사람을 포함시키고 어떤 사건을 강조할지 정하는 것이 가장 기초적인 준비였다. 그는 사건과 사람을 선택할 때 자신만의 기준을 따랐다.

"준비를 하면서 한 가지 규칙이 점점 명확해졌습니다. 조사가 진행될수록 이야기를 많이 하고 분석은 적게 해야 한다는 확신이 들었지요." 테일러의 말이다. "미국의 역사는 대부분 분석적 역사입니다. 특히 인종 문제는 더 그렇죠. 사람들에게 문화적 경계를 뛰어넘어 관념이 아닌 순수한 이야기를 하도록 권해보십시오. 아마 쉽지 않을 겁니다. 결국 독자들이 흥미를 느끼는 건 어떤 각도에서 이야기를 전하느냐가 아니라 어떻게 이야기에 접근했느냐 하는 것입니다."

– 작가로서의 준비

일단 구조를 정한 후 테일러는 이야기를 응집력 있게 서술할 수 있는 최고의 방법을 찾아야 했다. 테일러의 3부작 중 첫 번째 책《Parting the

Waters》의 첫 장은 그의 이런 고민을 통해 완성됐다.

테일러는 광대하고 복잡한 역사 이야기의 서두에 적합한, 아주 강렬한 비유를 찾느라 상당히 애를 먹었다. 마틴 루서 킹처럼 유명한 사람의 이야기로 시작하는 게 좋을까? 사형이나 시위행진처럼 극적이거나 비극적인 사건으로 시작할까?

테일러는 모든 대안을 분석한 뒤 결국 결정을 내렸다. 마틴 루서 킹보다는 덜 유명하지만 카리스마 넘치고 영향력 있었던 민권 운동가 버논 존스의 이야기를 책의 시작으로 삼은 것이다.

"글을 쓸 준비는 진작 돼 있었습니다. 조사는 넘치도록 했으니까요. 문제는 시작이었습니다. 그게 가장 골치가 아팠어요." 테일러는 이렇게 고백했다. "미국 문화에 지대한 영향력을 미쳤던 그 시대를, 한 사람의 이야기를 통해 전하고 싶었습니다. 남부 흑인 교회의 이야기를 빼놓고 어떻게 그 시대를 말하겠어요? 거기서 막힌 거죠. 그러다 퍼뜩 버논 존스가 떠올랐어요. 마틴 루서 킹의 전임자 격인 목사 말입니다. 내 이야기의 시작으론 딱이었죠. 의외의 인물일 뿐 아니라 민권 운동에도 커다란 영향을 끼쳤으니까요. 킹이란 인물을 탄생시킨 흑인 교회의 문화를 잘 모르는 요즘 독자들에게도 중요한 배경 지식을 줄 수 있습니다."

물론 테일러가 떠올린 인물은 버논 존스 한 명이 아니었다. 그 밖에도 존경할 만한 역사적 인물들이 숱하게 많았지만 테일러는 그들을 택하지 않았다. 이름이나 일화가 지나치게 많이 나오면 독자들이 헛갈릴 수 있기 때문이었다.

예를 들어 《Parting the Waters》에 실린 헌사의 주인공은 셉티마 클라크였는데, 그녀는 테일러가 무척 좋아하는 민권 운동가였지만 세 권의 책 중 어디에도 나오지 않는다.

"셉티마 클라크는 제가 취재했던 그 누구보다도 저에게 많은 영향을 줬던 인물입니다. 하지만 저의 규칙은 독자들에게 가장 큰 효과를 주는 이야기를 넣는다는 것이었어요. 셉티마는 언제나 무대 뒤에서 활동했기 때문에 그녀를 넣을 수가 없었어요. 대규모 집회나 시위에도 나타나지 않았거든요. 억지로라도 끼워 넣으려면 제가 만든 규칙을 깨야 하잖아요. 이야기 속에서 누구를 어떻게 넣어야 독자들에게 가장 도움이 될지 결정하는 것도 준비의 일부였습니다."

— 취재자로서의 준비

테일러는 최고의 리더들을 1,000여 명 정도 취재했다. 취재 중에도 그는 독자들이 목말라 하는 이야기가 무엇인지를 항상 생각했다. 취재 전에는 반드시 여러 가지 대안의 결과들을 객관적으로 분석했다. 그는 취재하는 대상의 성격이나 개인사, 그들이 민권 운동에 기여한 바가 무엇인지 그리고 그들이 이야기하고 싶은 특정한 경험이나 감정이 있는지 면밀히 살폈다. 테일러는 취재할 때마다 서로 다른 접근법을 썼다. 결국 취재 대상은 역사라는 큰 무대 위에서 각자의 역할을 새롭게 보여줄 수 있었다. 테일러는 이렇게 말한다.

"취재 대상이 편안하게 느끼도록 하는 게 중요합니다. 그 사람과의 대화에서 무언가를 얻어야 하니까요. 대중으로서가 아니라 그 사람 개인이 주관적으로 느끼는 현실을 물어본다면 대체로 훌륭한 취재를 했다고 봐도 됩니다. 저는 '마틴 덕분에 사람들은 신과 인간에 대해 더 깊이 이해할 수 있었죠. 그는 내 친구였답니다'라는 식의 말을 너무 많이 들었어요. 그래서 저는 취재 원칙을 정했습니다. 민권 운동 전체가 개인들이 일상에서 벌인 사투였다고 전제한 겁니다. 그들이 자신의 생활 속에서 부딪히는 문제점을 어떻게 해결했는지 알아내는 것이 취재의 핵심이었습니다. 이런 질문을 떠올리기까지 정말 숱하게 많은 조사를 했습니다. 하지만 이런 준비를 통해서 제가 이 책에서 가장 흥미롭게 여기는 부분이나 자부심을 느끼는 부분 또는 사람들이 이야기하기 꺼려하던 부분을 찾을 수 있었습니다."

킹의 동료 목사였던 랠프 애버내디는 평생 동안 마틴 루서 킹과 민권 운동에 관한 질문을 셀 수 없을 만큼 많이 받았을 것이다. 그러나 테일러는 취재 준비를 하면서 애버내디가 버논 존스를 흠모했다는 사실을 알게 되었다. 즉, 애버내디로부터 새로운 통찰력을 얻을 수 있는 다른 방법을 발견한 것이다. 이를 시작으로 테일러는 전체 민권 운동을 분석하는 데 박차를 가할 수 있었다.

"애버내디도 버논 존스에 관한 질문은 태어나서 처음 받았을 겁니다. 취재할 때는 그 사람 속에 들어가 그들의 세계와 삶에 완전히 몰입하고 있다는 사실을 알려줘야 합니다. 뭔가 참신한 질문을 하는 거죠. 그래야 아무도 몰랐던 새로운 사실을 발견할 수 있습니다. 제 경우는 준비의 도움이 컸죠."

취재에 대한 이야기를 하면서 테일러는 테이블 위에 포개놓은 두 손 위로 간간이 이마를 댔다. 대답할 대안들을 머릿속으로 구상하는 모습이었다. 모든 대안을 철저히 분석하는 과정은 그가 쓴 작품에 생명력을 불어넣었다. 테일러는 명확한 결말을 생각해야 자료를 고를 때 더욱 설득력 있고 독자들이 몰입할 수 있는 이야기가 된다는 사실을 강조했다. 이는 역사뿐 아니라 제품이나 서비스에서도 적용되는 원리다.

대안을 속속들이 분석하고 평가하라

10년째 평균 수익률 18%

빌 월튼은 클린트 이스트우드와 비슷하게 생겼는데, 목소리 톤이나 눈빛, 걸음걸이까지도 닮았다. 그는 연설하기 전에 할 말을 꼼꼼히 생각하고 평가한다. 여러 가지 대안을 하나하나 따져보는 버릇은 DNA에 각인돼 있는 듯하다. 당신이 만약 한 기업을 대표해서 거래를 성사시켜야 하는 상황이라면 여러 가지 대안을 모색하고 평가하는 빌의 업무 방식을 살펴보는 것도 도움이 될 것이다.

빌의 회사인 얼라이드 캐피털은 140여 개 중소기업에 대출 및 자금 운용 서비스를 제공하며, 연 수입은 총 130억 달러이고 총 직원 수는 9만 명이 넘는다. 빌은 회사가 10년째 유지해온 연평균 18% 수익률을 2006년에도 똑같이 유지할 수 있도록 만든 일등공신이었다.

"준비의 핵심은 각자의 기질에 달려 있습니다." 빌은 이야기한다. "우리 사업의 기본은 자본을 배분하는 겁니다. 가능한 모든 대안을 미리 파악하고 실제로 그 일들이 일어났을 때 대응해야 합니다. 우리 사업의 핵심은 가지를 치는 능력입니다. 우리는 100가지 기회 중에서 99가지를 잘라내죠."

처음 사회에 발을 디뎠을 때 빌은 한곳에 정착하지 못했다. 빌은 자신의 직업을 탐색하고 있었다.

"20대 중반까지도 저는 끊임없이 실험하고 탐색했습니다. 극장에서 일하거나 바텐더 일도 해보고 심지어 트럭도 몰아봤죠. 저는 중산층 가정에서 자라면서 받은 교육의 테두리를 벗어나고 싶었습니다. 저에게 주어진 대로만 살지 않았던 것이 저로선 참 다행이었죠. 젊은 시절에 다양한 경험을 한 덕분에 지금 제가 하는 일을 더 잘하게 됐으니까요."

결국 빌은 투자 분야에 정착하기로 마음먹었고, 다시 한 번 여러 가지 대안을 만들었다. 이번에는 주식 거래에 관한 것이었다.

"콘티넨털 뱅크에서 처음 맡았던 일은 해외 대출이었습니다. 고객사는 IBM, GE 같은 대기업이었죠. 금융 파생상품 업무를 담당했는데 미드웨스트 지사로 보내달라고 회사에 요청했습니다. 비즈니스를 제대로 아는 기업가들과 한번 일해보고 싶었거든요. VVIP들을 상대로 일했기 때문에 저는 제대로 훈련받을 수 있었고, 좋은 인맥까지 덤으로 얻었습니다. 저는 일의 진행이 명확히 손에 잡히는 게 좋았어요. 서른 살 무렵에는 직접 사업을 하겠다는 결심을 굳혔습니다. 결심을 실행에 옮길 준비도 시작했죠."

빌은 어떤 일을 하기 전에는 반드시 롤모델을 정한 뒤 책을 찾아서 읽고

일과 관련된 대안들을 모색했다. 특히 그는 전기(傳記)에서 많은 도움을 받았다. 인생과 리더십, 비즈니스에서 남들과 다른 방식으로 접근하면 결과가 엄청나게 달라진다는 점을 발견한 것이다.

그는 자신의 스마트폰에 '제대로 된 마음가짐'이라는 폴더를 만들었다. 그리고 경제·경영서와 소설, 철학, 역사책까지 온갖 주제의 도서 목록을 담았다. 그는 매일 두 시간씩 독서했고 어딜 가든 책을 들고 다녔다. 결과를 예측하기 위해서는 상상력과 직관력을 기르는 게 가장 중요하다고 생각했기 때문이다.

"독서를 통해 지식을 습득하는 것은 준비에서 중요한 부분입니다. 레이건은 몇 가지 큰 원칙을 갖고 나라를 이끌었고 링컨도 마찬가지였습니다. 저는 이런 사례들을 면밀히 연구했죠. 제가 사업할 때 필요한 결정들을 잘 분석하고 거침없이 실행할 수 있는 것도 저만의 원칙을 따르기 때문입니다."

얼라이드 캐피털은 선·후 순위 채무부터 자금 관리에 이르기까지 모든 차원의 기업 자본에 대한 금융 서비스를 제공한다. 또 포트폴리오에 올라 있는 기업들과의 장기적인 파트너십을 강조하여 수많은 다른 사모(私募) 기업과 차별화되었다.

빌과 그의 팀은 매년 수천 건의 투자 기회를 잡는다. 그들은 먼저 먼 미래를 볼 때 성장 잠재력이 있는 기업을 선별하여 대안의 폭을 좁힌다. "현금 흐름은 자유로운가? 자본 대비 수익률은 높은가? 재정 수준이 몇 년간 일정한가?" 빌은 회사에서 투자할 기업을 결정하는 기준을 이렇게 말한다.

"괜찮은 기업이지만 가격이 나쁠 수도 있고, 괜찮은 기업에 가격도 적절하지만 관리가 엉망일 때도 있습니다. 그러므로 일정한 기준으로 기업을 검토해야 합니다. 물론 '투자하지 않는다'는 것은 어떤 기업이든 가능한 대안입니다. 그래도 계속 관심을 갖고 관계를 유지하다 보면 몇 년 후에는 다시 거래를 검토할 수도 있죠."

그의 회사가 대안을 평가하는 기준은 두 가지 더 있다. 하나는 기업의 리더고 다른 하나는 포트폴리오에 있는 다른 기업들과의 관계다. 일례로 2006년에 포트폴리오에 오른 어드밴티지 세일즈 앤드 마케팅은 미 전역의 소비재 중간 판매업체 16개가 합병하여 만들어진 기업이었다.

빌은 당시의 경험을 이렇게 말한다. "고양이 떼나 다름없었지요. 16개 회사가 전혀 다른 16개 목표를 향해 움직이고 있었습니다. 그런데도 꽤 성공적인 기업이었죠. 그래서 우리는 제대로 된 리더나 경영진이 그 기업에 있는지 먼저 판단해야 했습니다. 좋은 리더의 기준이 뭐냐고요? 우선 그 회사의 회의에 참석해서 리더가 부하 직원들을 어떻게 대하는지 관찰합니다. 남들은 말하는데 혼자 입 꾹 다물고 있는 사람은 누구인지, CEO가 자기 얘기만 늘어놓는지, 아니면 회사의 비전에 중점을 두는지도 관찰합니다. 보통 한 시간 정도 이야기해보면 본색이 드러납니다. 우리는 윤리적이고 똑똑하며 다양한 지식을 가진 리더를 높이 평가하죠."

포트폴리오는 회사의 기술력, 상품, 잠재적인 투자처를 물색하는 능력을 얼마나 끌어올릴 수 있는지 평가하는 완벽한 도구였다. "우린 이렇게 자문합니다. '이 기업의 성장을 돕기 위해 우리가 실질적으로 해줄 수 있는 것은 무엇인가? 우리 포트폴리오에 있는 다른 기업들에게 어떤 영향을 미치는가?' 다양한 기업들이 필요로 하는 것들을 파악하고 공급하는 것이 우리의 핵심 역량입니다."

빌이 말을 이었다. "우리는 각 기업들의 역량을 모아 어느 정도 수준까지 올립니다. 서로 관련된 기업들에 투자하거나 대출하는 방식으로요. 기업이 하나라면 재정이나 인수 합병에 관한 사례를 제공할 수 있지만, 기업이 두 개면 공급처나 수입 자재 정보 같은 것을 공유할 수 있지요. 우리 고객 중 한 기업은 상하이에 사무실이 있는데 그 기업을 통해 다른 기업이 중국산 원자재를 제공받을 수 있는 겁니다."

빌은 또한 그의 포트폴리오에 오를 가능성이 있는 기업들도 얼라이드 캐피털을 대안으로 생각한다는 사실을 알고 있었다.

"어떤 거래를 하든 상대방의 대안도 함께 분석해야 합니다. 우린 경쟁 상대를 잘 압니다. 잠재 파트너들에게 우리의 경쟁 우위를 확실히 알리려고 애쓰죠. 자본과 경험을 공유할 수 있는 수많은 탄탄한 파트너를 갖춘, 매우 투명한 기업이라고요."

얼라이드 캐피털이 대안을 평가하는 마지막 기준은 자신들의 투자가 사회에 얼마나 기여하는가이다. 투자를 결정할 때 가장 우선하는 요인은 아니지만 한 기업이 직원과 소비자 그리고 지역 경제 발전에 얼마나 기여할 수 있는지는 마지막 결정 요인이 될 수 있다.

"얼라이드 포트폴리오에 있는 기업 대부분이 사회 공헌을 통해 주목받았던 제품과 서비스를 갖고 있습니다. 분석 결과를 보면 잘 알 수 있죠."

빌은 자랑스럽게 말했다.

"우리 파트너 회사들은 성실한 사람들이 꾸려가고 있습니다. 높은 생산성과 창의력으로 수익을 만들고 수많은 일자리도 함께 만들어 지역 경제에 크게 이바지하죠. 한 번의 투자를 위해 이런 것까지 고려하는 것이야말로 진정한 준비라고 할 수 있습니다."

어떤 사람이든 투자를 결정해야 할 때가 온다. 시간, 에너지, 돈이 모두 투자의 원천이니까 말이다. 빌의 이야기를 통해 우리는 장기적으로 생산적인 투자를 할 때 필요한 교훈을 얻을 수 있다. 투자의 효과를 극대화하려면 대안적 결과들을 수집·평가하고 뒤로 물러서서 넓은 안목으로 분석해야 한다는 것 말이다.

균형 잡힌 시각으로 모든 것을 분석하라

와인 평론에 나선 변호사 이야기

와인 고르기가 겁나는가? 화이트나 레드, 보르도 아니면 나파?

만약 당신이 직업상 중요한 결정을 내려야 하거나 잘 모르는 와인을 골라야 하는 상황이라면 이를 해결할 수 있는 좋은 방법이 있다. 바로 로버트 파커를 만나는 것이다. 편안한 마음으로 〈와인 애드버킷(The Wine Advocate)〉의 발행인 로버트 파커를 저녁 식사에 초대해보라. 파티라면 사족을 못 쓰는 사람이니 기꺼이 초대에 응할 것이다. 와인 접대는 로버트 담당이니 걱정할 필요 없다.

많은 사람들이 그렇듯 나 역시 복잡한 와인의 세계에 기가 죽기 일쑤였다. 브랜드도 너무 많고 가격도 천차만별이고 고급 취향이라는 인식에 왠지 심사가 뒤틀리기도 하고⋯. 그러던 어느 날 나는 로버트의 와인 평론을 읽게 되었다. 그의 글은 도무지 이해할 수 없는 외계어가 아니었다. 이해하기 쉬운 명쾌한 문장들이 내 머리에 쏙쏙 들어왔다. 그가 내린 평가는 전문가가 아닌 나도 이해할 수 있었고 덕분에 나는 내 입맛에 맞는 와인을 쉽게 고를 수 있었다. 게다가 그의 글에는 지리와 역사에 대한 해박한 지식도 담겨 있었다.

로버트 파커는 와인의 대중화를 이끌었지만 그렇다고 해서 와인의 가치를 떨어뜨린 것은 아니었다. 말하자면 신성한 프랑스 영화와 음식을 모독하는 할리우드 영화사나 패스트푸드 체인점이 아니었다는 말이다. 사실 로버트는 미국보다 프랑스에서 더 유명하다. 프랑스의 자크 시라크 전 대통령으로부터 레지옹 도뇌르(Legion d'honneur : 프랑스 정부가 문화, 예술, 종교 등 각 분야에서 공적을 인정받은 사람에게 수여하는 영예로운 상 - 옮긴이 주) 훈장을 받기도 했다. 유럽 어디를 가든 사람들은 그를 알아본다. 그는 낙농가의 아들로 태어났지만 자신의 열정을 따라 살기 위해 외과 의사 못지않은 준비를 거친 사람이었다.

로버트가 성공할 수 있었던 가장 큰 이유는 그에게 대안을 분석하는 능력이 있기 때문이었다. 그가 항상 중요하게 생각하고 집중하는 두 가지 일이 있다. 하나는 평론가로서의 자세고 다른 하나는 와인을 선별하여 순위를 매기는 것이다.

고향인 메릴랜드 목장에서 그는 이렇게 말했다. "제가 와인에 대해 특별한 재능이 있다고 생각하지는 않습니다. 그냥 이 업계에 있는 다른 사람들보다 더 열심히 일하고 더 많이 준비할 뿐이에요. 준비에 몰두하는 거죠. 준비를 위해 산다고 해도 과언이 아닙니다. 〈찰리 로즈 쇼〉라는 TV 프로그램에 출연했을 때가 생각나네요. 와인을 어떻게 그리 잘 감별하는지 묻더군요. 저는 그저 준비를 많이 할 뿐이라고 했습니다. 찰리가 말하길 마이클 조던도 나와 똑같이 대답했다고 하더군요. 그저 더 열심히 연습하는 것뿐이라고 말입니다."

로버트가 평론가로서 와인 업계에 일대 변혁을 몰고 왔다는 사실에는 누구도 이의를 제기하지 않을 것이다. 업계에서 가장 영향력 있는 포도 농장 주인들 중 일부는 그에게 적개심을 갖고 있었는데, 다른 평론가들이 계속해서 찬사를 보냈던 와인을 그가 악평했기 때문이었다. 대신 그는 유명하지 않았던 포도 농장에 새로운 명성을 안겨주었다. 이렇게 그는 와인 평론에 대한 객관성과 신뢰도를 높였다.

처음에 로버트는 평론가로서 내려야 할 윤리적인 결정에 부딪혔고 많은 고민을 했다. 와인 업계의 평론가와 생산자가 맺는 폐쇄적인 관계는 영화나 예술 분야보다 훨씬 더 심했다. 평론가들은 나태하게 일하면서 생산자와 타협하는 대신 그들로부터 공짜 와인과 호화 숙소를 제공받았고 이는 아주 오래된 관행이었다.

로버트는 동료들과 다른 길을 걷는 것이 자신과 와인 업계를 위해 더 나은 대안이라고 판단했다. 그는 와인의 '성(城)'에서 벗어나 철저히 독립적으로 활동했다. 점차 그의 평가 능력과 평론에 대한 신뢰가 쌓였고 명성도 높아졌다.

로버트는 말한다. "저는 시음용 와인도 제 돈을 주고 삽니다. 해당 빈티지의 진짜 샘플을 손에 넣을 수 있으니까요. 저는 평론가들을 위한 와인이 아니라 평범한 사람들이 마시는 진짜 와인을 시음하고 싶거든요."

평론가로서 일하는 방법을 결정할 때 그는 변호사들이 잘 쓰는 방법을 사용한다. 평론가들은 대개 쓸데없이 화려하기만 한 예술적인 기교를 사용했지만 그는 그런 것을 별로 좋아하지 않았다. 오히려 그는 변호사가 사건을 준비하는 방식으로 와인을 평가하고 싶었다. 변호사로서 실제로 몇 년간 일을 해봤던 로버트는 명쾌한 법조계의 서술 방식을 지금도 사용하고 있다.

"제가 와인 평론을 시작했을 때 혁명적이란 이야기를 들을 수 있었던 것은 윤리를 고집했기 때문이에요. 제가 법대 시절에 받았던 훌륭한 교육의 영향이 컸습니다. 법에는 치밀하고 꼼꼼한 특징이 있잖습니까? 그게 제 평론에 많은 영향을 미쳤습니다. 맡은 사건을 이해하려면 사실과 과거의 사례들을 속속들이 알아야 하니까요."

하지만 어떤 평론가건 "입으로만 떠들 줄 알았지 실제로는 아무것도 못한다"라는 비난을 피하기 어려웠다. 그래서 로버트는 또 다른 대안을 만들었다. 아예 포도 농장을 사버린 것이다. 그는 자기가 말한 것을 직접 행동에 옮기기로 했다.

"평론가란 늘 평가만 할 뿐, 실제로 뭔가 생산하지는 못한다는 비난을 받습니다. 저는 이런 비난을 극복하고 싶었지요. 하지만 단지 저의 명성을 높이기 위해서 그런 것은 아닙니다. 그냥 평론에 도움이 되는 정보를 더 많이 얻고 싶었던 거죠. 농장을 관리하면서 겪는 일들은 정말 평론에 도움이 많이 됩니다. 와인을 생산하는 사람들에게 새삼 존경심도 느꼈고요."

로버트는 와인 자체를 평가할 때도 여러 대안들을 꼼꼼히 분석했다. 그는 간단하지만 포괄적인 기준으로 와인에 점수를 매겼다. 덕분에 소비자들은 수많은 지역에서 생산된 와인의 품질을 가격별로 명확하게 구분할 수 있게 됐다. 그는 변호사의 준비 과정을 철저하게 밟는다. 로버트가 지금의 위치에 올 수 있었던 것은 논리적으로 탄탄한 평론 덕분이었다.

로버트가 와인을 시음하는 기준은 딱 세 가지이다. 색이 아름다운가? 향은 어떤가? 입안에서 독특하게 느껴지는 맛은 무엇인가? 로버트는 이 세 가지에 특별히 집중하기 때문에 그의 평론은 항상 일관성이 있었다. 그리고 그는 독자들의 욕구를 정확히 알고 있었다.

"저는 모든 요소들이 조화를 이루는지 먼저 봅니다. 와인을 평가하는 방법이나 적용할 수 있는 기준은 엄청나게 많아요. 그래서 종류마다 표준 와인을 한 가지 정해서 그걸 기준으로 삼습니다."

와인에 얽힌 경험을 글로 쓸 때도 그는 여러 대안 가운데 하나를 골랐다. 기존의 와인 평론은 현학적이고 과장된 말을 많이 사용했다. 하지만 로버트는 평론을 쓸 때도 와인을 평가할 때와 똑같은 기준, 즉 균형을 중요하게 생각한다.

"한 번은 와인 경매 회사에서 간부로 지냈던 사람이 맛을 이렇게 평가하더군요. '두꺼운 화장이 주름 주위로 쫙쫙 갈라진 늙은 과부 같은' 맛이 난다고요. 저는 똑같은 와인을 마시고 식초 맛이라고 간단히 얘기했습니다. 독자들이 단번에 이해할 수 있도록 간단명료함을 유지하는 게 제 원칙이니까요."

로버트는 좋은 친구들과의 식사를 더 행복하게 만드는 것이 바로 좋은 와인의 힘이라고 말하면서 밝게 웃었다. 그가 변호사에서 평론가로 직업을 바꾸기 위해 어떤 준비를 했을지 그리고 숱한 와인을 평가하는 그는 하루 일과를 어떻게 준비할지 등을 생각하니 나도 살짝 기분이 좋아졌다. 잘 다듬어진 기준에 따라 대안들을 현명하게 분석함으로써 로버트는 와인 평가의 국제적 표준이 될 준비를 차근차근 해온 것이다.

– 한 가지 일에는 다양한 대안이 있으며, 대안에 따라 목표를 성취하는 정도도 달라진다. 그러므로 대안의 결과들을 꼼꼼하게 예측하는 것이 중요하다. 대안의 경중과 상관없이 결과를 예측하려고 노력해야 한다.
– 잠재적인 결과를 예측하면 전략을 세우는 데 도움이 된다. 결과에 이르는 단계들을 적절히 더하거나 뺄 수 있다.
– '대안'이라는 준비 원칙을 사용하면 준비와 결과 사이의 과정에 더 집중할 수 있다.

chapter 4

상대방의 관심사를 꿰뚫어 보라

연설가, 연예인, 운동선수들에게만 청중이 있다고 생각할 수 있다. 그러나 사실 청중은 누구에게나 있다. 자기 자신은 물론이고 함께 일하는 동료들, 고객, 그 밖에 누가 되든 당신 앞에 있는 사람들 모두가 청중이 될 수 있다. 성공적으로 준비를 하려면 자신의 청중이 누구며 청중의 진짜 관심사가 무엇인지 확실히 파악해야 한다.

상대방의 관심사를 파악하기 위해 그 사람의 과거를 조사하는 작업은 준비에 많은 도움이 된다. 조사한 정보를 바탕으로 자신의 입장을 정할 수 있을 뿐 아니라 상대방보다 유리한 위치를 선점할 수 있기 때문이다. 상대방이 겉으로 드러내지 않았던 속마음이나 목표도 이를 통해 알아낼 수 있다.

준비에서는 자신의 목표를 정하는 것만큼 상대방의 입장을 파악하는 것도 중요하다. 예를 들어 상사가 당신에게 어떤 프로젝트를 맡겼다고 하자. 사실 상사는 이번 프로젝트보다는 이를 계기로 얻게 될 다음 프로젝트에 더 관심을 두고 있을 수 있다. 이때 상사의 속내를 아는 방법은 오직 그의 관심사를 조사하는 것뿐이다. 이번 프로젝트에 어떤 기대를 걸고 있는지 직접 물어볼 수도 있다.

이는 세일즈에서도 똑같이 적용된다. 어떤 고객이 특정 제품에 대해 문의하는 상황이라고 생각해보자. 그 고객은 정말로 그 제품이 필요할 수도 있지만 단순히 당신 회사의 브랜드를 선호해서 동일한 브랜드의 다른 제품을 사려는 것일 수도 있다. 이 경우 소비자의 속내를 아는 유일한 방법은 역시 그들의 필요를 좀 더 자세히 조사하는 방법밖에 없다.

집을 사고파는 일도 똑같다. 여기엔 감정적인 요소가 많이 들어가기 때문에 거래 과정을 상당히 개인적으로 받아들이는 사람들이 많다. 구매자나 판매자는 좋은 가격을 원하지만 그와 동시에 자신들만의 조건과 감정적인 면도 충족시키고 싶어 한다. 그러므로 계약을 성사시키려면 상대방의 관심사가 무엇인지 먼저 알아야 한다. 그걸 알아야 상대방이 계약을 원하는 순간을 포착할 수 있다. 또 빨리 거래를 끝내고 싶어 한다든지 특정한 날짜에 이사를 원하는 것과 같은 속마음도 파악할 수 있다. 어쩌면 높은 가격을 제시한 판매자의 최우선 관심사는 두 달 이내에 플로리다로 이사를 가는 것일 수도 있다. 따라서 상대방의 필요와 사정을 공손하게 하지만 철저하게 알아내야 한다.

어떤 일이든 원인을 알면 불안감이 줄어든다. 화를 내거나 난리를 피우는 고객이 있다면 그의 진짜 속마음을 먼저 파악해야 한다. 상대방의 가장 절박한 필요를 충족시키면 양쪽의 불안을 모두 잠재울 수 있다. 또한 고객의 표면적인 감정에 동요하지 않고도 목표를 성취할 수 있다.

그들의 속마음은 어떻게 알아야 할까? 먼저 그들에게 관심을 가져야 한다. 상대방은 관심을 갖고 끊임없이 탐구해야 할 존재다. 따분한 사람이든 화를 내는 공격적인 사람이든, 아니면 예민하게 구는 사람이든 간에 사람들은 각자의 관심사를 갖고 있다. 상대방의 관심사가 뭔지 알아내는 것은 준비를 하는 데 도움이 될 뿐 아니라 준비 과정의 핵심이기도 하다.

연봉 인상 대신 명예를 택한 콘서트마스터

일을 하다보면 난관에 부딪힐 때가 있다. 대립되는 입장이 조율되지 않으면 대개 문제가 발생한다. 그럴 때마다 나는 상대방이 원하는 진짜 목적이 무엇인지 먼저 파악한다. 한 메이저 교향악단의 콘서트마스터가 내 고객이었던 적이 있다. 그는 일주일에 40달러씩 더 주지 않으면 "나가버리겠다"라고 악단에 엄포를 놓았다. 그는 그 말을 하며 내게 분통을 터뜨렸다. 하지만 악단은 일주일에 40달러를 인상해줄 수 없는 입장이었다.

사실 내 고객은 이미 20만 달러에 가까운 연봉을 받고 있었고, 일주일에 40달러라고 해봐야 고작 일년에 2,000달러밖에 되지 않았다. 그런데 고작 그만한 돈 때문에 악단을 나가겠다고? 나는 그의 진짜 속마음을 알 필요가 있다고 생각했다.

상대방에 대해 조사를 하면 할수록 당신은 더 유능한 협상가가 된다는 사실을 기억하라. 나는 조사를 하면서 그가 연봉 인상을 원했던 진짜 이유를 알 수 있었다. 악단은 그에게 주당 40달러를 지불하고 있었다. 그가 원하는 대로 돈을 준다면 그의 주급은 두 배로 인상되고, 그는 그런 연봉을 받는 유일한 멤버가 될 것이었다. 결국 그의 진짜 관심사는 돈이 아니라 지위였다. 좀 더 정확히 말하면 연봉을 기준으로 했을 때 최고의 지위 말이다.

조사는 반드시 양쪽 모두를 대상으로 해야 한다. 대부분 자신과 상대방의 목표를 먼저 조사하지만 내 경우는 고객과 상대방의 목표를 알아야 했다. 나는 교향악단의 목표를 먼저 조사했다. 사실 교향악단도 이 문제를 중요하게 생각하고 있었다. 하지만 그의 요청을 들어줄 수 없는 곤란한 상황이 있었는데 바로 연주자들의 단체 교섭 조항이 있기 때문이었다. 누군가의 주급을 두 배로 인상할 경우 너도나도 들고 일어설 것이고 결국 모두의 연봉을 상향 조정해야 하는 최악의 상황이 올 게 뻔했다. 그러면 악단은 예산에 큰 타격을 입게 된다. 나는 목표를 고객과 악단의 입장을 중재하는 것으로 정했다. 악단이 통장을 탈탈 털지 않고서도 나의 고객을 세계적인 음악가로 인정해줄 수 있는 방법은 무엇인가?

해답은 의외로 간단했다. 악단은 나의 고객에게 황동으로 된 명패를 주기만 하면 됐다. 황동 명패는 오직 지휘자의 탈의실 문 앞에만 걸 수 있었다. 그런데 이제는 콘서트마스터도 그 명패를 갖게 된 것이다. 그는 지위를 상징하는 이 표식을 무척 좋아했다.

그리고 콘서트마스터는 이제 해외 공연을 나갈 때마다 기내 일등석에 앉을 수 있게 됐다. 그는 주요 후원자, 지휘자와 나란히 비행기 앞쪽에 앉아 똑같은 기내식을 먹고 질 좋은 와인을 마실 수 있었다. 물론 그는 지위를 상징하는 이 조건에도 무척 만족했다.

악단의 입장에서도 이는 만족스러운 결과였다. 항공사와의 거래를 통해 좌석 업그레이드는 서비스로 받을 수 있었기 때문이다. 황동 명패는 39.95달러였고, 좌석 업그레이드에는 돈이 한 푼도 들지 않았다. 물론 콘서트마스터는 일주일에 40달러를 인상하라는 요구를 철회했다.

시간과 돈을 아끼는 최고의 방법

믿기 어렵겠지만 1970년대에는 증권법상 '증권'의 의미가 명확하게 정의되어 있지 않았다. 나는 메릴랜드 주에서 증권위원회의 일원으로 일한 적이 있었다. 당시 규제 당국은 증권의 개념을 정의하여 각 주(州)가 증권 매도를 원활하게 통제할 수 있도록 애쓰고 있었다. 우리도 그들의 노력에 부응해야 했기 때문에 증권에 대한 우리 나름의 정의를 내렸다. '증권이란 한쪽이 다른 쪽의 수고를 통해서만 얻을 수 있는 수익을 기대하고 돈을 투자할 때 일어나는 거래다.' 다시 말해 투자자는 자금을 투자하되 이 자금의 잠재적 사용과 성장에는 아무런 기여를 하지 않고, 수익을 창출하는 다른 누군가의 수고에 의존한다는 의미였다.

초기에 우리는 증권의 '냄새를 풍기는' 어느 부동산 매매업체를 예의 주시했다. 그들은 우리에게 시세를 뛰어넘는 수익을 약속했다. 그들은 해변의 콘도를 매물로 내놓고 제3자에게 임대하면 엄청난 투자 수익을 올릴 수 있다고 호언장담했다. 내가 보기에 그들은 일반적인 부동산 매매 이상의 거래를 제안하고 있었다. 말하자면 '증권'이나 '투자 계약'을 제안하고 있었던 것이다. 그런데도 그들은 증권 거래를 할 때 요구되는 합법적인 투자 정보를 공개하지 않았다. 법정에서도 증권을 명확하게 정의하지 못하던 시대였고, 허술한 법을 이용해 등록 및 공개의 의무를 무시할 수도 있었던 것이다. 그들의 사업은 번창하고 있었지만 법적으로는 문제의 소지가 있었다.

우리는 성급하게 행동하지 않기로 했다. 우선 당시 법 자체가 애매모호했기 때문에 먼저 불법 거래가 있었는지부터 찾아보고 회사의 입장을 파악하기로 했다. 이 회사는 법의 애매모호한 허점을 이용하고 있는가? 아니면 새롭게 강화된 증권법에 따라 거래를 해야 한다는 사실을 모르는 것뿐인가? 만약 그렇다면 나는 어떻게 할 것인가? 그것을 신고해서 좀 더 강력한 처벌을 받게 해야 하는가? 아니면 절차를 정정하게 해서 과오를 바로잡는 것으로 충분한가?

나는 이 회사와 그들의 고객을 면밀히 조사한 끝에 그들이 고의적으로 법을 어긴 것은 아니라는 결론을 내렸다. 그들은 자기들이 증권업이 아닌 부동산업에 종사한다고 진심으로 믿고 있었고 증권법상 등록을 해야 한다는 사실도 모르고 있었다. 전적으로 법을 존중하는 사람들이었고, 급기야 거래를 무르겠다고까지 했다. 결국 문제는 쉽게 해결됐다. 회사는 불법 행위를 긍정하지도 부정하지도 않았지만, 앞으로 일어날 거래는 모두 등록할 것이며 과거에 했던 불법 소지가 있는 거래는 모두 파기할 것을 약속했다.

상대의 입장을 파악하면 시간과 돈을 얼마나 절약할 수 있는지 이 이야기를 통해 알 수 있다. 만약 이 일을 법정으로 끌고 갔다면 지리멸렬한 법정 다툼으로 돈과 시간을 낭비했을 것이다. 당시 우리는 소규모의 신생 조직이었기 때문에 시간을 아끼며 효율적으로 일해야 했다. 게다가 법 자체도 명확하지 않았기 때문에 강제력을 행사하기 전에 우리도 좀 더 명확히 알아둘 필요가 있었다.

이제 네 사람의 이야기를 소개할 것이다. 샬린 바셰프스키 미국 대사는 상대의 입장을 헤아려 그들의 신뢰를 얻는 방법을 보여준다. 스크랜튼 대학 총장인 스콧 필라즈와 블랙스톤 그룹의 존 디온은 자신이 원하는 바에 대한 지지를 얻기 위해 듣는 사람이 원하는 바를 먼저 파악했다. 마지막으로 스포츠 중계 아나운서 밥 코스타스의 이야기는 규모에 상관없이 청중과 관계 맺는 법을 이해하는 데 도움이 될 것이다.

상대방의 관심사를 뼛속까지 이해하라

중국의 마음을 송두리째 빼앗은 외교관

샬린 바셰프스키는 국제 고위급 협상을 할 때마다 엄청난 준비를 한다. 그 준비란 바로 상대방의 입장을 파악하는 것이었다. 그녀는 상대방의 관심사를 이해하기 위해 물불을 안 가리고 준비한다. 그녀의 이런 습관은 어떤 상황에서건 사람과 사람이 만나는 협상에서 큰 도움이 됐다.

처음 만났을 때 그녀의 첫마디는 이랬다. "나라는 사람은 준비를 빼놓고 생각할 수 없어요. 준비, 그게 곧 나니까요."

샬린 바셰프스키는 워싱턴에 있는 로펌의 수석 국제 파트너로 1997년부터 2001년까지 미국의 무역 대표팀에서 외교 사절을 맡고 있었다. 중국과의 무역 협정을 성사시킨 것도 그녀가 이룩한 눈부신 업적 중 하나였는데 이를 계기로 훗날 중국은 세계무역기구(WTO)에 가입하게 됐다.

아무리 잘해도 비판을 받기 쉬운 무역 협상에서 성공하기 위해 샬린은 꼼꼼하게 준비하는 데 모든 것을 걸었다. 그녀는 상대방의 입장을 파악하고 분석하는 데 뛰어난 능력을 가지고 있었다.

샬린이 상대해야 했던 사람들은 완강한 국제 무역 파트너이자 전문 협상가들이었다. 일본, 중국, 브라질 사람들은 특히 까다로운 상대였다. 그중에서도 중국은 시종일관 경직된 표정에 타협의 여지없이 무리한 요구를 하기로 악명이 높았다. 그들은 자신들의 경제력을 무기 삼아 그 어떤 나라들보다 자기들이 더 우월하다는 생각을 가진 채 협상 테이블에 앉았다.

중국의 협상가들은 처음부터 논쟁의 소지가 다분한 지적 재산권 문제로 치고 들어왔다. 샬린은 늘 하던 대로 중국 협상 단원 한 명 한 명의 배경과 관심사를 최대한 많이 조사하는 것으로 준비를 시작했다. 그녀는 상대편의 각 사람에 집중해 그의 전문 분야와 연구 성과에 대해 정보를 많이 찾아놓은 상태였다. 협상에 들어가서 그녀는 각 사람의 연구 분야에 대해 꼬치꼬치 질문을 던지기 시작했다. 자신들의 업적에 대해 진심 어린 관심을 보이자 중국 협상가들은 곧 마음을 열었고, 그들은 끈끈한 업무 관계로 뭉칠 수 있었다.

"그쪽 분야에서 통용되는 전문 용어를 제가 거의 다 아니까 꽤 감탄하더군요. 제 준비 비법 중 하나는 폭넓은 독서예요. 거의 모든 주제가 저의 지적 호기심을 자극하거든요. 사실 저는 제 전문 영역 이외의 책을 읽는 것을 좋아해요. 역사, 정치 이외의 주제를 다룬 책도 좋아하고요. 아무튼 그때 우호적인 협상 분위기를 조성하면서 저 자신의 지적 호기심도 충족시킬 수 있었어요. 제가 진심으로 그의 연구에 흥미를 갖고 있다는 사실을 상대도 알았던 것 같아요."

중국과의 협상 초기에는 지적 재산권이라는 민감한 사안을 주로 다뤘기 때문에 샬린은 중국 과학자의 지식에 호소하기 위해 최선을 다했다. 협상이 성공적으로 진행될 수 있었던 결정적 요인은 바로 샬린이 그의 관심사를 이해하고 서로 업무적인 관계로 뭉쳤기 때문이었다.

"우리는 지적 재산을 보호하려는 입장이었어요. 그도 과학 연구에 소유권이 포함된다는 사실을 인정했고요. 그래서 전 이 둘을 연결시켰습니다. 어떤 분야의 과학자든 자신의 일에 자부심을 느낀다면 연구 결과의 주인이 자기라고 생각하는 건 당연하잖아요? 그도 마찬가지였죠. 그를 통해 중국 측 의사 결정권자에게 이 문제의 중요성을 확실히 각인시킬 수 있었답니다."

샬린은 국가 차원의 설득에서도 똑같은 원칙을 적용했다. 중국인들과의 협상에 앞서 그녀는 중국의 역사와 정치, 경제에 관해 가능한 한 모든 정보를 모아서 연구했다.

당시 중국은 몇 년 동안 WTO 가입을 위해 협상을 추진하고 있었다. 그들은 WTO에 가입할 조건을 갖췄다고 주장했지만 그 조건이라는 게 충분치 않았다. 중국은 자국의 경제 규모와 경제 성장률, 현재 중국의 경제 수준에 따르는 광고 효과 등이 있기 때문에 가입 조건이 충분하다는 생각을 은연중에 하고 있었다.

"중국은 정치적 기반을 토대로 WTO에 얼마든지 가입할 수 있다고 꽤 자신했어요. 하지만 이건 경우가 다르거든요. 정치적인 기반만 갖고 WTO에 가입할 수 있는 게 아니니까요. 그래서 저는 중국인들이 미처 깨닫지 못한 그들의 다른 관심사, 즉 경제적인 문제를 짚어줬습니다. 우리는 로드맵도 같이 짰어요. 약 8~9쪽짜리 내부 문서로 어떤 분야를 보호하고 어떤 걸 포함시켜야 할지에 대한 대략적인 개요를 짠 거죠. 그들은 자신들이 만드는 모든 물품이 협상 목록에 포함된다는 걸 모르더군요. 농산물, 서비스, 세금 정책, 전기, 수도, 가스, 자동차, 세율, 금융, 통신 분야…. 무역이 가능한 모든 걸 목록에 담았답니다. 물론 지적 재산권도 포함해서요."

샬린과 협상단으로서는 중국의 경제적 관심과 정치적 야망을 조정하는 것이 관건이었다. 그녀는 중국이 경제 개혁에 대해서는 놀라울 만큼 실용적이라는 것을 깨달았다. 그래서 그들은 정치보다는 경제적 이익에 초점을 맞췄다.

"저는 우리 측 요구 사항의 상당 부분을 그들의 내부 개혁 프로그램에 맞춰 전달하려고 노력했어요. 그리고 중국 측 협상단 중 가장 선견지명이 있는 사람을 집중 공략했지요. 그는 완벽한 파트너가 돼주었고, 중국인들의 태도를 바꾸는 데 큰 도움이 됐습니다.”

샬린은 중국 협상단의 관심사를 낱낱이 파헤쳤다. 그들이 스스로에 대해 알고 있는 것보다 더 자세히 말이다. 아시아에서의 위상, 국제 조직이라는 큰 무대로의 진출이 중국의 가장 큰 관심사였고, 샬린은 이를 집중해서 강조했다. 하지만 중국 사람들의 이면에 존재하는 오랜 관심사도 잊지 않았다. 바로 자국의 경제 개혁을 성공적으로 완수하는 것이었다. 국제적인 인정, 즉 WTO가입국이라는 타이틀보다 경제 무대에서 성공하는 것이 훨씬 더 막대한 이득을 안겨줄 터였다. 상대방의 관심사를 공략하고 더 고차원적인 목표를 상기시킴으로써 샬린은 중국인들의 태도를 바꿀 수 있었다.

비즈니스 거래나 협상에서도 이런 전략을 구사하는 일은 매우 중요하다. 고객이 생각하지 못했던 다른 시각을 알려줌으로써 상대방이 가진 관심사의 우선순위를 바꿀 수 있고, 때로는 상대방이 더 높은 목표를 깨달을 수도 있다. 하지만 이런 일은 오직 철저한 준비를 통해서만 가능하다! 따라서 시간을 들여 상대방의 입장을 분석해야 하는 것이다. 샬린은 준비를 통해 중국 협상단이 가진 표면적인 관심사에서 한층 깊은 관심사까지 끄집어내 이것으로 협상을 성사시켰다. 상대방의 필요와 관심사, 야망까지도 샅샅이 조사하는 그녀의 업무 방식은 계약 협상과 제품 판매, 아이디어 제안을 앞둔 모든 이들에게 유용한 모델이 될 수 있다.

상대방의 관심사를 세부적으로 공략하라

대학교 후원 기금은 이렇게 받아내라

여기 두 사람이 있다. 한 명은 기세등등한 월 스트리트의 금융업자고, 다른 한 명은 대학 총장이자 예수회 수사(修士)다. 둘은 사랑하는 학교의 발전을 위해 기금을 함께 모으고 있었다. 다른 사람들에게 당신의 아이디어나 제품을 판매하고 싶은가? 그렇다면 이 두 사람이 당신에게 훌륭한 롤 모델이 될 것이다.

표면적으로 존 디온과 스콧 필라즈는 약간 특이한 콤비다. 존은 사모 기업 블랙스톤 그룹의 수석 전무 이사이자 스크랜튼 대학의 이사장이고, 스콧은 예수회 수사이자 스크랜튼 대학의 총장이었다. 존은 고등 교육을 받은 회계사였고, 스콧은 복잡 미묘한 영시(英詩) 전문가였다.

외적인 요소만 보면 어울리지 않는 두 사람이었다. 하지만 내적인 요소를 살펴보면 존과 스콧은 위기에 처한 스크랜튼 대학을 최고 수준의 교육 기관으로 끌어올릴 완벽한 콤비였다.

스크랜튼은 미국의 유수 대학들과는 달리 부유한 동문이 별로 없었다. 처음에 모금 캠페인을 하기로 결정했을 때 그들은 현실성을 가늠하려고 저명한 컨설턴트를 고용했다. 그러나 피드백이 영 좋지 않았다. 동문들을 다 끌어모아도 목표액을 충당하기엔 역부족이라는 것이었다. 그래서 그들은 컨설턴트를 해고하고 다른 사람을 고용했지만, 결과는 별로 다르지 않았다.

하지만 놀랍게도 두 사람은 컨설턴트가 말했던 금액을 훨씬 상회하는 목표를 정했다. 그리고 후원자들의 관심사를 파악하는 데 온갖 노력을 쏟아붓기로 했다.

커다란 보험 회사의 사장에게서 천만 달러 단위의 후원금을 받아낼 것인가? 동부 해안을 위아래로 훑으면서 일반 회사원인 여러 동문들에게 만 달러 단위의 금액이라도 걸을 것인가? 어떤 계획을 세우건 그들은 체크리스트를 마련해 기부자들의 관심사를 정확히 파악하려고 노력했다.

다음은 존의 말이다. "우린 후원자들에 대해 아주 잘 알아야 한다고 판단했습니다. 안팎으로 샅샅이 알아내기로 했죠. 사실 이런 학교는 드뭅니다. 우리만큼 후원자들의 관심사를 파악하려고 노력하는 학교는 별로 없을 거예요. 하지만 그건 후원자에 대한 기본 예의입니다. 수표를 건네는 사람들의 주된 관심사는 돈을 건네준 후의 결과라는 걸 잊어선 안 됩니다. 중요한 건 우리 학교가 그 어느 학교보다도 돈이 절실히 필요했다는 사실이었습니다. 그들의 관심사를 파악하고 헌신적으로 그에 부응하는 게 이 일의 전부나 다름없었어요."

스크랜튼 대학은 폐광촌 한가운데에 자리해 있었다. 미국의 유명한 TV 드라마인 〈오피스(The Office)〉의 무대가 바로 이곳이다. 이 학교는 전국의 고등학교 예비 졸업생들 사이에서 인기가 높았다. 작고 아담한 데다 뉴욕과 적당한 거리에 있어서 다니기 좋은 학교라는 소문이 학생들 사이에 퍼져 있었기 때문이다.

현재는 입학자 수가 예전의 두 배인 4,000명에 이르고, 펜실베이니아와 뉴저지뿐만 아니라 캘리포니아와 플로리다에서 온 학생들도 많다. 그러나 시설은 50년 동안 전혀 개선되지 않아, 예전에는 모든 시설이 안락했을지 몰라도 지금은 불편하기 짝이 없었다. 예스럽고 정감 있던 분위기마저 지금은 촌스럽게 느껴질 정도였다. 대개 예수회의 결정에 따라 기금이 운영되는 예수회 학교였기 때문에 스크랜튼은 그동안 다른 학교들만큼 기부금에 관심을 두지 않았다.

최근 대학들이 기부를 대하는 태도를 보면 마치 헤지펀드로 수수료를 챙기는 듯한 느낌이 든다. "많이 기부할수록 특별 대우를 받습니다." 언론에서 기부금에 따라 대학의 순위를 매기는 것도 거기에 한몫 했을 것이다.

존과 스콧은 불리한 상황에서 시작해 도박을 하는 셈이었다. 스콧은 이렇게 말했다.

"후원자들과 만날 수 있는 시간은 실제로 최대 한 시간 정도입니다. 그러니 관건은 '어떤 이야기를 해야 한 시간 안에 효과적으로 우리 의견을 전달할 수 있을까? 그들은 이 흥미진진한 이야기 중 어느 부분을 듣고 싶어할까?' 등의 질문을 만나기 전에 미리 생각해보는 거예요."

이를 준비하기 위해 존과 스콧은 발표를 할 때는 물론이고 식사나 술자리 대화에서도 자주 써먹는 방법을 활용했다. 그들은 일명 특수 전담반을 구성했다. 특수 전담반은 잠재 후원자들의 배경을 연구하고, 스크랜튼 동문으로서의 관심사와 새로 생겼을 가능성이 있는 관심사를 모두 정리해 보고서로 제출했다. 그러면 존과 스콧은 체크리스트를 검토한 후 가상의 시나리오를 작성했다.

체크리스트의 앞부분은 배경에 관한 것이었다. 그들이 정신을 못 차릴

만큼 몰두하는 취미는 무엇인가? 잠재 후원자가 스포츠를 좋아하는가? 아니면 영화? 과학?

"정말 역사 연구나 다름없었어요. 대학 때 그들이 어떤 활동에 참여했고 그 활동이 우리가 현재 필요한 부분과 일치하는지 질문했어요. 새 캠퍼스 건물이나 학생들의 활동 공간을 마련해주는 일에 효과적인 질문이었죠."

그러고 나서 스콧과 존은 직접 조사에 나섰다. 둘은 잠재 후원자의 관심사, 신념, 모교의 미래에 대한 생각을 더 깊이 파고들기 위해 누구에게 어떤 질문을 할지 미리 정했다. 이렇게 후원자들의 관심사를 면밀히 파고든 결과 모금 계획을 더욱 훌륭하게 다듬을 수 있었다.

예를 들어 스콧은 스크랜튼이 잠재 후원자들 중 '운동선수 동문'에 대한 로비가 약간 부족하다는 점을 발견하고 이를 공략했다. 스크랜튼의 스포츠 팀은 최근 들어서야 주목 받게 됐지만, 이는 곧 모금 캠페인 활동에서 중요한 부분을 차지하게 됐다.

그리고 향수에 호소하는 방법도 있었다. 청춘의 대부분이라고 할 만한 4년을 보낸 곳에 대한 마음 말이다.

"일부 동문들은 모교에 애틋한 마음을 갖고 있었어요. 우린 그 점을 공략했죠. 가령 스크랜튼이 얼마나 풍부한 역사를 갖고 있는지 사진을 통해 보여주는 식이죠. 동문들은 모교의 역사에 새삼 감탄하면서 무척 좋아합니다. 게다가 석탄을 캐던 광부들과 그 자녀들에게 교육의 기회를 제공한다는 생각을 하면서 감상에 빠지기도 하죠."

탄광의 역사에 대한 감정은 스크랜튼 고유의 것으로, 스콧과 존은 이 점을 놓치지 않았다.

"과거에 탄광촌이었던 사실을 빼놓고 스크랜튼을 말할 수는 없습니다. 그래서 나이 지긋한 동문들을 상대할 때는 이 점에 호소합니다."

그리고 비교적 젊은 층을 상대할 때는 종교, 사회 복지, '비용 대비 효과가 끝내주는' 경제학 같은 관심사를 공략했다. 다소 보수적인 가톨릭 신자들은 주로 캠퍼스 내부의 일에 관심을 갖는 반면, 진보적인 가톨릭 신자들은 국내외 봉사 활동에 관심을 보였다.

"요즘은 간호 교육의 인기가 높아요. 사람들이 간호 인력이 부족하다고 생각하거든요. 또한 과학 쪽에서도 기부를 상당히 많이 받을 가능성이 있습니다. 미국이 과학 교육 분야에서 뒤처지고 있으니까요. 꽤 많은 잠재 후원자들이 이런 것에 마음을 움직입니다."

마지막으로 비용 대비 효과에 유독 관심을 갖는 일부 후원자들도 분석했다. 특히 금융 업계 종사자들에겐 존의 명성이 한몫 했다.

존은 이렇게 말한다. "여기선 약간의 돈으로 아주 특별한 성과를 올리고 있습니다. 학교에 수천에서 수백만 달러에 이르는 엄청난 돈을 기부하고도 그 돈이 어떻게 사용되는지 전혀 모르는 후원자들이 대부분이죠. 하지만 스크랜튼은 달라요. 우리는 기부금으로 더 나아진 결과들을 후원자들에게 알려줍니다. 1달러가 만들어낸 효과까지도 명확히 밝히려고 애씁니다. 후원자들은 자기 돈이 어디로 가서 어떻게 쓰였는지 정확히 알 수 있죠. 이런 전략은 건물에 후원자 이름을 일일이 새기는 것과 맞먹는 놀라운 효과가 있습니다."

심지어 존은 캠페인 준비의 일환으로 스크랜튼 동문들의 '슈가볼(The Sugar Bowl : 매년 1월 1일 열리는 미국의 대학 간 풋볼 대회 - 옮긴이 주)'에도 손을 뻗었다. 그는 뉴욕의 사업가 그룹도 공략했다. 그들은 존의 '비용 대비 효과' 이야기를 높이 평가했고, 열악한 조건에서 분투하는 사람들의 이야기에 열광했다. 존은 해마다 스크랜튼의 모범적인 학생을 한 명 선발하여 그들과 만날 수 있게 한다.

탄광촌이라는 열악한 환경에 있는 스크랜튼 대학은 언젠가 번듯한 새 건물을 여러 채 두고 확실한 재정적 기반도 갖출 수 있을 것이다. 존과 스콧이라는 특별한 콤비가 엄청난 시간을 쏟아부어 잠재 후원자들의 관심사를 꼼꼼히 파악하고 있기 때문이다. 이들은 뭔가를 부탁하기 전에 어떤 준비를 해야 하는지 알고 싶어하는 모든 이들에게 본보기가 될 것이다.

청중을 울릴 단 한마디를 찾아라

스포츠 중계로 에미상을 받은 아나운서

밥 코스타스는 주로 수백만의 TV 시청자들을 대상으로 프레젠테이션을 한다. 그러나 회의실에 있는 직장 동료들 앞에서 말하든 전 세계 사람들 앞에서 말하든 핵심은 같다. 프레젠테이션의 영향력은 자신이 청중의 욕구를 얼마만큼 파악했는지에 달려 있다.

스포츠의 역사를 새롭게 썼던 경기들을 기억하는가? 1980년 동계 올림픽에서 벌어진 '은반 위의 기적(아이스하키 결승전에서 미국이 소련을 이김-옮긴이 주)'이라든지, 애리조나의 다이아몬드백스가 양키스의 아성을 무너뜨린 2001년 월드 시리즈 7차전 등을 말이다. 그런데 밥 코스타스가 경기를 기억하는 방식은 보통 사람들과 다른 점이 하나 있다.

일반인들은 경기 자체를 기억하지만, 밥은 그 경기가 어떻게 중계되었는지를 기억하는 것이다. 물론 밥 역시 경기장 위에서 벌어지는 상황이나 선수들의 기량을 본다. 그러나 그가 더욱 중점을 두고 보는 것은 경기를 중계하는 해설자들의 표현이다. 밥은 경기를 보면서 자신이 나중에 중계할 때를 대비한다. 경기를 볼 때는 경지 자체에서부터 어느 팀이 어떻게 승리할지로 점점 관심이 쏠리기 마련이다. 밥은 관중들의 이런 생각의 흐름을 그대로 자신의 중계 방식에 활용한다. 그는 자신의 관심사보다 관중들의 관심사를 먼저 생각했다. 경기를 보는 관중들이 즐거워하는 데는 중계와 해설의 역할이 크다는 것을 그는 알고 있었다.

상대의 관심사를 읽는 것이 실력이다

밥 코스타스는 자신의 중계를 하나의 '작품'으로 보고, 작품을 만드는 장인 정신은 바로 '준비'에서 완성된다고 생각했다.

그는 방송 전에 관중의 관심사에 초점을 맞추고 전달 방법과 내용을 훌륭하게 조화시킨다. 준비의 달인들이 대개 멘토나 롤모델의 준비 방법을 연구하듯 밥도 전임자와 동료들의 준비 방법을 연구했다. 그가 보는 것은 크게 세 가지다. 이야기를 포착해 피부에 닿을 만큼 생생하게 표현하는 능력, 세부 사항을 전달하는 뉘앙스, 전반적인 어조와 이야기의 완결성이 그것이다. 그는 청중들의 관심사를 파악하기 위해 과거의 사례부터 찾았다.

경기 스토리의 중계에 관해서 밥은 앨 마이클스를 예로 들었다. 1980년 올림픽에서 오합지졸이었던 미국 아이스하키 팀이 당시 세계 최강이었던 소련을 물리친 경기였다.

"여러분, 기적을 믿으십니까?"

그는 이 유명한 멘트를 경기가 끝나기 전에 준비했을 수도 있고 안 했을 수도 있다. 당시 미국의 정치적 분위기나 팀에게 집중됐던 사람들의 엄청난 관심을 생각했을 때 마이클스의 멘트는 진실된 감정을 나타내면서도 그 상황에 아주 잘 어울렸다. 그는 청중들의 관심사를 잘 파악하고 있었기 때문에 사람들에게 잊지 못할 감동을 선사할 수 있었다.

밥은 ABC-7 방송국의 짐 매케이가 방송한 내용도 언급했다. 그중에서도 1972년 뮌헨 올림픽에서 이스라엘 선수단이 살해당한 사건을 보도한 내용을 으뜸으로 꼽았다.

"뛰어난 전달력과 개인으로서 느끼는 감정이 훌륭하게 어우러진 멋진 보도였습니다. 그냥 사건 보도가 아니었어요. 그가 사건에 대해 느꼈던 감정을 TV를 보는 사람들도 아마 함께 느꼈을 겁니다. 아무도 예상치 못한 갑작스러운 사고였기 때문에 따로 준비할 시간도 없었죠. 준비라고 한다면 작가나 방송인으로서 일했던 모든 시간이 준비였다고 봐야 할 겁니다. 홍미진진하고 다양한 삶을 살았던 사람만이 할 수 있는 말이었죠. 그는 그 순간 자신의 모든 것을 담아 전했습니다."

세부적인 사실 전달에서의 롤모델로 밥은 NBC 방송국 동기인 톰 해몬드를 들었다. 2006년 프리크니스 스테이크스 경주에서 당시 유력한 3관왕 후보였던 명마 바르바로는 출발할 때 관문을 박차고 나오면서 다리에 부상을 입었다. 해몬드는 상마학(相馬學 : 말의 나이나 생김새 따위를 통하여 말의 건강 상태나 용도를 연구하는 학문) 학위를 갖고 있었고 경주마나 기수를 흔히 볼 수 있는 켄터키 주 렉싱턴에 살고 있었다. 그는 바르바로가 넘어지자마자 자신의 지식을 총동원하여 상황을 보도하는 동시에 시청자들에게 위로를 전했다.

"해몬드는 방금 일어난 극적인 상황에 자신의 상마학 지식을 더하여 생생하게 보도했습니다. 시청자는 정보와 극적인 이야기를 모두 원했고, 그는 양쪽 다 충족시킬 수 있었죠. 전 그런 순간을 보며 제가 어떻게 준비해야 할지 끊임없이 생각한답니다."

프레젠테이션의 모범을 보여주는 예로 밥은 LA 다저스의 해설자인 빈 스컬리를 꼽았다. 빈이 중계를 준비하며 몰입하는 모습은 그의 언변과 독특한 목소리만큼이나 인상적이다.

"그는 60년 이상 한 분야에서 명성을 쌓아왔고 받을 수 있는 상이나 표창은 다 받아본 사람입니다. 그런데도 그는 만족할 줄 몰라요. 시시한 평일 경기든 플레이오프 경기든 항상 똑같이 준비하죠. 그는 자신의 청중과 방송, 명예 또한 매우 아끼기 때문에 한눈을 팔지 않습니다. 훌륭한 아나운서는 언제나 청중을 존중하죠. 그러니까 그들과 같은 전문가를 잘 관찰하기만 해도 절반은 준비에 성공한 셈이에요."

관중의 생각을 손바닥 보듯 읽어라

밥은 세 사람의 사례를 자신의 일에 적용해서 청중들을 만족시킨 이야기를 했다. 1998년 NBA 결승전에서 그는 역사적인 순간을 중계하고 있었다. 마이클 조던의 은퇴 경기였는데 그가 마지막 슛을 쏘는 상황이었다. 당연한 얘기지만 스포츠 중계 아나운서에게 정해진 원고 같은 건 없다. 하지만 밥처럼 유능한 해설자는 시나리오를 미리 예측하기도 한다.

1998년의 그날, 사람들의 관심은 온통 조던이 정말 은퇴하는지에 집중돼 있었다. 물론 시합 결과야 알 수 없었지만 밥은 한 가지 사실에 집중했다. 사람들의 궁금증이 조던의 마지막 슛을 더욱 극적으로 만들 것이라는 사실이었다. 조던은 슛을 쏜 뒤 손을 올린 그대로 꼼짝 않고 공이 그리는 곡선을 바라보고 있었다. 그리고 그 순간 밥은 이미 준비가 돼 있었다.

경기 종료를 알리는 호각이 울리고 TV 화면에 경기 중 하이라이트 장면이 슬로 모션으로 흘렀다. 이때 밥의 목소리가 더해졌다.

"이게 책의 마지막 장면이라면 얼마나 근사한 결말입니까!"

최고의 중계는 경기 중의 극적인 요소를 한층 더 극적으로 만든다. 그날 밤 밥의 중계가 바로 그랬다. 조던의 경기를 보던 사람들은 그것이 어쩌면 마지막 경기일지도 모른다고 생각했고, 그는 청중들의 생각을 그대로 담아 표현했다.

통화나 상사와의 면담 같은 일대일 인간관계가 직장에서 하는 일의 대부분이라는 점은 누구나 인정할 것이다. 사람 간의 상호 작용을 대비해 준비하는 훌륭한 전략 중 하나는 취재자의 자세를 가지는 것이다.

밥은 일류 취재 기자였다. 밥의 준비 방식은 여느 방송인들과는 다르다. 그는 시청자의 시각으로 본 자신의 모습을 상상해본다. 밥이 취재하는 사람들에 대해서 시청자들이 잘 알고 있기 때문에 그는 사람들이 듣지 못했던 이야기를 끌어내거나 다 아는 이야기를 새로운 관점에서 조명해야 했다.

"자신이 준비한 이야기 때문에 상대방의 이야기를 경청하지 못하면 안 됩니다. 대부분의 취재 대상은 이미 숱한 취재를 받아왔기 때문에 새로운 질문이나 색다른 뭔가가 나와야 호기심을 보일 겁니다. 결국 상대방에게서 '어떻게 알았어요?'라는 말이 나오게끔 해야 하는 거죠. 언젠가 영화감독 배리 레빈슨을 취재하다가 예전에 그가 지역 방송국에서 B급 영화 편집 일을 했다는 얘기가 나왔어요. 그 시절 얘기를 하면서 어찌나 즐거워하던지, 금세 마음을 열더군요. 그때부터 모든 게 술술 풀렸죠."

청중의 관심사를 파악하고 충족시키는 방법은 방송뿐 아니라 다른 모든 일에도 적용할 수 있다. 밥은 기본적으로 청중의 관심사를 파악하는 데 집중했다. 그는 상대방의 말에 귀를 기울이고, 질문하고, 시나리오를 짰다. 다른 사람들과 관계를 맺는 것은 삶의 전부다. 밥은 우리 모두에게 삶의 훌륭한 모범을 보여준 것이다.

상대방의 관심사를 파악하라

- 준비는 혼자만의 만족을 위한 것이 아니다. 고객, 동료, 청중, 즉 상대방을 위한 준비를 먼저 해야 한다.
- 상대방에 대한 준비 원칙을 적용해보자. 그의 관심사뿐 아니라 목표, 과거의 사례, 대안의 결과까지도 알 수 있다.
- 상대방의 입장을 알기 위해서는 그에 대해 조사를 하는 것이 핵심이다. 직접 질문을 하거나 그의 배경과 개인적인 기록까지도 조사해보자. 그와 함께 일했거나 라이벌 관계였던 사람들에게서도 정보를 얻을 수 있다.
- 상대방의 관심사를 조사해 이를 공략하면 그는 당신이 목표를 달성하는 데 도움을 줄 수 있다. 또한 협상 내용과 겹치는 개인적 관심사를 알아내어 둘을 조화시켜야 한다.

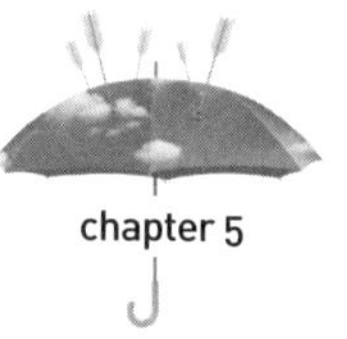

chapter 5

전략을 짜면 명확한 길이 보인다

중국의 병법가 손무(孫武)가 쓴 《손자병법》을 사무실 책장에 꽂아두는 사람이 많다. 나는 변호사, 의사, 대학 총장, 영업 사원, 심지어 야구선수의 사물함에서도 이 책을 봤다. 예전에는 내가 협상해야 할 사람이 이런 책을 가진 걸 보면 주눅이 들었다. '와아, 이 인간 진짜 보통이 아니네. 분명 진정한 전략가겠지!'

한번은 고객의 사무실에 찾아간 적이 있는데, 테이블 위에 마키아벨리의 《군주론》이 근엄하게 놓여 있었다. 가죽으로 장정된 엄청나게 큰 책이었다. 당시 애송이 변호사였던 나는 돈 많고 유명한 사업가를 만나러 갔다가 《군주론》을 보고 잔뜩 주눅이 들었다. 처음부터 끝까지 읽은 적은 없었지만 내용은 알고 있었기 때문에 이렇게 생각했다. '이번 고객은 보통이 아니겠는데! 무엇이 되든 남보다 먼저 얻고 상대를 이기는 전략이 담긴 책이니까. 뭐랄까, 분명 진정한 마키아벨리식 전략가일 거야!'

《손자병법》과 《군주론》은 언뜻 생각하면 속임수나 무자비한 책략만을 담은 책인 것 같다. 실제로는 군사 전략과 정치 전략을 담은 훌륭한 책들인데 말이다. 나는 전략을 세우고서도 몇 번 실수를 했기 때문에 전략서(고전과 요즘 나오는 실용서까지 포함한)도 잘못 활용할 수 있다는 것을 깨달았다. 전략을 체계적으로 발전시키는 것이 아니라 무조건 빨리 전략을 만드는 게 좋다는 생각으로 서두르다 실패했던 것이다. 사람들은 애매한 목표를 세우고는 곧바로 전략 세우기에 돌입하는 경향이 있다. 목표와 전략 사이에는 빼먹어서는 안 될 단계들이 있는데 말이다.

준비의 체크리스트(명확한 목표, 비슷한 과거의 사례, 상대방의 입장 파악, 대안의 결과 예측)를 통해 얻은 정보는 모두 하나의 전략 속으로 녹아든다. 전략은 간단히 말해 목표를 이루기 위해 밟아야 할 단계다.

하지만 최근에는 '전략'이라는 단어의 의미가 너무 복잡해졌다. 왠지 엄청 많은 것을 담고 있을 듯한 분위기까지 풍긴다. 어느덧 전략은 전문가와 박사들만 세울 수 있는 것이 돼버렸다. 그러나 단순하게 생각해도 좋다. 전략은 단지 준비의 여러 단계를 모은 것일 뿐이다. 준비를 할 때 우리는 실행이 아니라 전략을 세우는 일에 집중해야 한다. 전략을 세워야 결말에 도달할 수 있기 때문이다. 전략을 짜는 것은 성공의 수준을 좌우하는 매우 중요한 단계다.

《손자병법》보다 더 중요한 당신의 전략

브렌트 스코크로프트는 아버지 부시 대통령 때 미국의 안보 보좌관을 맡았던 인물이다. 제2차 이라크 전쟁을 앞둔 2002년 8월 15일, 그는 〈월스트리트 저널〉에 다음과 같은 칼럼을 기고했다.《손자병법》을 염두에 두고 그의 글을 읽어보자.

현재 미국에서는 이라크 전쟁에 대한 찬반양론이 팽팽하게 맞서고 있다. 그런 와중에도 이라크를 침공하는 전략에 대해서는 여전히 활발하게 논의가 이뤄지고 있다. 부시 행정부는 이라크의 정권 교체를 맹세했으나 이라크 침공에 대해서는 시기는커녕 실행 여부도 결정된 바가 없다고 밝혔다.

이라크 침공은 사담 후세인이 위험한 존재인지에 대한 논쟁을 넘어서는 문제다. 후세인은 자국민을 위협하고 무자비하게 대하며 이웃 나라와의 전쟁도 불사했다. 그는 이라크의 군사력을 재건하고 대량 살상용 무기로 무장하는 데 수단과 방법을 가리지 않았다. 결국 그가 사라져야 우리 모두가 더 잘 살 수 있다는 의미다.

따라서 우리는 이 문제를 아주 신중히 고민해야 한다. 바그다드의 정권 교체를 위해 선제공격을 감행하려고 한다면 우리에게 긴급한 다른 우선순위 (특히 테러와의 전쟁)와 이라크 침공이 어떤 관계가 있는지, 또 최선의 전략과 전술이 무엇인지도 면밀하게 분석해야 한다.

특히 칼럼의 마지막 단락이 나를 사로잡았다. 나는 전쟁이 일어나기까지 몇 달 동안 무슨 일이 벌어졌고 누가 뭘 했는지는 모른다. 하지만 지금 그 결과에 대해서는 누구나 잘 알고 있다. 누가 해고되고 누가 감옥에 갔으며 전쟁에 찬성하고 반대한 사람은 누구였는지, 누가 누굴 손가락질했는지까지 말이다. 나는 진정한 시민이 되려고 매일 신문을 읽으며 전반적인 상황을 알기 위해 애썼지만 솔직히 말해 아직도 어떻게 일이 그렇게까지 됐는지 이해할 수가 없다.

그러나 한 가지만은 확실히 알고 있다. 누구도 침공 이후의 결과에 대한 전략은 제대로 준비하지 않았다는 점이다. 양 정당과 정치계의 저명인사 대부분도 이에 동의하고 있다.

<u>스코크로프트</u>의 칼럼이 특히 눈에 띄었던 이유는 그가 오랫동안 부시 일가의 충직한 오른팔이었기 때문이다. 더구나 마지막 단락은 논평이라기보다는 염려에 가까워 보인다. 그는 이 글에서 무작정 밀어붙이는 것이 아니라 시간을 갖고 과거의 사례와 손익, 대안의 결과들을 분석하고 적절한 전략을 세우는 것이 좋다고 말하고 있다. 그는 목표와 전략 사이에는 단계가 있다는 것을 강조했다. 그는 이렇게 말한다. 전략을 실행하기 전에 먼저 체계화하라고 말이다.《손자병법》의 내용은 전략이 체계적으로 세워진 후에야 유용할 것이다. 충분한 정보를 바탕으로 전략을 만들기 전까지《손자병법》은 그냥 책장에 꽂아두는 편이 낫다.

비싼 수업료를 내고 배운 전략의 힘

이번에는 약간 규모가 작은 일을 살펴보자. 팀원들과 함께 모여 즉각적으로 문제를 해결할 수 있는 방법을 찾아본 적이 있는가? 길고도 엄청 불편한 침묵이 흐른 끝에 누군가 용감하게 "그럼, 이제 우리 전략은 뭐지?"라고 이야기했던 적은?

샤피로 협상 연구소를 열고 새로운 비즈니스를 향한 꿈에 부풀어 있던 마크와 나도 거의 이런 식이었다. 우리 세미나와 그 핵심 내용을 널리 알릴 방법을 찾고 있었고 기업에 강연자를 연결해주는 에이전트를 잽싸게 주요 고객층으로 삼았다. 그때까지는 우리 프레젠테이션에 대해 반응이 무척 좋았기 때문에 강연자 에이전트를 뚫으면 업계에서 탄탄한 기반을 마련할 수 있을 거라고 생각했다.

이들을 공략하기 위해 우리가 생각해낸 전략은 강연자 에이전트에 야구장 홈 모양의 피자 박스를 보내는 것이었다. 박스 안에는 '우리와 함께 홈런을'이라는 문구를 찍어 연구소 팸플릿과 야구공 모양 장식품, 사인 볼, 미니 배트를 담았다. 우리는 박스를 받은 에이전트로부터 연락이 올 거라고 굳게 믿고 있었다.

에이전트에 대한 조사가 매우 빈약했던 탓에 우리는 그들의 관심이 저명인사와 최신 유명 연예인에게만 쏠려 있다는 사실을 몰랐다. 그들이 강연을 의뢰할 때 역시 그런 인물을 위주로 찾는다는 것도 말이다. 한마디로 우린 과거의 사례나 상대방의 관심사를 파악하지도 않고 그저 피자 박스라는 전략만 무작정 내세운 것이었다.

그 후 더욱 효과적인 홍보 수단이 있다는 사실을 알기까지 그리 오래 걸리지 않았다. 결국 피자 박스로 우리 회사를 홍보하려던 계획은 문의 전화한두 건과 사무실에 빈 피자 박스 몇 개만을 남기고 끝나 버렸다.

피자 박스를 계기로 우리는 홍보 전략을 더욱 철저하게 준비해야 한다는 것을 깨달았다. 우리는 잘못을 바로잡아 줄 기업 교육 전문가에게 연락을 취했다. 그녀는 기업의 영업부나 교육부에 직접 홍보하라고 권하면서 기업의 영업 부장 및 교육 책임자와 우리를 이어줄 '중개인'의 연락처 목록을 주었다. 그녀는 에이전트에 의존하지 말고 자체 홍보력을 키우라고 했다. 우리만의 홍보 전략을 개발하기 위해서는 시간을 들여 계획을 더 꼼꼼하게 세워야 했다. 하지만 그 효과는 확실했다. 처음 5년간 매출 성장률이 100%를 기록했을 뿐 아니라 지금까지도 꾸준히 성장하고 있으니 말이다.

우리가 처음에는 실패했지만 결국 성공할 수 있었던 결정적인 이유는 조사를 철저히 하고 직접 홍보 전략을 짰기 때문이다. 무작정 전략을 세우기보다는 사전 조사를 먼저 확실히 해야 한다는 것을 비싼 수업료를 내고 배운 셈이다.

요즘 우리 사무실이나 세미나를 찾은 사람들이 "이곳의 전략은 뭔가요?"라고 물으면 나는 "그런 건 없습니다"라고 답한다. 처음엔 다들 어이없다는 표정을 짓지만 약간 대화를 나눈 후에는 전략이 시작은 아니라는 것을 금세 깨닫는다. 전략은 상황에 따라 만드는 것이기 때문이다. 앞으로 남은 시간이 30초건 30일이건 성공하기 위해서는 모든 단계를 밟고 충분히 정보를 검토해야 한다. 목표를 확실히 정하고 과거의 사례를 분석하고 고객이나 상대방이 원하는 것을 파악하라. 또 여러 가지 대안과 그 결과를 따져보고 나서 충분히 고민하고 전략을 결정해야 한다.

빠른 결과만을 요구하는 현대 사회에서 사람들은 대개 충분한 시간을 들여 준비하지 않고 곧장 전략을 짜서 뛰어들려고 한다. 어려운 문제를 효과적으로 해결할 수 있는 열쇠는 바로 꼼꼼한 준비 과정에 있다는 사실을 많은 사람들은 잊고 있다.

전략을 세우면 인생의 낭비가 없다

학대받는 소년에서 미국 최고의 코치로

조 어만은 볼티모어 콜츠의 주장이며 뛰어난 수비수이자 덩치가 큰 사나이였다. 그는 어린 시절 몸과 정신이 온전치 않은 아버지에게 학대받으며 자랐다. 그 와중에 사랑하는 남동생을 잃는 슬픔도 겪었다. 하지만 그는 자신의 고통스러웠던 삶에서 얻은 교훈을 다른 사람들에게도 전하고 싶었다. 그는 풋볼 선수에서 은퇴한 뒤 목사가 되었고 나중에는 고등학교 풋볼 코치 겸 교사로 일했다. 〈퍼레이드〉지는 그를 '미국에서 가장 탁월한 코치'로 선정해 커버스토리로 다루기도 했다.

조는 '돕는 남자들(Building Men for Others)'이라는 단체를 만들어 공감과 봉사 그리고 사랑을 전하는 자신의 메시지를 알리기 위해 어디든 달려

갔다. 그는 애정 어린 소통과 관계의 중요성을 강조하며 '남자다움'에 대한 사람들의 인식을 바꿔가기 시작했다.

그에게 강연료를 물어보면 그는 "주시는 만큼 받습니다"라고 대답했다. 강연료를 책정할 때도 비영리 단체나 영리 기업에 모두 같은 가격을 제시했다. 사람이 어찌 그리 순진할 수 있냐고? 그를 조금이라도 안다면 그게 정말 순수한 마음에서 우러나왔다는 사실을 알 수 있을 것이다. 조는 다른 사람들을 돕고자 하는 강렬한 열망을 갖고 있었고 그 일을 지속적으로 할 수 있는 것만으로도 만족했다. 그래서 재정에 대한 전략은 따로 세워두지 않았다.

그는 미국 전역을 돌아다니며 강연을 하고 세미나를 열었다. 그것도 일반적인 가격보다 훨씬 저렴한 강연료로 말이다. 덕분에 그는 미국 최고의 코치라는 별명 말고도 미국에서 가장 돈을 적게 받고도 가장 열심히 일하는 강연자라는 명성도 얻을 수 있었다. 조는 타인을 위한 마음이 너무 지극했고 다른 사람을 위해서만 열심히 사느라 정작 자신의 생계는 제대로 돌보지 못할 정도였다.

그러다 그의 삶을 다룬 책 《Season of Life》가 출간되었다. 이 책은 곧 베스트셀러가 되었고, 그는 전국의 강연장을 다니며 이 책을 홍보했다. 하지만 판매 부수가 늘어나도 그에게 돌아가는 인세는 한 푼도 없었다. 수천 권에 직접 서명까지 했지만 역시 돈을 받지 않았다.

하지만 미국 전역을 누비고 다니려면 들어가는 경비가 만만치 않았다. 게다가 그는 가르칠 사람이 있는 곳이라면 몸을 사리지 않고 어디든 달려

갔다. 결국 그를 걱정하던 아내 폴라는 무슨 수를 써야겠다고 생각했다. 그녀는 내게 전화를 걸어 그를 좀 말려달라고 부탁했다. 나는 조가 운동하던 시절의 에이전트였지만 그와 연락이 끊긴 지는 오래였다. 지역 행사에 갈 때나 가끔 마주칠 정도라서 내 말이 그에게 얼마나 영향력이 있을지는 미지수였다. 그래서 나는 그에게 직접 말하는 대신 폴라와 함께 조가 자기 자신과 가족, 가정의 경제 상황도 중요하게 여길 수 있도록 새로운 전략을 짜기로 했다.

나중에 조는 당시의 자신을 이렇게 표현했다.

"전략 따위는 안중에도 없을 때였죠. 저는 다른 사람들에게 메시지를 전하는 일 말고는 아무 생각도 못 했습니다. 제 병적인 집착과 아직 해결되지 않은 수많은 문제들로 머릿속이 꽉 차 있었기 때문에 전략적으로 생각할 수 없었던 거죠. 한마디로 성공이나 부, 청중을 손에 넣는 법 같은 걸 생각하기에는 너무 벅찬 상태였습니다. 그래서 전략 같은 건 뒤로 미루고 오로지 메시지 전달에만 매달렸던 겁니다."

당시 기업 고문들은 그의 이미지와 메시지를 상품으로 만들기 위해 그에게 적극적인 구애 작전을 펼치고 있었다. 그들은 조가 쌓아온 명성을 이용하여 돈이 되는 사업을 하려 했고 실제로 '상품'이라는 말을 한 회사도 있었다. 다행히 폴라와 조는 그들의 허점을 파악했다. 조 부부는 다시금 목표를 생각하면서 청중들의 필요와 관심사를 따져봤고 자신들이 싫어했던 대규모 마케팅의 사례도 찾아봤다.

우리는 조와 함께 일할 조직을 유형별(영리 혹은 비영리)로 나누고 그에 따라 가격을 다르게 책정했다. 돈 문제를 다룰 비즈니스 매니저도 따로 둬서, 조가 강연료 얘기를 직접 할 필요 없이 자신의 일에만 집중할 수 있게 했다. 그런 다음 조는 폴라와 내 동료인 마크와 함께 장기적인 사업 운영 전략을 짜기 시작했다.

조는 다음과 같이 말한다.

"결국 적절한 전략을 세우고 나니 참 재미있는 일이 벌어졌습니다. 제 생활도 개선되어 더 집중할 수 있었을 뿐만 아니라 세미나에 참가한 사람들에게도 더욱 소중한 경험을 선물할 수 있었죠. 세미나 비용을 감당할 수 있는 단체에 갔기 때문에 더 많은 내용들을 준비할 수 있었습니다. 세미나를 원하는 조직들끼리 서로 제휴를 맺기도 했고, 돈과 영향력을 가진 사람들이 세미나에 참석하도록 유도하기도 했습니다."

조 어만은 전략가로 재탄생했다. 이제 조처럼 준비하고 있는 또 다른 사람들을 소개하려 한다. 그들은 전략을 어떻게 세우고 실행하는지 그리고 상황에 따라 어떻게 전략을 달리 적용하는지를 잘 보여준다. NPR(National Public Radio : 미국 국영 라디오 방송국)의 리앤 한센은 꾸준한 취재 전략을 통해 문제의 핵심에 도달했다. 톰 지아노파울로스는 작은 회사를 키우기 위해 대담한 전략을 세우고 불안정한 상황에서도 이를 잘 활용했다. 골드만삭스의 리사 폰티넬리는 일관성 있는 전략을 통해 고도로 복잡한 기업들도 정확히 분석할 수 있었다.

전략으로 문제의 핵심을 찔러라

꽉 닫힌 마음도 열어주는 질문의 정석

리앤 한센은 NPR의 〈위크엔드 에디션 선데이(Weekend Edition Sunday)〉 진행자다. 청취자들이 들으면 그녀가 여러 가지 질문을 그냥 자연스럽게 던지는 것 같아도 그건 모두 꼼꼼한 준비를 거쳐 탄생하는 것이다. 리앤은 게스트가 마음을 열고 속내를 털어놓을 수 있도록 그리고 상대방에게서 참신한 대답을 얻기 위해서 준비한다. 문제의 핵심을 파악하고 싶다면 그녀가 전략을 세우기 위해 준비하는 과정을 참고하면 도움이 될 것이다.

리앤은 어느 끔찍한 사건을 계기로 준비의 중요성을 절실하게 깨달았다. 1991년, 그녀의 남편 닐은 이라크에 인질로 잡혀 5일간 억류됐다. 리앤은 이렇게 말했다.

"상대방과 대화를 나누는 게 곧 취재라는 사실을 처음으로 알게 됐어요. 남편의 상황을 겪으면서 보도란 게 얼마나 부정확한지 알게 됐죠. 당시 몇몇 언론은 바르샤바에서 총격전으로 언론인 한 명이 사망했다고 보도했어요. 그게 제 남편이라는 추측이 걷잡을 수 없이 난무했고요. 전 곧바로 리포터 역할을 해야 했기 때문에 그이가 죽지 않았다는 걸 알 길이 없었죠. 하지만 오보를 전달받는 것이 어떤 기분인지는 분명히 알게 되었답니다."

이 사건을 계기로 그녀는 사람과 사건이 뒤섞인 복잡한 상황을 빠짐없이 정확하게 전달하는 데 있어서 전략이 얼마나 중요한지를 알게 됐다. 그녀는 취재를 할 때 다소 고전적인 방법을 사용한다. 6하 원칙, 즉 누가, 무엇을, 언제, 어디서, 왜, 어떻게 했는지 파고드는 것이다. 그녀는 '누가, 무엇을, 언제, 어디서'를 훌륭한 리포터가 알아야 할 첫 번째 사항으로 꼽았고, 사건에 대해서 인터뷰를 할 때는 '왜, 어떻게'를 파헤쳐야 한다고 단언했다. 주제가 명확해지면 겉으로 보이는 사건보다 그 이면에 담긴 '왜'와 '어떻게'를 밝히려고 애썼다.

"제 전략은 '왜, 어떻게'에 관한 질문으로 시작하는 겁니다. '누가, 무엇을' 같은 질문보다는 훨씬 낫거든요. 저는 '누가, 무엇을, 언제, 어디서'를 재탕하지 않기 위해서 '왜, 어떻게'로 바로 들어가는 편이에요. 전자는 명확한 사실이죠. 하지만 남편 일이 있고 나서는 사실이라도 항상 확실한 것은 아니라는 걸 깨달았어요. '왜'와 '어떻게'야말로 대화를 입체적으로 이끌어 갈 수 있는 방법이에요."

문제의 핵심을 해결할 최고의 전략을 세우고 싶다면 취재 전략을 준비하는 리앤의 모습에서 그 본보기를 찾을 수 있을 것이다. 그녀는 비틀스의 프로듀서인 조지 마틴 경과 취재를 할 때도, 1999년 이집트 항공 추락 사고로 사랑하는 사람을 잃은 이들을 만났을 때도 한결 같은 태도로 준비에 임했다.

리앤은 일요일 아침 방송에서 배우 팀 커리와의 취재를 언급하며 '왜'를 알 수 있는 방법을 설명했다. 그녀는 취재 내용을 조사하다가 조지 마틴 경이 자신이 출연했던 영화 〈로키 호러 픽처 쇼〉에 관한 질문을 받을 때마다 당혹스러워한다는 사실을 알아냈다. 그녀는 이러한 조사를 토대로 자신의 전략을 세웠다.

"그에게 대놓고 그 영화에 대한 이야기를 부탁하는 대신 왜 그 얘기를 하기 싫어하는지 물어봤어요. 덕분에 근사한 이야기를 끌어낼 수 있었습니다. 그는 전국의 방송국에 있는 멍청한 진행자들이 하나같이 그 영화에 대해 어이없는 질문을 해대서 짜증이 난다고 말했어요. 그에게 '왜' 화가 나는지를 물어봤기 때문에 결국 완전히 새로운 이야기가 탄생한 거죠."

이집트 항공 사고 사망자의 친척을 취재할 때 준비했던 이야기를 꺼내면서 그녀는 '어떻게'에 집중하는 것이 얼마나 효과적인지 말하기 시작했다. 리앤은 실의에 빠진 가족에게 던질, 정중하지만 본질적인 질문을 만들기 위해 자기 자신의 과거 사례를 참고했다. 남편이 실종되었던 당시 잘못된 정보를 듣고 안절부절못했던 경험을 떠올린 것이다.

"당사자 가족을 대상으로 뉴스 취재를 할 때 추측 따위는 금물입니다. 전쟁 인질이건 항공기 사고건 똑같아요. 가족들을 불러내 '기분이 어떠세요?'라고 묻는 것도 어처구니없죠. 이런 부적절한 질문이 자꾸 반복된다는 것도 문제예요. 그런 질문에는 제대로 대답을 할 수도 없잖아요? 그래서 전 그렇게 묻는 대신 '어떻게 대응하고 계십니까?'라고 물었어요. 이집트 항공 사건 때 이 질문을 통해 믿을 수 없을 만큼 감동적인 휴먼 스토리를 이끌어냈죠. 주위 사람들이 계속 방문해서 위로와 도움을 준다고 하더군요. 다른 질문이었다면 비극적인 상황에서 그토록 깊은 통찰력을 얻어내지 못했을 겁니다."

'왜'와 '어떻게'를 활용하여 준비한다면 누구도 예상치 못했던 통찰력을 얻는 감동적인 순간이 찾아올 것이다. 조지 마틴 경을 취재할 때 그녀는 수많은 리포터들 가운데 한 사람일 뿐이었다. 조지 경은 전설적인 비틀스의 프로듀서였고 리포터들은 뻔한 질문들(비틀스와의 작업, 최고의 곡, 그들이 해체하지 않았다면 어땠을까 등)을 줄줄이 던지고 있었다. 리앤은 그가 수십 년 전에 했던 인터뷰나 그와 관련된 여러 가지 기사들을 몇 시간 동안이나 보면서 준비를 했다. 결국 핵심을 찌를 수 있는 참신한 질문이 그녀에게 떠올랐다. 조지 경의 청력이 점점 약해지고 있다는 사실을 알아냈는데, 이런 장애가 비틀스와 조지 경의 관계에 영향을 미쳤을지도 모른다고 생각한 것이다.

"귀로 먹고사는 사람이 있다고 쳐봐요. 그런 사람에게 '청력을 잃어가는 기분이 어떠신가요?'라고 물을 수 있을까요? 그보다는 항공기 사고 유가족들에게 질문했던 것처럼 '어떻게'에 집중하는 편이 더 좋겠죠. 이를테면 '생계 수단이나 다름없는 청력이 악화되는 상황인데 어떻게 대처하고 계세요? 더 힘든 상황인가요?'라고 말이죠. 그 질문을 받은 순간 조지 경은 모든 방어막을 벗어던지고 진솔한 이야기를 시작하더군요. 자기는 언제나 음악을 색깔로 본다고 고백했답니다. 폴의 음은 파란색, 존의 음은 빨간색, 이런 식으로요. 결국 그 취재에서 그가 음악을 어떻게 '보는지'에 관한 내용을 담을 수 있었습니다."

리앤은 가장 오래되고 가장 간단하면서 동시에 매우 효과적인 기술을 한 가지 알고 있었다. 그것은 바로 침묵이었다. 취재 기술을 연구하던 리앤은 취재 중 적절한 순간에 침묵을 끼워 넣으면 오히려 뜻밖의 사실을 알게 된다는 걸 깨달았다.

“미디어의 속성상 취재하는 사람은 끊임없이 질문하려는 습관이 있습니다. 하지만 저는 진행자가 적게 말하는 편이 더 낫다고 생각해요. 말을 하기 위해 출연한 사람은 게스트지 진행자가 아니잖아요? 때로는 침묵이 최고의 질문이 될 수도 있어요. 아무 말없이 흐르는 시간은 왠지 어색하고 견디기 어렵기 때문에 오히려 게스트가 그 공백을 채우려고 애쓰게 된답니다.”

침묵은 사실 별것 아닌 기술처럼 보일 수 있다. 그러나 리앤은 그 전략을 구사하려면 상당히 노련해야 한다고 말했다. 침묵을 사용하려면 우선 취재의 기본 전략인 ‘어떻게’와 ‘왜’로 돌아가야 한다. 그리고 자기 자신을 최소화해야 한다. 그녀는 이와 같은 전략을 사용하여 통찰력이 담긴 멋진 인터뷰를 만들어낼 수 있었다.

그녀는 조지 마틴 경의 삶에서 가장 근본적이면서도 생생한 이야기를 찾아냈다. 남편이 실종된 가운데서도 희망을 찾으려 했던 자신의 경험을 십분 활용한 것이다. 그녀의 준비는 문제의 핵심을 파악하기 위한 전략적인 수완의 극치를 보여준다.

상황이 변해도 전략은 버리지 않는다

전략을 수정하면서 목표를 조준하라

톰 지아노파울로스는 1993년부터 마이크로스 시스템스의 CEO였다. 그가 CEO로 일하는 동안 회사는 서비스 및 소매업체에 IT 시스템을 공급하는 선도적인 업체로 변모할 수 있었다. 그는 핵심적인 성과를 올렸을 뿐 아니라 경험 많고 박식한 사람들을 경영진으로 두고 자신의 엄격한 결단력을 성장 전략의 일부로 활용했다.

예기치 못한 사건이 생겨서 신중하게 짜놓은 계획이 어긋났을 때, 어떻게 해야 할지 궁금한가? 그렇다면 톰의 예가 도움이 될 것이다.

톰은 고등학생 시절부터 엔지니어를 꿈꿨다. 그러나 그가 태어났던 그리스는 제2차 세계 대전의 후유증으로 경제 침체를 겪고 있었다. 대학은 겨우 하나밖에 없어서 매년 3,000명의 공대 지원자 중 단 15명만이 대학 교육을 받을 수 있었다. 그래서 톰은 해외로 나가기로 결심했다. 톰은 미국 텍사스에 위치한 라마르 대학에 입학해서 원하던 교육을 받았다. 학교를 졸업한 후에는 거대 기업인 웨스팅하우스에 입사했다.

톰은 거기서 승승장구했다. 하지만 1980년대 후반 냉전이 수그러들고 국방 예산이 감소하면서 웨스팅하우스의 수입도 줄어들기 시작했다. 웨스팅하우스는 국방과 상관없는 기술 산업의 하위 분야에 뛰어들기로 결정했다. 이 전략의 일환으로 당시 식당을 상대로 기술을 판매하던 중소기업 마이크로스를 인수하게 됐고, 톰은 이 두 회사의 톱니바퀴 역할을 할 인물로 지명됐다.

1996년, 웨스팅하우스는 지배 지분을 팔았다. 이때 톰은 CEO로서 마이크로스의 주식 공개를 위해 두 회사가 협력하는 것을 도왔다. 마이크로스가 업계의 선두로 나서고 시장에서도 인기가 높았던 것은 톰이 마이크로스의 고객을 다양한 분야로 확대한 공이 컸다. 마이크로스는 카지노와 호텔, 의류 매장뿐만 아니라 이들 분야를 인수하는 기업에도 똑같은 기술을 판매했다. 톰은 이렇게 말한다.

"우리의 소프트웨어와 서비스를 호텔과 소매점으로 반드시 확대해야 한다는 걸 저는 처음부터 잘 알고 있었습니다. 어떤 업계에 진출하려면 기본적으로 모든 하위 분야를 아우를 수 있는 선수가 돼야 합니다. 그래서 우리는 즉시 호텔 분야의 기업을 물색하기 시작했어요. 물론 호텔 예약, 요금, 객실 상황, 체인 호텔 전체의 재고 관리, 투숙객 정보 등을 처리할 수 있는 제품을 갖고서 말이죠. 우리의 전략은 기존의 식당용 소프트웨어를 다듬고 개선해서 관련 분야의 기업을 찾는 것이었어요. 이미 전문성도 갖췄겠다, 동종 업계를 파악하는 일도 쉬워 보였죠."

그러나 마이크로스가 처음으로 숙박 업계에 진출하려 했던 노력은 계획대로 진행되지 못했다. 그들이 야심차게 인수한 피델리오는 독일의 호텔 소프트웨어 기업이었다. 톰의 비전대로 마이크로스를 급성장시키려면 피델리오가 꼭 필요했다. 그곳 경영진은 유럽 전역에서 존경받으며 두터운 인맥을 가진 사람들이었다. 그런데 인수를 마치자마자 그들이 하나둘 사직해버렸다. 결국 톰은 속 빈 강정 같은 브랜드만 떠안고 혼자 남게 됐다. 피델리오의 제품들은 똑같이 우수했다. 하지만 그는 이 브랜드를 설립했던 사람들이 가진 상징적인 힘은 사라졌고 피델리오의 기존 고객마저 잃어버릴 위기에 처했다. 게다가 투자자들은 인수의 효과를 보고 싶다고 아우성이었다. 톰은 갑작스러운 난관을 돌파하기 위해 전략을 준비하기 시작했다.

"6주 동안 뮌헨으로 가서 이 회사의 임직원들을 모두 만났습니다. 유럽 전역에 있는 피델리오 고객사를 일일이 방문하는 데도 굉장히 많은 시간을 쏟았고요. 먼저 그들의 의중을 알아봐야 했거든요. 피델리오 경영진 중에 아직 남아 있는 사람들과 여러 차례 회의를 거쳐 제품 개발이나 고객 서비스에 관한 문제를 점검했습니다."

톰은 충분히 시간을 들여 해당 시장의 관심사를 파악했다. 그는 피델리오를 위한 새로운 전략을 짜는 데 필요한 정보를 충분히 수집하고 유럽을 떠났다. 그는 미국으로 돌아와 핵심 경영진과 회의를 거듭한 끝에 3개 국어를 구사하는, 노련한 유럽의 관리자 중 한 명이 피델리오를 새롭게 성장시킬 인물이라는 결론을 내렸다. 또 톰이 조사한 결과를 바탕으로 마이크로스는 피델리오의 본사를 독일 안에서도 좀 더 저렴한 지역으로 옮기기로 했다. 이렇게 절약한 돈으로 직원 수를 늘리고 고객 서비스도 개선할 수 있었다. 회사의 성장 전략에 불쑥 끼어든 장애물은 톰의 준비를 통해 더 훌륭한 전략을 준비하는 멋진 기회로 변화했다. 그 결과물이 바로 오늘의 마이크로스 피델리오다. 마이크로스는 어려운 문제를 극복한 뒤 순식간에 업계의 다크호스로 부상했다.

2001년 9월 11일, 테러리스트의 공격으로 미국의 숙박 및 레저 산업이 초토화됐고 마이크로스 역시 경기 침체로 인해 큰 타격을 받았다. 항공사를 비롯해 호텔과 식당, 기타 여행 관련 기업 등 마이크로스의 고객사도 수입이 현저히 줄어들었다. 하필 톰이 다각화했던 바로 그 분야가 휘청거리게 된 것이다. 이들 업계에 서비스를 제공하던 IT 경쟁업체들 중 몇몇은 자산을 팔고 소프트웨어 R&D 예산을 삭감하거나 임금을 대폭 줄였다. 일부는 파산하기도 했다.

마이크로스의 제품 주기도 점점 짧아졌고, 이로 인해 조직 전체가 어수선해졌다. 그때 마이크로스는 고객사에 제공하던 기존 시스템을 새로운 시스템으로 교체할 준비를 하던 중이었다. 소프트웨어 하나를 개발하고 개선하는 작업에는 보통 7∼10년이 걸린다. 위기에 대처하기 위해 톰과 그의 팀은 근본적인 질문부터 시작했다.

"우린 업데이트 시기를 2003년으로 잡고 있었습니다. 2001년은 엔지니어들이 신제품을 마무리하고 테스트한 지 1년이 지난 시점이었죠. 그러면 개발 속도를 늦춰야 했을까요, 아니면 경기 침체와 상관없이 원래 일정에 맞춰야 했을까요? 우린 업계와 경제 전반을 분석했고 우리 고객인 호텔과 대형 식품업체도 살펴봤습니다. 결국 우리는 계획했던 대로 투자를 해도 예전의 경기 불황 때보다 더 빨리 투자금을 회수할 수 있다고 판단했습니다. 마이크로스는 1년 내에 신제품을 출시해야 수익 성장률을 유지할 수 있었죠. 지금으로서는 매출을 높일 신제품을 집중해서 개발하는 것이 최선의 방법이라고 생각했습니다."

톰은 최종 목표를 유지하면서 전략을 예리하게 다듬는 방식으로 준비했다. 업계의 대다수 기업들과는 정반대의 선택이기도 했다. 톰은 자신의 회사와 과거의 업계 사례를 분석하면서 꼼꼼하게 준비했다. 그리고 기업들은 전반적인 경기 불황보다는 두드러진 사건·사고를 극복하는 데 더 능숙하다는 사실을 알아냈다. 그는 고객에게 이로운 것이 무엇인지를 분명히 파악하고 그들이 직면한 상황을 해결하는 데 필요한 대안을 제시했다.

하지만 투자를 하려면 마이크로스는 규모를 줄여야 했다. 톰의 전략은 업계 전반이 위기에서 벗어난 뒤에 시장 점유율을 높이는 것이었고 이를 완수하려면 반드시 투자가 필요했다. 그는 마케팅을 비롯한 여러 가지 비용을 삭감했지만 R&D에는 상당한 예산을 책정했다.

"제품 개발 외에는 모든 영역에서 예산을 줄이도록 전략을 짰습니다. 이것이 신제품을 개발하거나 기존 제품을 개선할 기회를 줄 수 있다고 판단했기 때문입니다. 우리는 호텔과 식당에 제공할 R&D에 온갖 지원을 아끼지 않았습니다. 그 덕에 시장을 더 많이 장악하는 데 성공했고요. 전략적 결정을 따르는 데는 대가가 필요하죠."

톰은 전략을 버리지 않고 상황에 맞게 수정했다. 우리가 톰의 이야기에서 배울 점은 난관에 부딪혔을 때 시간을 두고 전략을 수정하는 것이 최선의 방법이라는 사실이다. 물론 처음 전략을 세울 때와 마찬가지로 꼼꼼하게 전략을 다듬는 것이 중요하다.

부분으로 쪼개서 전략을 만들어라

치열한 월 스트리트에서 살아남는 유일한 전략

리사 폰티넬리는 골드만삭스 파트너이자 글로벌 투자 조사부의 COO 다. 그녀는 전직 애널리스트로서 월 스트리트에서 명성을 날렸다. 그녀는 전략을 준비하여 성공적으로 기업의 다양한 생산 과정을 파악하고 모니터링할 수 있었다. 그녀는 조사 결과를 모아서 해당 기업의 가치를 평가하기 위해 준비 단계들을 밟았다. 각 단계에서의 정확성을 높이기 위해 그녀는 복잡한 문제들을 더 작은 부분들로 쪼개는 전략을 썼다.

리사는 언제나 '불안정 애널리스트'로 불리고 싶어 했다(증권이라는 뜻의 단어 security에는 '안정성'이라는 의미도 있다. '불안정 애널리스트(insecurities analyst)'란 중의적 의미로 증권(security)에 대한 반대 의미가 있다 - 옮긴이 주). 뭔가 빠진 게 없는지 매일같이 체크해도 모자랄 만큼 미래가 불확실한 것이 투자였기 때문이다. 주식의 시장 가치는 해당 기업의 가치 사슬(value chain : 일련의 동업 회사 또는 공급업체들 - 옮긴이 주)과 연결된 모든 요소들의 변화에 끊임없이 영향을 받는다. 또한 경제나 시장을 움직이는 여러 요인도 주식의 가치에 영향을 미친다.

리사와 그녀의 팀은 한 기업과 그 기업의 경쟁사, 협력업체, 고객, 주식 시장을 움직이는 무수히 많은 요인들의 경로를 추적한다. 제조업체를 분석한다면 최종 제품의 판매로 이어지는 가치 사슬의 모든 요소(금속 부품, 인력, 제조, 생산 라인, 운송, 마케팅 등)를 조사하고 추적하는 것이다.

불안정이란 것은 준비를 하도록 만드는 원동력이 되기도 했다. 적어도 내 경험에 비춰보면 그랬다. 제대로 준비하는 사람들은 항상 무엇이 잘못될지 예측하고 그런 사태를 막기 위해 모든 노력을 쏟아붓는다.

월 스트리트는 매우 위험성이 높은 곳이다. 엉성하게 조사를 했다가는 회사건 사람이건 그동안 쌓아온 모든 경력이 한순간에 무너질 수도 있었다. 리사는 언제나 100% 완벽할 수는 없다고 말한다. 모든 일은 언제나 실패할 가능성이 있기 때문에 그녀 스스로도 언제든 실패할 수 있다고 생각하는 것이다. 하지만 실수를 통해 학습하는 것도 꾸준하게 발전하는 과정의 일부라고 믿는다.

"이 바닥에서는 모든 게 확실한 순간이 없어요. 전 그걸 아주 일찍 깨달았죠. 거시 경제나 미시 경제적 요인, 제조 과정에서의 생산성, 시간 등 모든 게 어디로 어떻게 튈지 모르니까요. 조사 전략은 그런 생각을 전제하고 만들어야 해요."

불확실한 상황과 마주치는 일은 피하고 싶어도 피할 수 없었다. 이런 상황을 개선하기 위해 그녀는 아주 명확한 전략을 준비했다. 전체보다 부분에 집중한 것이다. 그녀와 그녀의 팀은 가치 사슬의 모든 사항을 일일이 추적한 후에야 투자 전략을 실행했다.

"전 언제나 가치 사슬을 파악하는 전략을 씁니다. 소비재 기업의 가치 사슬은 신제품의 출시에 따라 바뀌죠. 그래서 R&D 프로세스를 파악하는 게 먼저입니다. 그런 다음에 원자재 조달부터 제조 과정, 장비의 효율성, 자본 투자의 필요성에 이르기까지 각 방식과 비용을 따져봐요. 재고 보관은 어디서 하고 물류 시스템은 어떻게 돌아가는지 다 살펴봅니다. 소비재 기업에서는 '고객'과 '소비자'가 다른 개념이라는 것도 알아야 해요. 해당 기업이 소매점에 상품을 어떻게 판매하고 소매점들은 소비자들에게 어떻게 홍보하는지도 다 파악해야 합니다. 마지막으로 제품의 판매 추이를 모니터링합니다. 소비자 행동을 측정한 결과가 R&D 쪽에 피드백을 제공하니까요.

이 모든 과정을 거쳐야 수익률과 현금 흐름을 정확히 예측할 수 있어요. 결국 이런 과정을 모두 감안해서 기업의 주가가 실제보다 지나치게 높은지 아니면 저평가됐는지를 판단하는 겁니다."

앞서 말한 모든 단계를 밟기 위해서는 끊임없이 준비해야 한다. 리사는 복잡한 것을 단순하게 만드는 데 선수였다. 그녀는 전체를 부분으로 쪼개는 전략을 만들었고 충분히 단계를 밟아가며 전략을 수행했다. 결국 다양한 정보를 바탕으로 올바른 투자 결정을 내릴 수 있었던 것이다.

전략을 짜고, 세분화하라

- 전략을 준비의 첫 단계로 여기는 사람들이 무척 많다. 그러나 성급하게 전략을 만들면 실속 없는 계획이 될 가능성이 크다.
- 전략은 출발점이 아니다. 전략은 꼼꼼한 준비의 결과여야 한다. 준비 원칙의 단계는 확실한 전략을 세우는 데 도움이 된다.
- 전략을 세운 다음에는 팀과 일정표, 각본(준비 원칙의 마지막 세 가지)을 통해 전략을 다듬고 실행하는 단계를 정해야 한다.

chapter 6

업무의 미로, 일정 관리로 빠져나와라

노르망디 상륙 작전이 정해진 일정 없이 성공할 수 있었을까? 미군이 연합군과 힘을 합쳐 승리하기 위해서는 침공 단계부터 면밀히 계획을 세울 필요가 있었다. 물론 작전이 '언제' 실행될지에 대한 계획도 포함해서 말이다.

물론 당신이 군사 작전 같은 어마어마한 일에 맞닥뜨릴 가능성은 거의 없다. 하지만 이 과정을 익혀 두면 앞으로 당신이 헤쳐가야 하는 다른 모든 도전에 있어서도 노르망디 상륙 작전에 못지않은 성공을 거둘 수 있을 것이다. 단, 시간을 들여 확실하게 일정을 짠다는 전제하에 말이다. 여기서 일정이란 계획된 날짜를 적은 간단한 그래프나 목록 또는 차트가 될 수도 있고, 주요 절차나 단계 및 그 일이 이뤄져야 하는 날짜를 담은 시간표가 될 수도 있다.

나는 증권과 기업 전문 변호사로 일하면서 어느 때보다도 일정의 중요성을 뼈저리게 느꼈다. 필요한 서류를 정리하는 사소한 일에서부터 주식 공개나 기업 합병처럼 크고 복잡한 일에 이르기까지 모든 일에는 엄격한 마감 시간이 있었다. 주어진 시간 내에 성공적으로 거래하려면 업무별 마감 시간의 목록이 있어야 했다.

변호사와 회계사, 기업 간부, 인쇄업자, 법무 보조인 등 모든 사람들은 제시간에 거래가 성사되도록 서로 협력하면서 저마다의 역할을 조정했다. 일정을 서로 공유하고 업데이트하면서 함께 움직여야만 복잡한 서류 작업의 미로에서 겨우 빠져나갈 수 있었다.

물론 당신은 증권 변호사나 침공 전략을 세워야 하는 장군이 아닐 수도 있다. 어쩌면 당신이 일했던 곳에서는 지금까지 문제를 해결하기 위해 일정을 짜본 적이 없었을 수도 있다. 엄격한 일정을 만드는 것이 꺼림칙하게 느껴지거나 "일정을 짤 시간이 없는데요"라며 슬슬 뒤로 물러설지도 모르겠다. 모든 절차는 머릿속에 다 들어 있다면서 말이다.

일정이 자신을 구속할 것이라는 짐작 때문에 겁이 날 수도 있다. 일정을 짜게 되면 상사가 당신이 하는 일에 대해서 꼬치꼬치 따지는 게 쉬워질 테니까 말이다. 예를 들어 내 친구 하나는 부동산 개발업체의 프로젝트 매니저(PM)로 일주일에 한 번씩 상사와 만나 그간의 프로젝트 상황을 보고했다. 항상 예산과 일정을 주제로 놓고 회의했지만, 상사는 업무 상황을 매일 체크하지 않았기 때문에 일정이 지연되는 이유를 몰랐다. 사실 일정이 늦어지는 데 대한 상사의 반응은 PM들 사이에서 농담거리로 오고갈 정도였다.

게다가 PM들도 딱히 일정을 지키려고 애쓰지 않았다. 왠지 일정이 공공의 적처럼 느껴진다나?

그러나 잠시만 생각해보자. 프로젝트 준비 과정에서 일정이라는 게 그토록 중요한 이유가 무엇인지 말이다. 사실 일정을 제대로 짜면 다음의 네 가지 효과를 얻을 수 있다.

첫째, 일정표를 짜는 연습만 해도 업무의 진행 상황에 대한 감각이 탁월해진다. 비즈니스도 스포츠와 마찬가지로 기세를 몰아가는 것이 중요하다. 각 세부 일정을 완수할 때마다 운동선수가 경기에서 이긴 것 같은 성취감으로 기세를 몰아갈 수 있다.

둘째, 일정은 협력에 꼭 필요한 자원이다. 일정을 공유하면 팀워크를 키울 수 있는 것이다. 마감 시간이란 것은 좋은 라이벌이나 점수판의 역할을 할 수도 있다. 도전 정신과 팀워크를 키우는 데도 일정은 훌륭한 역할을 하기 때문이다. 각각의 세부 일정이 곧 동기가 되는 것이다.

셋째, 프로젝트가 완료되는 시점을 예상할 수 있다. 일정의 실용적인 효과가 여기서 가장 잘 드러난다. 시간 요인을 통제하지 않으면 프로젝트가 언제 끝날지 알 수 없다. 프로젝트가 당신을 통제하게 할 순 없지 않은가? 일정은 당신이 프로젝트의 시작과 끝을 제대로 통제할 수 있게 해주는 준비 도구다. 일정이 없다면 일을 끝낼 합당한 시기를 넘긴 후에도 계속해서 그 일에 매달릴지도 모른다. 다른 일을 위해 썼다면 훨씬 가치 있을 시간을 그렇게 낭비하는 것이다.

넷째, 일정은 일을 끝내는 과정을 구체화할 때 유용하게 사용할 수 있다.

일정을 짜면서 성공에 필요한 절차들을 브레인스토밍하게 될 테니 말이다. 주요 세부 과업을 적절한 날짜나 시간에 배치하다 보면 불필요한 절차는 삭제하고 돌발 사고가 생길 경우까지도 고민할 수 있다. 심지어 일정을 짜지 않았다면 꿈도 못 꿨을 새로운 전략이 퍼뜩 떠오를지도 모른다. 일정이 업무에 미치는 놀라운 효과를 생각한다면 일정을 짜는 데 드는 시간은 정말 아주 작은 수고일 뿐이다.

스프링스틴과 U2의 공연을 예로 들어 이야기해보자. 장담하건대 그들이 무대 위에서 하는 행동들은 다 미리 짠 퍼포먼스다. 심지어 관중 속으로 뛰어드는 것까지 분 단위로 계획돼 있을 것이다. 그 덕에 우리는 항상 변함없이 록의 향연을 만끽할 수 있다. 당신의 일정도 콘서트 콘티라고 생각하면 어떨까? 아마 당신의 일도 더욱 확실하고 명확해질 것이다.

일정을 부정적으로 생각하는 사람들은 흔히 말한다. 아무리 애써도 결국은 지킬 수 없는 게 아니냐고 말이다. 노르망디 상륙 작전 역시 악천후 때문에 군함을 집합시키기 어려워서 원래 5월로 예정됐던 일정을 6월 6일로 미뤄야 했다. 나부터도 시장 상황 때문에 증권 판매 일정을 전면적으로 수정해야 했던 경험이 있다. 지금까지의 경력을 통틀어 봐도 과업이 일정대로 흘러갔던 경우는 손에 꼽을 만큼 드물다. 물론 계획한 대로 일정을 지켰던 경우도 없진 않았다. 하지만 대부분의 경우에는 처음의 일정이 자꾸만 어긋나 멀찍이 돌아가야 했다.

하지만 다른 시각에서 생각해보자. 일정이 미뤄진 경우를 과거의 사례 중 하나로 삼아서 준비를 위한 점검 목록으로 만들면 어떨까? 중요한 것은 일정을 지키지 못했어도 이를 실패로 여겨서는 안 된다는 것이다.

사실 일정은 성공이나 실패를 측정하는 도구가 아니다. 성공적으로 일을 끝낸다는 목표점으로 갈 수 있는 지도이자 체계적인 수단일 뿐이다. 예정된 시간에 정확하게 맞지는 않더라도 일정에 따라 한 단계, 한 단계 가고 있다면 조금씩 성공에 다가가고 있는 셈이다. 한 치의 오차도 없이 엄격하게 일정을 지키기보다는 체계적으로 협력과 동기를 끌어내는 수단으로 일정을 사용하는 데 초점을 맞춰야 한다.

지금부터 웨그먼스의 웬디 웹스터가 일정을 이용해 거래를 성사시키고 팀을 만들어 관리했던 방법을 소개할 것이다. 그 다음에는 TV 방송국 사장인 아르니 클라이너의 이야기가 이어진다. 그는 일정을 활용하여 방송국 운영에 전혀 지장을 주지 않으면서도 방송국을 이전할 수 있었다. 마지막으로 정치 컨설턴트였던 래리 깁슨은 역사적인 선거를 치르기 위해 국경을 넘나들며 여러 가지 복잡한 요인들을 조정하는 데 일정을 활용했다. 세 명 모두 팀을 단합시키는 데 일정이 얼마나 유용한지를 보여주는 좋은 예다. 그러나 더욱 중요한 사실은 세 명 모두 일정을 고역으로 여기지 않았다는 것이다. 각자 분야는 달랐지만 일정은 그들이 하는 준비 과정 중에서도 정말 신나는 부분이었다.

일정은 잔뜩 꼬인 일도 술술 풀리게 한다

수백 가지 일을 제시간에 끝내는 마법의 도구

마트가 개장하는 날에 가본 적이 있는가? 넓고 세련되게 정리된 내부를 보면 아마 오래 기다렸던 영화의 첫 상영을 볼 때와 같은 설렘을 느낄 수 있을 것이다. 많은 사람들이 웨그먼스(미국 전역에 약 70여 개의 매장을 보유하고 있는 식료품업체 - 옮긴이 주)의 개장일에 그렇게 느꼈듯 말이다.

웬디와 부서 직원들은 웨그먼스 매장을 제시간에 개장하기 위해 세부 일정을 지키면서 함께 바쁘게 움직인다. 웨그먼스 매장 관리자인 웬디 웹스터는 수많은 부서가 분주히 움직여야 하는 정신없는 상황에서도 일정을 짜서 준비하면 일을 진행시키는 데 큰 도움이 된다는 사실을 여실히 보여준다.

오픈하기 하루 전날 밤, 웬디는 대대적인 개장의 풍경을 눈앞에 그려본다. '풋볼 경기장 네 개만 한 크기의 매장 안으로 사람들이 쏟아져 들어온다. 직원들은 희귀한 치즈나 유기농 육류를 찾는 고객들에게 능숙하게 위치를 알려준다. 지역 정치인과 푸드뱅크 관계자들은 웨그먼스와 제휴하여 만들어낸 결과를 보며 놀라움을 감추지 못한다….'

아침이 밝아오면 웬디는 아드레날린이 솟구치는 걸 느낀다. 매장 문 앞에는 이미 사람들이 벌 떼처럼 몰려 있다. 웬디는 매장을 샅샅이 훑으며 마지막 점검을 한다. 그러고 나서 그녀는 지점장과 간단한 회의를 한다. 커피를 두 잔 마신 후 세 번째 잔에 커피를 채우고는 시계를 들여다본다. 이윽고 웨그먼스의 문을 열라는 신호를 보낸다. 어젯밤 상상했던 그 희망이

2년간의 준비를 거쳐 현실이 되는 순간이다.

웨그먼스가 개장하는 날은 인기 가수의 팬클럽 창단식과 비슷하다. 어느 지역이건 웨그먼스가 들어서는 걸 영광스럽게 여긴다. 웨그먼스는 한 지역에 개장을 하기 위해 다년간 꼼꼼한 준비를 거치기 때문이다.

"웨그먼스가 하는 일은 단순히 식료품을 취급하는 일이 아닙니다. 오히려 사람을 다루는 일에 가깝습니다. 저는 자라면서 다양한 스포츠를 경험했는데, 사람들을 하나의 팀으로 만드는 준비가 결국 승부를 결정한다는 사실을 알게 됐죠. 사람을 포함한 수백 가지 요소를 동시에 움직이면서도 조화를 이루려면 훌륭한 일정표가 반드시 필요합니다."

웨그먼스의 주요 매장 중 한 곳이 문을 열 당시, 웬디는 개장을 준비하면서 서로 겹치는 두 가지 일정을 관리하고 있었다. 하나는 팀을 훈련시켜서 지역 단체들과 협상을 벌이고 홍보를 관리하는 일이었다. 다른 하나는 지속적으로 웨그먼스 건축 부장과 협력하여 건물의 건축 상황을 점검하는 것이었다. 그녀는 개장 전에 이 두 가지 일정이 맞아떨어지도록 만전을 기했다.

웬디는 이미 웨그먼스 지점을 네 군데나 열었는데, 그 경험을 토대로 세부적인 사항과 가능한 돌발 상황을 모두 정리하여 매뉴얼로 만들었다. 그리고 매주 팀원들과 함께 각각의 일정을 꾸준히 업데이트하고 점검했다. 그녀의 사무실 벽에는 각 업무별 지원자들의 이름이 붙어 있었다. 마치 NFL 감독이 해마다 대학 드래프트(draft : 신인 선수를 선발하는 일 - 옮긴이 주)를 준비할 때처럼 말이다.

"일정을 짜는 건 구닥다리처럼 보이긴 해도 효과는 정말 대단합니다. 마트를 개장하려면 엄청나게 준비를 많이 해야 하기 때문에 반드시 체계적인 정리가 필요합니다. 세세한 사항들을 일정에 있는 대로 완수하는 데 매뉴얼보다 유용한 것이 없습니다. 게다가 우린 모든 분야를 지원해줄 수 있는 훌륭한 팀도 있답니다."

이제 웬디와 웨그먼스 경영진이 어떻게 일정을 짜는지 살펴보자. 첫 번째 단계에서는 현장 근처에 건축 사무소가 들어설 장소를 물색한다. 웬디는 현장이 건축 사무소의 가시거리 내에 있어서 일정 회의를 하면서 현장을 눈으로 직접 확인하는 것을 선호했다.

건축에 대한 실무는 웨그먼스 내의 건축 부장이 직접 지휘하는데, 그는 여러 가지 돌발 상황에도 대비했다. 가령 악천후로 지붕 자재가 제시간에 도착하지 않는다거나 보건 감사관이 배수관을 재조사하라고 요구하는 일들이 생기기 마련이다. 건축 부장과 웬디는 업무상 매우 긴밀하게 연결되어 일하기 때문에 상대방 일의 PM을 맡아도 될 정도로 서로의 일을 잘 알고 있다. 뉴욕 본사의 코디네이터도 이들의 합동 일정을 지속적으로 평가하면서 그들을 지원한다.

웬디는 이렇게 말했다. "건축이 이뤄지는 동시에 직원도 채용하고 매장에 상품도 들여야 해요. 저는 첫날부터 관련 회의에 일일이 참석해야 합니다."

건축에 걸리는 시간은 보통 24개월인데, 웬디는 지역 인프라를 만들 때부터 개장 일정을 잡기 시작한다. 첫 번째로 그녀는 건축 현장 근처에 인력

채용 사무소를 마련한다. 회사를 지원하는 사람이나 웨그먼스 팀 모두 다 매장이 형태를 갖추어가는 모습을 볼 수 있도록 하기 위해서다. 웬디와 그녀의 팀은 고객 서비스나 안전을 위한 공간, 컴퓨터를 가르치는 교육장도 만든다. 잉여 상품을 푸드뱅크(food bank : 소외 계층에 식품을 지원하는 복지 단체 - 옮긴이 주)에 지원하기 위해 그들과 연계하는 일도 시작 단계에서 이뤄진다. 지역의 인력 지원 단체 및 비영리 단체와도 제휴를 맺는다. 또한 새로운 매장 직원들과 고객을 위해 대중교통 노선을 마련하는 등의 문제를 놓고 지역 공무원들과도 협상을 한다.

"어떤 지역이건 처음 진출할 때는 매번 다른 문제에 부딪히게 됩니다. 따라서 일정을 짤 때는 그런 문제들을 감안해야 하죠. 준비 단계 초기부터 일정을 숙지하도록 말이에요. 가령 비즈니스에 대한 법률은 지역마다 달라요. 메릴랜드 법은 주 안에서도 동네마다 다른 반면, 버지니아 법은 주 전체에서 효력이 있습니다. 이번에 문을 연 곳은 메릴랜드였기 때문에 이곳의 법률 구조와 네트워크를 파악하는 게 급선무였습니다."

개장 18개월 전이 되면 그녀는 사무실의 벽을 온갖 카드로 도배한다. 매장 내 모든 부서와 모든 지원자의 이름, 면접 결과, 제안, 수락까지의 경로를 한눈에 파악하기 위해서다.

"이 벽은 제 일과에서 매우 중요한 부분이에요. 매일 아침 가장 먼저 확인하는 게 이거죠. 저는 매주 고용 목표를 세웁니다. 그리고 적절한 인물을 발견하면 반드시 고용하죠. 그 사람의 업무 개시일이 1년 후라 해도 말이에요."

⊙ 웬디 웹스터의 웨그먼스 일정표

24개월 전	· 장소 물색 · 현장 근처에 건축 사무소 장소 물색 · 지역 인프라 구축 · 건축 현장 근처에 채용 사무소 마련 · 고객 서비스, 안전, 컴퓨터 교육장 마련 · 잉여 상품 기증을 위해 지역 푸드뱅크와 연계
18개월 전	· 지역 인력지원 단체, 비영리 단체와 제휴 구축 · 대중교통 마련 등의 문제에 대해 지역 공무원과 협상 · 각 주와 군의 법률 구조와 네트워크 파악 · 매장 내 모든 부서와 모든 직위의 지원자, 면접 결과, 제안, 수락까지 확인
9개월 전	· 매장 관리 직급 면접 및 채용
6개월 전	· 상근 직원 채용 및 16주 실무 교육 준비 · 매장 관리직 인턴 프로그램 시작 · 파트너 프로그램을 통해 직원들 실무 투입
3개월 전	· 지역 주민들을 교육용 고객으로 선정
개장하는 주	· 비부패성 상품 진열 및 매장 내 구조 숙지 · 웨그먼 일가 사람 중 한 명의 방문, 개장 전 격려 연설 · 결전의 날을 위해 이틀간 휴가 및 휴식
개장일	· 개장 전날, 신선식품 도착 · 마지막 점검 · 지점장과 간단한 회의 · 웨그먼스 첫 개장

개장이 9개월 남은 시기에는 매장의 관리를 총괄할 사람을 채용하고 6개월이 남았을 때는 상근 직원을 채용하여 16주간의 실무 교육을 준비한다. 교육 과정의 일부는 새 지점의 교육 센터에서, 나머지는 미국 전역의 웨그먼스 매장에서 시행한다.

웬디는 비슷한 시기에 매장 관리직 인턴 프로그램도 시작한다. 신입 직원들 중 누가 각 팀(청과류 팀, 유제품 팀 등) 리더에 적합한 자질을 갖고 있는지 파악한다. 인턴십 과정 중에 이들 팀 리더들은 교육생에서 점점 트레이너로 성장해간다. 웬디는 그들이 본인의 교육 과정을 모두 이수하기 전부터 팀원 대상 실무 교육에 참여하도록 권한다. 이른바 '파트너와 함께 연습하기(practicing with partners)' 프로그램을 통해 실무 훈련에 들어가는 것이다. 웬디와 본사 협력자들은 각 훈련생들이 전국 매장의 기존 웨그먼스 직원들과 함께 실무 연습을 할 수 있도록 힘을 합한다.

"신입 직원들이 기존 매장에서 훈련을 받는 건 매우 중요합니다. 매장 선택은 최대한 훈련생의 자율에 맡깁니다. 우리는 그들을 호텔에 묵게 하면서 기능적인 운영과 고객 응대를 체험하게 합니다. 훈련만 6~9개월 걸리는 경우도 있어요."

개장 2주 전에는 파트너 프로그램을 실시한다. 엄선된 지역 주민들을 교육용 고객으로 초대하는 것이다. 개장 3개월 전부터 웬디와 그녀의 팀은 주민들을 섭외한다. 2주를 남긴 시점에 드디어 직원들이 전국에 흩어진 다른 매장이 아닌 '홈그라운드'에서 마지막 훈련을 받는 것이다.

마지막으로 개장 3일 전에는 웨그먼 일가 사람이 해당 지역에 방문해 격려 연설을 한다. 그 전에 매장 직원들이 부패의 염려가 없는 상품들을 진열하고 매장 내 구조를 완벽하게 숙지한다. 개장 하루 전날 밤에는 신선식품이 도착한다.

"웨그먼스는 개인 회사지만 여러 면에서 아직까지 가족 같은 분위기를 유지하고 있어요. 일정 내내 직원들에게 이 메시지를 전하지만 직접적으로 말하는 건 거의 막바지에 이른 시점이에요. 전 영광스럽게도 웨그먼 씨가 돌아가시기 전에 했던 마지막 연설을 들었어요. 직원들에게 굉장한 동기부여가 됐죠."

개장 일정의 최종 단계에서는 폭풍 전의 고요가 찾아온다. 대대적인 행사를 앞두고 쉴 수 있도록 전 직원에게 이틀간의 휴가가 주어지기 때문이다. 웬디는 자신의 방식과 일정을 지키기 위해 온갖 노력을 기울였고, 덕분에 항상 성공할 수 있었다. 개장일은 단지 앞으로 운영해야 할 수많은 날들 가운데 첫 번째 날일 뿐이다. 성공적으로 개장하는 일이나 매장을 열고 지속적으로 잘 운영하는 것도 모두 준비에 따라 결정되는 것이다.

"웨그먼스의 문화가 곧 준비예요." 웬디는 웨그먼스가 고용인들을 상대로 한 설문 조사에서 미국 최고의 고용주로 꼽혔다고 말했다(2005년 미국 내 '일하고 싶은 기업 100위'에서 웨그먼스는 1위를 차지했다 - 옮긴이 주) "일생 동안 준비를 하며 살아왔지만 이곳에서 했던 준비를 통해 한층 더 강력한 경험과 해결책을 만들어낼 수 있었습니다. 목적지로 가는 길을 알려주는 전체적인 뼈대는 철저한 준비에서 나오죠. 한 번 구조를 만들면 매장을 열 때뿐 아니라 운영할 때도 사용할 수 있습니다."

웨그먼스의 매장 전체가 개장일 이후에도 지속적으로 매출을 유지한다는 사실만으로도 준비의 효과를 알 수 있다. 일정을 짜고 그것을 지키려고 노력하는 사람들의 준비 덕분에 바로 지금의 웨그먼스가 탄생할 수 있었다.

일정은 모든 장애물을 제거한다

거대 방송국을 통째로 옮기다

일정을 짜는 것은 사업을 운영할 때 나타나는 장애물을 제거하는 데 매우 효과적인 도구다. 또한 일정은 사람들의 신뢰를 잃지 않는 방법으로도 유용하게 사용할 수 있다. 아르니 클라이너와 LA의 ABC - 7 방송국의 이야기가 바로 그에 관한 이야기다.

ABC - 7의 사장인 아르니는 잠이 별로 많지 않다. 그는 언제나 알람이 울리기 전 정확한 시간에 일어나 시계를 본다. 그리고 스튜디오 이전이나 HD 기술 변환 등 방송국에서 일어날 중요한 사항들을 확인한다. 아르니는 내가 아는 어느 누구보다도 일정을 지키기 위해 노력했던 사람이다.

아르니가 방송에 몸담았던 지난 10년간 방송 기술은 비약적으로 발전했다. 아르니는 64세라는 적지 않은 나이였다. 그는 나이를 핑계 삼아 변화에 도전하는 일은 다른 사람에게 넘길 수도 있었다. 그러나 그는 아직도 최첨단 기술을 주도적으로 이끌며 미국 최대의 지역 방송국을 운영하고 있다.

그렇게 할 수 있었던 이유는 두 가지다. 그가 사람을 다룰 줄 알고 사람과 프로젝트를 일정에 따라 움직이게 하는 방법을 알고 있었기 때문이다.

아르니는 이렇게 말한다.

"사람을 고용해서 일을 시키려면 옛날 방식이 최고지. 언제 일을 마칠 건지 알려달라고 이야기하는 게 내가 하는 일의 전부야. 내가 원하는 건 정확한 날짜에 끝내는 거니까 일정에 따라 그들이 움직이는지 확인만 하면 되거든. 이 바닥의 속성을 잘 생각해보라고. 마감이 생명이지. 제시간에 프로그램을 내보내려면 방송 내용을 만들기 위해 바쁘게 뛰어다녀야 하고 최대한 빨리 그걸 시청자에게 전달해야 하잖아."

그는 일정을 사용하여 방송국 안에서 두 가지 큰일을 했다. 하나는 전반적으로 장비를 점검하면서 방송국 전체를 이전한 것이고, 다른 하나는 기술을 체크하면서 스튜디오에 인력을 배치한 것이다. 2000년까지만 해도 방송국은 스튜디오와 사무 공간이 마구잡이로 섞여 있다. 엄청난 숫자의 전 세계 시청자들에게 방송을 제공하는 데는 꽤 효율적이었지만 공간이 굉장히 복잡했기 때문에 제작 효율성은 떨어졌다.

"우린 오래된 영화 스튜디오에서 50년 넘게 작업했지."

아르니는 아직도 생생한 기억을 되새기며 너털웃음을 터뜨렸다.

"정말 낡은 할리우드 스튜디오였어. 뉴스 보도실과 스튜디오는 본부에서 두 블록 떨어져 있었거든. 어딜 가려면 비상계단으로 내려가서 좁은 통로를 몰래 지나가야 했지. 게다가 누가 어디서 일하는지 알 길이 없었어. 직원이 약 1,500명이었을 땐데 말이지. 내가 맨 처음 한 일이 뭔지 아나? 매점 근처에 직원들 사진 게시판을 붙인 거였어. 우리 동료들이 방송국에서 중요한 존재라는 걸 말해주고 싶었거든.”

아르니와 방송국의 오너였던 디즈니는 좀 더 적합한 장소를 물색하기 시작했다. 하지만 TV 방송국을 옮기는 일이 재난으로 느껴질 만큼 복잡하다는 게 유일한 문제라는 걸 모두가 금세 알아차렸다. 당시 ABC-7은 매주 총 40시간의 지역 뉴스를 내보냈다. 월요일부터 토요일까지 매일 아침 2시간, 정오에 1시간, 초저녁에 2시간 30분, 밤에 30분, 일요일 아침에 4시간이었다. 어마어마하게 많은 녹화 필름과 어마어마하게 긴 방송 시간, 어마어마한 숫자의 애청자들이 존재한다는 뜻이다. 방송이란 시청자를 계속 즐겁게 해주면서 그들의 관심을 끌어야 한다. 까다로운 시청자들의 신뢰와 광고 수입을 얻기 위해서는 단 1초도 낭비할 수 없다. 그런데 방송국을 이전하려면 적어도 1~2주는 걸렸다. 일반 회사의 업무도 그만큼 마비되면 타격이 엄청난데 방송국이야 오죽하겠는가.

“우리는 아주 세세한 일정을 짜놓아야 일이 된다는 것을 일찌감치 깨달았어. 퍼즐 조각 하나하나 빼먹지 않고 계획을 세워야 했지. 상명 하달식이 아니라 아래에서 위로 의견이 올라가도록 해서 직원들의 참여를 북돋았어. 직원들에게 자기 부서의 특징에 맞게 포장이나 이동 방식을 선택하라고 한 거야. 그리고 그 제안을 내가 검토했지. 딴죽을 걸려는 게 아니라 실제로 가능한지 확인하기 위해서였어. 과정이 긴 건 얼마든지 참을 수 있었지만 일이 늦어지는 건 참을 수 없었으니까. 하나가 틀어지면 전체 일정이 무너질 수 있었기 때문에 그걸 막으려고 정말 다양한 일정들을 서로 긴밀하게 묶어야만 했지.”

172쪽의 일정표를 보자. 방송국을 이전하는 것이 얼마나 복잡한 일인지 알 수 있을 것이다. 앞에서 언급한 노르망디 상륙 작전의 예가 떠오를지도 모르겠다. 이전하는 시점을 전후로 ABC - 7은 자사의 기술력을 완벽하게 점검했고 그 덕분에 미국 최초이자 최대의 HD 지역 방송국이 됐다.

그토록 다양한 사람들이 한날 한곳에 집중해서 일하도록 한 비결은 도대체 뭘까? 질문을 받은 아르니의 표정이 한층 더 밝아졌다. 그는 얼마나 많은 직원들이 자기 휴일을 반납하고 방송국에 나와 이 거대한 군무(群舞)를 지켜봤는지 자랑했다. 그날 ABC - 7은 그야말로 빈틈없이 짜인 안무에 따라 춤을 추는 무용단과 같았다.

"나는 스스로 목표 일정을 정한 다음 직원들에게 각자의 목표를 정하라고 말했어. 그들이 제시한 목표가 합리적이라면 내 생각과 달라도 그 일정대로 하려고 했지. 하지만 나를 속인다는 생각이 들면 내가 정한 일정을 밀고 나갈 참이었어. 그 다음에는 경영진과 함께 모든 일정을 하나도 빼먹지 않고 기록하고 일주일에 두 번씩 회의를 하면서 점검했지. 물론 약간 수정을 하긴 했지만 전반적으로 일정은 잘 지켜졌어. 안 그랬다면 타격이 컸겠지. 광고도 못 따내고 시간도 많이 잡아먹었을 거야. 물론 이사와 관련된 계약 문제도 불거졌을 테고."

당신은 TV 방송국이 이사하는 데서 뭔가 배울 점이 있다고는 상상도 못했을 것이다. 아니, 방송국 이전 따위에는 눈곱만큼도 관심이 없었을지 모른다. 하지만 이제는 다를 것이다. 아르니와 ABC - 7의 이야기는 일정을 짜서 준비하면 어떤 도움을 받을 수 있는지 보여주는 좋은 사례다.

◉ **아르니 클라이너의 일정표**

6월	· 직원들이 각 부서의 계획, 포장, 이동에 대해 합리적으로 예측해 보고하게 한다. · 시스템 설치를 시작해도 될 정도의 건물과 시스템을 갖춘다.
7월	· 전기를 연결하고, 장비 선반과 신기술 설비를 설치한다.
8월	· 마이크로파 및 위성 시스템을 설치한다.
9월	· 이전을 위해 이삿짐 센터와 계약한다.
10월	· 테스트 계획을 세우고 사무국 및 뉴스 세트 이전을 준비한다. · 광고를 새 서버로 옮기고, 신기술을 숙지하며, 오래된 테이프는 모두 폐기한다.
11월	· 광고를 이전하고 자료실 프로그래밍을 시작한다. · 모든 직원들의 개인 용품을 담을 박스를 준비하고 직원들에게 회수 날짜를 일러준다. · 마스터 컨트롤과 광고 관리국을 이전한다.
12월	· 새로운 곳에서 마스트 컨트롤의 운영을 재개하고 광고도 그곳에서 내보낸다. 이번 주까지 뉴스는 기존 건물에서 방송한다. · 뉴스 세트 절반을 새로운 장소로 옮긴다. · 오후 11시부터 다음 날 아침 뉴스 시간 전까지 전체 세트 절반을 철거하고, 남은 뉴스 세트에서 뉴스를 방영한다. · 저녁 뉴스를 새로운 곳에 세운 절반의 세트장에서 내보낸다. 일주일 후, 기존 세트장 나머지 절반을 철거해 새로운 곳으로 옮겨 온다.

일정은 막연한 꿈을 현실로 만든다

라이베리아 최초의 여자 대통령을 탄생시키다

한 나라의 대통령을 뽑는 것은 정말 복잡한 일이다. 이렇게 복잡하고 불가능해 보이는 일도 관리할 수 있도록 하는 것이 바로 일정의 힘이다. 그 한 가지 예로 2005년 라이베리아 대통령 선거에서 엘렌 존슨 설리프(아프리카 역사상 최초의 여성 대통령 - 옮긴이 주)가 당선된 이야기가 있다. 당시 설리프의 선거 운동 고문이었던 래리 깁슨은 전직 미연방 법무부 차관이었고, 전 볼티모어 시장 커트 슈모크의 선거 사무장이었다. 설리프 대통령은 이제 기나긴 내란이 재발하지 않길 염원하는 라이베리아 국민들에게 가장 큰 소망이 되었다.

그녀의 선거 이야기 중 대부분은 일정에 관한 것이다. 만약 당신이 어떤 프로젝트의 일정을 지키는 게 어렵다고 느껴진다면 그 프로젝트를 라이베리아에서 진행한다고 상상해보라. 가난한 나라, 전쟁으로 초토화된 나라, 절망으로 세월을 허비하는 나라가 바로 라이베리아였다.

래리가 엘렌 존슨 설리프의 선거 운동 초기에 짠 일정표는(174쪽 참고) 결과적으로 선거의 양상을 뒤바꿔버렸다. 래리는 이를 통해 오랫동안 가슴에 담아온 슬픔도 어느 정도 씻어낼 수 있었다. 25년 전 내란이 발발했을 때 래리의 가까운 친구가 라이베리아에서 해외 선교 활동을 하다가 반군의 총에 맞아 죽었던 것이다.

27년 만에 처음으로 라이베리아로 날아간 래리는 설리프의 가망 없어 보이는 선거 운동의 승산을 평가했다. 그가 설리프에게 보낸 보고서의 마지막 문구는 '기회에 준비를 더하면 성공이 됩니다'였다. 래리가 세운 일정표는 바로 그 준비의 지침이 되었다.

래리는 우선 일정의 첫 단계인 예비 조사를 직접 하기로 마음먹었다. 완벽한 의견을 제시하려면 완벽한 조사를 하는 것이 먼저였다. 서구의 여론 조사 기관을 사용할 수도 없었고 최신 기술도 없었기 때문에 그는 그저 길거리로 나가 사람들이 하는 말을 듣기로 했다. 그는 2주 동안 운전사 한 명과 가이드 한 명을 데리고 라이베리아 전역을 돌아다녔다. 만나는 사람마다 자기는 메릴랜드 법대의 래리 깁슨 교수라고 간단히 소개했는데, 선거운동 관련자라는 걸 밝히면 자신의 후보자(설리프)에 대한 태도에 영향을 미칠까 걱정했기 때문이었다.

그가 취재한 유권자의 80%는 후보자의 학력을 가장 중요하게 여겼다. 15%는 후보자의 경력을, 5%는 공약을 꼽았다. 후보자의 정당이 중요하다고 대답한 사람은 아무도 없었다. 충격적인 결과였지만 이는 일정을 짜는 데 중요한 단서가 되었다. 라이베리아는 내란에 지칠 대로 지쳐 아프리카의 선거에서 대개 중요한 요인으로 꼽히는 정당에 더 이상 관심이 없었다. 유권자들은 정당이 내란을 일으킨 원흉이라고 보고 있었다. 래리는 설리프의 화려한 학력이 강점이라는 사실을 알게 됐다. 설리프가 하버드를 포함해 미국 대학에서만 세 개의 학위를 딴 고학력자였기 때문이었다. 래리는 자신의 조사를 통해 그녀에게 승산이 있음을 확신하게 되었다.

하지만 결정적인 강점은 따로 있었다. 바로 설리프가 여성이라는 사실이었다. 내란은 전적으로 '남성들의 사건'이었다. 그리스 희곡 〈리시스트라타〉(Lysistrata : 아리스토파네스의 희곡으로, 펠로폰네소스 전쟁에 지친 그리스 여성들이 연대해 잠자리를 거부함으로써 평화를 이끌어낸다는 내용 - 옮긴이 주)'와 비슷한 양상이 라이베리아에서 나타나고 있었다. 래리는 라이베리아 전역에서 "남자들은 쓸모가 없어요. 무식하게 폭력적이기만 하고"라며 툴툴대는 여성을 많이 만났다. 그들은 남자들이 25년간이나 서로의 멱살을 잡고 으르렁댔으니 이제 그만 물러서야 한다고 주장했다. 더욱 놀라운 점은 같은 생각을 가진 남자들도 꽤 많았다는 것이다. 래리는 힘주어 말했다. "그 순간 제 조사의 확실한 결론을 내릴 수 있었습니다."

다음 일정은 선거 운동 전략을 세우고 선거 자료를 만드는 일이었다. 래리는 이 긴급하고도 중요한 작업에 넉넉히 3주라는 시간을 배정했다. 메시지와 얼굴을 담은 포스터를 만들어 설리프의 공약을 전국에 알리는 것도 아이디어 가운데 하나였다.

"하루는 엘렌의 집 1층에 있었는데 오래된 사진 한 장이 눈에 들어오더군요. 안 그래도 사진 때문에 일정을 못 지키기 일보 직전이었죠. '이거다' 싶은 사진을 도저히 찾을 수 없었거든요. 그러다 그 사진이 나타난 거예요. 1986년에 엘렌이 감옥에서 석방돼 나오면서 찍은 사진이었어요(엘렌 존슨 설리프는 군사 정권에 반대해 정치범으로 투옥된 적이 있다 - 옮긴이 주). 아주 당당하게 주먹을 허공으로 들어올린 모습이었죠. 그래서 엘렌에게 똑같은 포즈를 취하도록 한 다음 새로 사진을 찍었습니다. 그리고 젊은 엘렌과 현재의 엘렌을 한 장의 포스터에 나란히 넣었죠." 결국 1986년의 엘렌과 2005년의 엘렌을 함께 담은 포스터가 제작되었다.

그 다음으로 할 일은 선거 자료의 제작이었다. 래리가 일정을 지키기 가장 힘들었던 부분이기도 하다. 서로 다른 대륙을 오가며 일정을 관리해야 했기 때문이다. 래리는 중국으로 가서 포스터와 스티커, 배너, 전단지, 소책자 등 선거에 필요한 자료를 만드는 준비를 했다. 그건 어렵지 않았다.

"그걸 라이베리아로 가져오는 게 문제였어요. 배편으로 보내자니 시간이 너무 촉박했습니다. 그래서 일단 3분의 1 정도를 항공편으로 보내기로 했죠. 물론 엄청 비쌌고요. 그리고 나머지는 각기 다른 배편으로 나누어 보냈어요. 항공편으로 보낸 자료들이 딱 이틀만 늦었어도 선거 운동 시작일을 놓쳤을 거예요. 선거 운동 개시도 엄청 중요하니까요. 그걸 망쳤다면 다시는 회복하지 못했을 거예요."

선거 자료를 기다리는 동안에는 운동원을 모집하고 교육했다. 이 일은 무리 없이 일정대로 흘러갔다. 그 다음 단계는 전국을 엘렌의 사진으로 뒤덮는 일이었다. 수천 톤의 종이와 풀, 빗자루, 테이프, 스테이플러, 티셔츠, 배너로 무장하고 전국을 공략한 것이다.

그러나 일부 자료는 배포하지 않고 남겨두기로 했다. 이것 또한 매우 중요한 결정이었다. 래리의 조사에 따르면 1차전에서 몰표를 받을 만한 후보는 없었다. 선거 결과는 그나마 지지율이 가장 높은 두 명이 결승전에서 겨룰 때 윤곽이 나타날 것이었다(라이베리아 선거법상 후보자가 과반수 득표를 하지 못한 경우 투표율이 높은 1, 2위를 놓고 2차 선거를 해야 한다 – 옮긴이 주).

그는 설리프를 포함하여 다른 운동원들에게 다른 후보와 지지자들과도 좋은 관계를 유지하라고 당부했다. 경쟁자들이 '설리프를 적이 아니라 그냥 다른 팀 선수'라고 여기게 해야 했다. 일찍 탈락한 후보자와 그 지지 세력이 나중에 결선에서는 든든한 동맹군이 될 수도 있기 때문이었다. 선거 운동 일정에 앞서 래리는 선거 자료의 일부를 따로 떼어뒀다가 결선 기간에 사용하겠다는 어려운 결정을 내렸다. 선거 운동에 참여했던 다른 후보자들 역시 대개는 1차 투표에서 승리하는 것을 목표로 했다. 그래서 일정을 결선 기간까지 확장하는 래리의 행동에 의문을 품었다. 래리의 말이 결국 옳았다는 것은 선거의 결과로 판명되었다.

1차전에서 선두를 차지한 후보는 올해의 유럽 축구선수로 뽑힌 바 있는 조지 웨아였다. 그는 1차전을 위해 선거 자료와 선거 자금을 몽땅 투자했다. 하지만 래리는 일정표를 이용해 선거 운동과 선거 자금을 적절히 안배했고 결국 설리프는 안정적으로 승리를 차지할 수 있었다.

선거 운동 막바지에 래리가 사용한 기술은 2001년 마다가스카르 대통령 선거에서도 써먹은 수법이었다. 헬리콥터를 빌려 라이베리아 전역의 하늘을 날며 외딴 마을 200여 곳에 수천 장의 포스터와 스티커를 뿌린 것이다.

젊은 시절의 설리프 곁에는 원숙한 모습의 설리프가 나란히 있었고, 아프리카 전통 의상을 입은 그녀는 말 그대로 '하늘에서 내려왔다'. 마치 하늘조차 그녀를 지지하는 듯 보였다.

일정을 자신의 상황에 맞춰 창의적으로 사용하면 이처럼 마법 같은 순간을 맞이할 수 있다. 래리 깁슨은 열정적이면서도 침착하게 대통령 선거에서 승리했다. 그는 자신의 캠프가 이길 수 있었던 것은 바로 프로젝트 일정을 충실히 따랐기 때문이라고 믿는다. 일정표처럼 아주 기본적인 사항이 나라를 변혁시키는 것처럼 극도로 복잡한 일도 해결할 수 있는 것이다.

일정은 준비의 효과를 배가시킨다

- 어떤 이들은 일정을 부정적으로 본다. 그 효과를 제대로 알지 못하면 너무 간단하다고 무시하기 십상이다. 때로는 일정이란 못 지킬 게 뻔한 족쇄와 같다고 생각한다.

- 일정은 정말로 질서 정연한 수단이자 프로젝트에 대한 당신의 비전을 이루도록 안내하고 점검하는 도구다. 일정을 지킬 수도 있고 그렇지 못할 수도 있지만, 일정을 세우는 과정도 준비의 일부가 된다. 일정은 당신을 감시하기 위한 도구가 아니다. 전반적으로는 확실한 준비를, 좀 더 세부적으로는 명확한 전략을 구사하기 위한 도구다.

- 당신이 목표를 이루기 위해 세운 전략은 일련의 단계들로 구성된다. 그 단계들을 따져보며 일정을 짜는 것이 핵심이다.

- 일정은 팀원들과 함께 때에 맞춰 해야 할 일들을 정기적으로 점검하는 데 도움이 되고, 이를 통해 팀 협력을 증진시킬 수 있다. 때로는 일정표를 활용해 정보를 얻거나 전략을 강화할 수도 있다.

- 일정표에 전략적 단계들을 배치하고 팀원들과 함께 점검하며 상황에 따라 전략을 다듬거나 수정해야 한다. 치밀한 준비가 성공을 보장한다.

chapter 7

최고의 팀원으로 최상의 성공을 거머쥐다

팀으로 일하는 것은 쉽지 않다. 조직에 속해 있는 사람들 대부분이 아마 이에 공감할 것이다. 누군가 당신에게 왜 당신은 동료들과 서로 지지하고 의존하며 아이디어와 비판을 자유롭게 교환하지 못하냐고 묻는다면 당신은 할 말이 정말 많을 것이다. 동료에 대한 지나친 경쟁의식이나 촉박한 마감 시간, 산더미처럼 쌓인 일거리를 짧은 시간 안에 끝내야 하는 상황 등 팀 활동을 제대로 할 수 없는 이유는 다양하다.

하지만 쉽지 않다고 해서 팀을 아무렇게나 돌아가게 해서는 안 된다. 일류 전문가들, 즉 준비의 달인들이 공통적으로 갖고 있는 자질 중 하나가 바로 유능한 동료들과 적극적으로 협력하는 태도였다. 오늘날 비즈니스 세계에서 성공하려면 팀원에게 역할과 책임을 적절히 분산할 줄 알아야 한다. 팀 안에서 누가 무슨 역할을 할지 잘 결정해야 하고 그 결정 기준을 놓고 고민해야 한다는 것이다.

팀은 당신이 지식을 쌓고 시야를 넓히는 데 큰 도움을 주며 결정적일 때 '선의의 비판자(devil's advocate)' 역할을 해줄 수 있다. 팀원들이 각각 어떤 능력을 갖고 있는지 알고 그 능력을 계획의 일부에 넣어 적절히 사용하는 것이 바로 이 준비의 핵심이다.

예를 들어 A는 기존에 쌓아둔 관계를 통해 거래를 성사시키는 데 탁월한 능력이 있지만 텔레마케팅을 해야 할 경우엔 자신이 없었다. 접촉이 없었던 잠재 고객에게 접근하는 데 B가 뛰어난 수완을 갖고 있다면 B에게 그 일을 주는 것이 좋다.

일에 적합한 팀원을 잘 선택하는 것도 준비의 중요한 부분이다. 가수들은 좋은 앨범을 만들기 위해 최고의 프로듀서를 영입하려 애쓰고 베스트셀러 작가들은 자기가 원하는 편집자가 아니면 일을 하려고 하지 않는다. 그들은 최고의 팀원이 최상의 결과를 만든다는 사실을 잘 알고 있는 것이다. 당신도 최고의 준비 파트너들을 선택할 수 있다면 혼자서는 꿈도 못 꿨을 새로운 결과를 맛볼 수 있다.

효율적인 팀 운영이 성공을 약속한다

마크는 내 사업 파트너다. 우리는 처음부터 의기투합하여 팀을 이루고 같이 컨설팅 사업을 시작했다. 안타까운 일이지만 팀의 강점은 대개 회사의 사정이 몹시 어려워졌을 때 증명되는 경우가 많다. 2005년 후반, 마크의 아내가 병에 걸려 몹시 쇠약해진 적이 있었다. 그때 우리 팀은 두 가지 목표를 세웠다. 하나는 마크와 그의 가족을 물심양면으로 지원한다는 것이었고, 다른 하나는 마크가 아내와 아이들을 돌보기 위해 회사를 비운 사이에도 사업을 제대로 유지한다는 것이었다.

우리는 새로운 도전 과제를 성공시키기 위해 준비 원칙을 사용했다. 무엇보다 중요한 일은 마크가 개인적으로 힘든 시기를 무사히 빠져나갈 수 있도록 돕는 것이었다. 나는 마크와 그의 가족을 도울 수 있는 방법을 알고 싶어서 의사와 비즈니스 컨설턴트를 겸업하던 한 친구에게 물어봤다. 그리고 회사 구조를 재정비하여 마크의 고객과 그가 책임지고 있는 일들이 모두 차질 없이 관리되도록 여러 가지 대안을 모색했다.

다행히 '선의의 비판자' 역할을 해줬던 관리자들 덕분에 통신 전문업체인 버라이즌과의 계약을 무사히 성사시킬 수 있었다. 처음에는 마크가 없는 상황에서 버라이즌과 계약해서는 안 된다는 의견이 많았다. 다행히 그때는 다른 회사보다 수준 높은 제안서를 만들 자신이 있었고 그것으로 반대하는 사람들까지도 설득할 수 있었다. 우리는 회사에서 가장 분석력이 뛰어난 사람들을 골라 제안서를 다듬도록 했다. 예상했던 대로 그들은 수준 높은 제안서를 만들어줬고 우리는 이 과정을 통해 처음에는 가능성이 희박했던 버라이즌과의 중요한 계약을 결국 따낼 수 있었다.

우리는 마크가 없는 시기에 더 협력하고, 더 부지런하고 꼼꼼하게 준비해야 한다고 생각했다. 마크의 일을 지원하기 위한 시스템이 얼마나 자리를 잘 잡았는지 정말 우리 스스로도 놀랄 지경이었다. 당시 파트너가 된 지 얼마 되지 않았던 친구가 버라이즌 계약을 위한 최종 프레젠테이션을 훌륭하게 준비해줬고 그 덕에 마크는 거래가 체결되는 막바지에 돌아와서도 맹활약을 할 수 있었다.

마크가 돌아오고 나서 달라진 점이 하나 있다면 우리 팀의 역량이 한층 더 향상됐다는 것이었다. 여러 동료가 마크의 역할을 대신함으로써 우리 모두의 역량이 새로운 차원으로 한 단계 발전한 것이다. 물론 이런 방식은 우리가 작은 회사였기 때문에 쉽게 시도할 수 있었다. 하지만 대기업에서도 그 원리는 똑같이 적용할 수 있다.

팀원 모두가 완벽할 필요는 없다

10대였을 때 나는 애틀랜틱시티 근처에 있는 보트 대여점 '칼스'에서 일했다. 칼스는 여름휴가를 이용해 낚시를 즐기러 온 사람들에게 보트를 빌려주는 곳이었고, 직원들은 대부분 10대 아르바이트생이었다. 여름철이 되면 해안에는 그런 아르바이트 자리가 넘쳐났다. 우리에겐 그저 여름 한철 아르바이트에 불과했지만 칼스의 주인인 칼에겐 이 보트 대여점이 생계 수단이었다. 그가 가족을 먹여 살릴 수 있는 유일한 방법이었던 것이다. 상황이 얼마나 심각한지에 대해서는 같이 일하는 사람들끼리도 서로 생각이 다르기 마련이다.

칼은 바로 옆에 있는 낚시 용품 대여점 래리스와 치열하게 경쟁하고 있었다. 하지만 칼스에 있던 아르바이트생들이 같은 목표를 가진 팀으로 일사불란하게 움직인다는 것은 상상하기 힘들었다. 우리는 그저 여름 방학 때 용돈이나 좀 벌면서 실컷 물 구경이나 하고 싶은 아이들일 뿐이었다. 우리 중 누구도 '선의의 비판자'가 되려고 하지 않았다. 그러나 칼은 최고를 꿈꿨고 우리가 적어도 직업윤리 개념을 가진 팀원으로서 함께 일해주길 원했다.

칼의 사업이 성공하려면 가능한 한 이른 아침에 재빨리 보트를 내놓아야 했다. 이는 이른 아침까지 미끼와 낚싯대, 휴대용 가스, 모터, 구명 장비를 정리하고 안전 수칙과 보트에 실은 짐의 무게 등을 점검하는 일까지 완벽하게 끝내야 한다는 뜻이었다. 처음에는 아르바이트생 한 명당 보트가 한 척씩 배정됐다. 우리는 안전하게 낚시를 하는 데 필요한 모든 것들을 각자가 맡은 보트에다 알아서 채워 넣어야 했다. 하지만 항상 래리스가 우리보다 수입이 더 좋았다. 도대체 이유를 알 수 없었다. 칼의 얼굴은 날로 그늘이 짙어졌다.

그러던 어느 날 칼은 우리 중 나이가 많은 축에 드는 소년을 한 명 불러서 진지하게 의논했다. 그는 우리 중에서 최초로 '선의의 비판자' 역할을 맡은 셈이었다. 그 형은 칼에게 팀을 다른 방식으로 운영하도록 조언했다. 칼은 그의 조언을 따라서 미끼, 낚싯대, 연료, 구명 장비, 청소 등으로 일을 세분화한 다음 그것을 우리에게 하나씩 배정했다. 보트 하나를 통째로 맡기지 않고 각자의 소질에 따라 전담 업무를 맡긴 것이다.

래리스는 칼스보다 더 오랫동안 영업해온 터줏대감이었다. 하지만 칼스가 팀원들의 역할을 분담한 지 얼마 지나지 않아 칼스의 대여점으로 손님들이 몰려들기 시작했다. 우리 쪽 부두에 오면 대여와 반납이 더 빠르다는 사실이 입소문으로 퍼졌기 때문이었다. 손님들은 좀 더 일찍 낚시를 시작할 수 있었고, 오후에 낚시를 마치면 더 빨리 집으로 돌아갈 수 있었다.

사실 우리는 완벽한 팀이었다고 자랑할 정도는 아니었다. 하지만 칼에게 좀 더 유능한 준비 파트너가 돼주었던 것은 분명했다. 세상 물정 모르는 아이들이 칼에게 사업 운영의 비결을 조언할 수는 없지 않은가. 하지만 우리 중 한 명이 기꺼이 칼의 준비 파트너가 되어준 덕에 칼은 자신의 사업을 한 단계 더 발전시킬 수 있었다. 그는 팀원들에게 적절한 역할을 맡겨서 경쟁 우위를 얻었고, 결국 래리스를 앞지를 수 있었다.

이번 장에서는 팀원들을 선택하고 개개인의 역할을 정하는 일에 몰두했던 세 명의 인물을 소개할 것이다. 클리블랜드 인디언스의 전(前) 단장인 마크 샤피로는 경쟁자들보다 더 적은 인원으로도 필요한 역할을 모두 골고루 분배했던 사람이다. 장애아를 위한 대안 학교 교장인 샤리 휴엔 존슨은 직원들 각각의 재능을 극대화시켰던 사람이다. 지난 25년간 최고의 찬사를 받은 몇몇 건축 프로젝트를 지휘한 앤드류 클레머는 세계 최고의 하청업체와 건축가, 공학자와 같이 분야가 너무도 다른 여러 팀의 협업을 잘 이끌어냈다. 이 세 사람은 원활한 팀워크를 위해 준비하는 것이 어떤 이점이 있는지를 잘 보여준다.

성공의 가장 큰 원동력, 팀원

최소의 인원으로 꾸려진 최고의 팀

내 아들 마크 샤피로는 팀플레이가 무엇인지 잘 아는 사람이었다. 마크는 남의 말을 잘 들어주는 리더이면서 경쟁에도 능했다. 그는 2002년부터 2010년까지 클리블랜드 인디언스 단장을 맡았는데, 그 기간 동안 혁신적인 방식으로 운영진을 선발하고 관리했다. 대규모 자본에 의존하는 분위기가 팽배한 이 업계에서 그는 자신만의 방법으로 적은 예산으로도 경쟁력을 유지할 수 있었다. 이런 준비를 통해 그는 2005년 '올해의 단장'이라는 명예를 얻기도 했다. 그가 이끈 인디언스가 2007년 아메리칸리그 중부지구 우승을 거머쥐고 공동 최다승을 기록한 것도 모두 그의 팀 운영 능력 덕분이었다. 그는 구단 운영 팀원들을 파악하여 그들의 역량을 극대화할 수 있는 방향으로 각자에게 역할을 맡겼다. 어떤 분야의 비즈니스든 이런 기술만 갖고 있다면 더 풍부한 자본과 인력을 가진 경쟁 상대에게도 충분히 이길 수 있다.

마크는 어려서부터 형제를 돕거나 친구들 사이에서 싸움을 중재하고 사람들 사이에 존재하는 다양한 갈등을 뿌리부터 해결하기를 좋아했다. 그는 팀을 성공적으로 이끄는 방법을 잘 알고 있었다. 같은 목표를 위해 헌신할 수 있는 팀원들을 모으고 구성원 각자의 재능에 맞게 역할을 맡기는 것이었다. 마크가 팀을 운영하는 방식은 크게 네 가지로 구분할 수 있다.

1. 인턴 활용을 중요시한다.

2. IT 전문가를 영입한다.

3. 정확한 의사소통을 한다.

4. 모든 직원들이 인수인계 계획을 철저히 준비한다.

마크의 팀에서는 모든 직급의 사람들이 상호 작용하면서 꾸준히 정보를 주고받았다. 마크는 다음과 같이 말한다.

"스포츠 비즈니스에서는 사람이 자산이에요. 우리가 가진 자원은 불완전할 수밖에 없죠. 가능한 한 모든 것을 시스템 안에서 적절히 사용하는 게 제 일이에요. 물론 시스템을 완벽하게 통제해야겠지만 사람이 자산이기 때문에 변수가 엄청 많아요. 하지만 자기가 한 일이 모두 성공적으로 이뤄졌으면 하는 게 사람 마음이잖아요? 그러기 위해서는 할 수 있는 한 최고의 팀을 만드는 것이 유일한 해결책이죠."

사람의 행동이나 실력은 예측이 불가능하다. 게다가 메이저리그 팀들 사이에는 경제적인 불평등이 심각했다. 어마어마한 자본력을 갖춘 뉴욕 양키스, 보스턴 레드삭스, LA 에인절스 같은 큰 팀들과 겨뤄서 이기려면 무엇보다도 역량이 있어야 했지만 협력할 수 있는 팀원도 그만큼 중요했다.

마크와 구단 운영 팀은 지속적으로 선수들을 모니터링하고 분석했다. 그들이 운영하는 클리블랜드 야구 팀뿐 아니라 팜 팀(farm team : 메이저리그 구단과 자금상 계열 관계에 있는 마이너리그 구단 - 옮긴이 주), 다른 메이저 · 마이너리그 팀의 인재들까지 모두 포함해서 말이다. 분석하는 항목은 선수의 병력(病歷), 인성, 성격, 리더십, 팀원으로서의 신뢰도, 지능, 직업윤리 등이었다. 물론 스윙 속도나 눈과 손의 협응(協應, coordination), 기본적인 달리기 능력도 포함했다. 이처럼 많은 요소를 분석하고 평가해야 하기 때문에 구단을 운영하는 일은 보통 복잡한 것이 아니다.

운영 팀은 인디언스뿐만 아니라 경쟁 팀의 실력과 위험 요인까지도 분석해야 했다. 모든 스포츠 단장들이 그렇듯 마크 역시 성공적으로 구단 운영 팀을 만들고 유지하기 위해 애썼다. 마크가 첫 번째 혁신 대상으로 삼은 것은 인턴이었다. 마크는 인턴들을 뽑을 때 신인 선수들과 계약할 때와 같이 고도로 집중하여 에너지를 쏟았다.

"믿으실지 모르겠지만 야구단 운영에서 가장 중요한 일 중에 하나가 이거예요. 인턴을 뽑는 것에서부터 모든 일이 시작됩니다. 우리는 인턴을 뽑을 때부터 대단한 인재들을 물색하려고 노력하죠. 거의 강박적이라고 할 만큼 애를 씁니다. 추천서와 배경을 철저하게 검토하고 깐깐하게 면접을 보면서 분석적 사고력을 테스트하죠. 인수인계나 승진을 했던 경험이 있는지도 살펴봅니다."

인디언스의 인턴십에는 수백 명 정도의 지원자들이 말 그대로 벌 떼처럼 몰려든다. 먼저 그들은 설문지를 이용해 주요 질문을 몇 가지 던지고 그에 대한 대답을 통해 지원자들을 선별한다. 질문지에는 '선수를 뽑을 때 필요한 주관적 평가와 객관적 분석의 기준은 무엇인가', '아마추어 선수를 선발하는 요령은 무엇인가' 등의 주제에 대한 의견을 쓰라고 적혀 있다.

마크의 두 번째 혁신 대상은 기술적인 부분이었다. 그는 각종 회의와 주요 의사 결정에 소프트웨어 엔지니어를 참여시켰다. 사실 야구는 아직도 보수적인 분야였다. 변화의 속도는 더뎠고 변화를 시도하는 것 자체도 환영 받지 못했다. 하지만 마크는 자신이 직접 모은 정보들을 활용하기 위해 야구계에서는 최초로 첨단 기술을 도입했다.

마크는 소프트웨어 엔지니어와 함께 인디언스 고유의 소프트웨어인 다이아몬드뷰를 만들었다. 이는 앞에서 살펴봤던 골드만삭스의 리사 폰티넬리가 애널리스트와 소프트웨어 프로그래머로 구성된 팀을 만들어 위험 요소나 가치를 평가했던 것과 상당히 비슷하다. 리사와 마크 모두 끊임없이 변화하는 각 세부 항목에 집중했다. 하지만 리사가 분석한 대상은 사물이었지만 마크는 그보다 훨씬 더 복잡한 '사람'이라는 자원을 분석했다는 차이가 있다.

"다이아몬드뷰라는 자체 시스템 덕에 우리는 모든 정보를 신속하고 효율적으로 평가할 수 있게 됐어요. 엔지니어들은 항상 모든 정보를 프로그래밍하면서 시스템을 조정합니다. 하지만 어떤 면에서는 모든 사람들이 그 시스템을 지속적으로 발전시키고 있다고 봐도 좋아요. 우리는 스카우트 담당자, 의료 전문가, 코치, 스포츠 심리학자가 전하는 모든 정보를 취합해 소프트웨어를 만듭니다. 그러면 정보를 수집하는 데 드는 시간이 줄어들어 분석에 더 많은 시간을 쏟을 수 있죠. 더 확실하고 올바른 결정을 내릴 수도 있고요."

사실 대부분의 경영진들은 정보를 수집하고 통합하는 데 이렇게까지 지속적으로 노력하지 않는다. 그런데 마크는 소프트웨어를 통해 그 일을 하고 있었다. 소프트웨어는 그의 세 번째 혁신, 즉 팀 안에서 정확하게 의사소통하는 데도 핵심적인 역할을 했다. 의견이나 조언, 격려를 뭉뚱그려 표현하는 바람에 의사소통에서 어려움을 겪는 팀이 무척 많다. 하지만 마크는 '미사여구밖에 없는 감정적인 평가'를 '구체적이고 정확한 피드백'으로 바꾸기 위해 노력했다.

"인디언스가 정확성을 추구한다는 말은 운영진이 의사 결정을 내리거나 선수들을 스카우트하고 그들의 기량을 향상시키는 일을 모두 정확하게 처리한다는 의미입니다. 전에는 스태프가 '저 선수는 안 돼요'라는 식으로 말했습니다. 어디에서건 이런 표현을 많이 쓰죠. 하지만 우리는 좀 더 정확하게 '왜?'라고 물어요. '잘 못하거든요'. 왜? '실력이 들쭉날쭉해요'. 왜? '릴리스 포인트(release point : 투수가 공을 던질 때 공을 놓는 순간이나 지점 - 옮긴이 주)에 일관성이 없더라고요'. 이렇게 해서 궁극적으로는 문제의 근본 원인에 도달하는 거예요. 그래야 다음에는 기량을 향상시킬 계획까지 잘 세울 수 있으니까요."

그러나 이렇게 정확한 의사소통만을 고집한다면 조직 내에 긴장감이 돌지 않을까? 마크는 그것을 방지하기 위해 운영진을 뽑을 때 너무 방어적이거나 자기중심적이지 않은 사람들을 선택했다.

"우리 팀 내에 불확실한 요소나 장애물이 있는 건 제가 참지 못해요. 그 문제에 대해서만큼은 아주 철저합니다. 경기 중에는 우리가 통제할 수 없는 변수가 무척 많아요. 거기에 정확성마저 떨어지면 이길 가능성은 그만큼 희박해지죠. 우린 조직 내 모든 부서의 모든 직급을 존중하고 또 서로를 신뢰할 수 있게 해줘요. 확실한 목표와 공동의 비전 말고 다른 것에 시간과 에너지를 쏟는다면 그건 이미 다른 팀이 우릴 이기고 있다는 뜻일 겁니다."

인디언스 관계자라면 직위에 상관없이 누구나 인수인계 계획을 만든다는 사실만 봐도 이곳이 확신과 신뢰를 얼마나 강조하는 곳인지 잘 알 수 있다. 이것이 마크가 팀에 적용한 네 번째 혁신이다.

"우리 운영진들은 한 명도 빠짐없이 내부에서 자신의 후임자를 선택하고 훈련시켜야 해요. 물론 내 후임자도 정해져 있고요."

사업을 운영하는 것치고는 상당히 재미있는 발상인 것 같다. 하지만 상위 관리자급의 교체를 미리 염두에 두다니, 괜한 곳에 시간과 에너지를 쏟는 것은 아닐까?

그러나 마크는 이 방식이야말로 팀을 구성하고 유지하는 데 필수적인 요소라고 생각한다. 그의 운영진 역시 '전 직원의 인수인계 계획'이 팀 운영에서 무척 유용하다고 말한다.

팀 스포츠 산업에서는 팀을 구성하여 일하는 것이 다른 산업보다 좀 더 쉬울 수도 있다. 애초에 마크가 이 직업을 선택한 것도 그런 이유가 컸다. 그러나 야구계에도 비즈니스와 마찬가지로 무능한 인력이나 내부 갈등은 어느 정도 존재한다.

마크가 생각하는 준비의 핵심은 팀이 승리하기 위해서는 '구단 운영진을 잘 활용해야 한다'는 것이었다. 구단 운영진으로서 적합한 역량을 가진 사람을 선발하여 그 역량에 맞는 일을 주고 서로 협력하면서 창조적이고 정확한 방식으로 함께 일하는 것 말이다.

최적의 멤버를 찾아라

팀원의 강점에 맞는 일을 시켜라

당신이 팀장이 될 때 팀원을 직접 모을 일은 거의 없을 것이다. 대개는 기존의 팀을 물려받는다. 따라서 리더가 팀원의 능력과 경험을 분석하는 것은 매우 중요하다. 팀원들을 잘만 분석한다면 당신의 팀은 엄청난 장애물에 부닥치더라도 이를 훌륭히 극복할 수 있다. 그러면 샤리 휴엔 존슨 교장이 이끈 팀이 윌리엄 S. 베어 학교에서 이룩했던 일을 살펴보자. 샤리는 사람들에게 저마다의 재능과 관심사에 꼭 맞는 일을 시키는 데 매우 능숙했다.

샤리에겐 팀의 중추나 다름없는 만능 재주꾼이 있다. 사람들은 그를 '라일 씨(Mr. Lyles)'라고 부를 뿐 그의 진짜 이름은 몰랐다. 라일 씨는 베어 학교의 수위였고 나이는 여든이 넘었다. 베어 학교는 볼티모어에서도 사회·경제적으로 소외된 장애아와 젊은이들이 모인 곳이었다. 말하자면 특별한 아이들을 위한 특별한 학교인 셈이었다. 팔과 다리가 없는 아이들도 있고 갖가지 질병이 있는 아이들, 정신적인 문제를 겪는 아이들도 있었다. 하지만 나는 이 아이들처럼 행복에 겨운 아이들을 본 적도 없었다.

베어 학교의 학생들은 라일 씨와 그의 동료들이 자신들을 돌보고 있다는 걸 잘 알고 있었다. 베어 학교에서는 학생들이 대다수 소외 계층이 누리는 것보다 질 높은 삶을 유지할 수 있도록 물심양면으로 아이들을 돕고 있었다.

라일 씨는 매일 아이들을 위해 흰색 턱시도를 입고 노래를 부르며 춤까지 춘다. 그는 점심시간이면 수저를 잡을 수 없는 아이들에게 직접 밥을 떠 먹여 줬다. 나이는 말 그대로 숫자에 불과했다. 그는 열정을 갖고 아이들을 대했고 그들의 삶을 꿰뚫어 보는 통찰력이 있었다.

'열정과 통찰력', 이것이 바로 샤리가 팀원을 선택할 때 고려하는 두 가지 기준이었다. 샤리는 팀원들에게 자신의 권한을 위임하는 동시에 팀원들의 장점을 배우려고 노력했다. 궁극적으로 고객을 만족시킬 수 있는 열정을 가진 통찰력 있는 팀을 만들기 위해서였다. 그 고객이 학생이건, 〈포천〉이 선정한 500대 기업의 CEO건, 몸이 아픈 환자건, 법정 소송 의뢰인이건 샤리의 준비 과정은 팀을 구성하려는 모든 이들에게 모범이 될 것이다. 샤리는 이렇게 말한다.

"라일 씨에게 나이 같은 건 아무 의미가 없어요. 아이들 식사를 도우면서 청소까지 도맡아 하는 사람이에요. 요즘 세상에 그런 사람을 어디서 구하겠어요? 정해진 은퇴 연령은 딱히 없으니까 계속 같이 일할 수 있어서 정말 다행이에요. 그분은 우리 모두에게 아이들과 함께하는 방법을 가르쳐주셨어요. 게다가 아이들을 얼마나 사랑하시는지 몰라요. 팀이란 공동의 사명을 갖고 서로에게서 배울 수 있어야 하지요."

샤리는 1989년에 처음 베어 학교장으로 부임했다. 그녀는 행정 업무를 처리하는 데 쓰는 시간만큼 교사나 학생들과 함께하는 시간도 충분히 가져야겠다고 생각했다. 그녀는 교사들이 더욱 좋은 가르침을 베풀 수 있도록 격려하고 돕고 싶었다. 그러기 위해서는 샤리가 직접 교실로 들어가 학생들을 가르칠 필요가 있었는데, 이를 위해 행정 업무의 일부를 교사들에게 맡겼다.

그녀는 우선 교사들 각각의 재능과 성격을 파악했다. 그리고 특수 학교의 복잡한 행정 업무에 각자가 가진 재능과 성격을 연결시켜 팀원들을 골랐다.

"우리 팀은 저마다 가진 독특한 능력을 발휘해서 일을 처리했어요. 물론 모두 기본적으로 아이들을 굉장히 사랑하는 사람들이었죠."

다시 말해 그들은 샤리가 팀원의 조건으로 생각했던 통찰력과 열정을 갖춘 팀이었다.

샤리는 조직의 구조를 만드는 일을 윌리엄 반 아르남과 이렌느 스티븐스에게 맡겼다. 윌리엄은 기록하는 일을 담당했다. 그는 매일 아이들의 건강 상태와 학습 과정을 모니터링하고 출석률을 체크했다. 하루가 멀다 하고 응급 상황이 발생하는 환경인 만큼 가족과 근처 병원 등의 주요 전화번호도 숙지했다. 한편 이렌느는 특수 교육에 관한 다양한 정보를 모으고 학부모들이 정기적으로 학교를 방문하는 날을 관리했다. 학부모의 날에는 전체 학부모의 85% 이상이 학교로 와서 자녀들의 향상된 점이나 문제점을 의논했기 때문에 매우 중요한 행사였다.

까다로운 교과 과정을 혁신하는 일은 에드나 파커에게 맡겼다. 학생들의 장기적인 목표는 읽기, 쓰기, 셈하기를 잘하는 것이지만, 그들에게 당장 절실했던 문제는 청결이나 일상적인 활동, 운동과 같은 것이었다. 에드나는 특수 교육에 관한 새로운 지식을 배우기 위해 전국 어디든 달려갔고, 그렇게 얻은 지식을 학교에서 가르쳤다. 학교에 설치된 수영장과 치료 및 운동 시설도 모두 그녀의 제안으로 만들어진 것이었다.

알린 도르시는 성미가 급하고 잔소리가 많은 편이었다. 그래서 샤리는 그녀에게 사람들을 '움직이는' 역할을 맡겼다. 그녀는 학교에서 가장 난감한 문제 중 하나였던 교통편을 맡았다. 250명의 학생들 대부분이 특수 장비를 갖춘 버스를 타고 학교에 왔다. 버스 안에는 간호사 한 명과 산소통, 휠체어가 준비돼 있다. 알린은 나스카(NASCAR : 미국에서 열리는 자동차 경주 대회 - 옮긴이 주)에서 팀 주장을 맡았어도 잘했을 것이다. 하여간 뭐든 움직이는 걸 좋아하는 사람이었다.

샤리는 안톤 스콧이 파티를 좋아한다는 점을 놓치지 않았다. 그는 활력 넘치는 성격이기 때문에 특별 행사의 책임자로는 안성맞춤이었다. 안톤은 심지어 시험 기간에도 교실을 즐거운 분위기로 만드는 재주가 있었다.

양호실의 수간호사인 바바라 카딘은 보건부와 병원, 보험사가 어떻게 돌아가는지 잘 알고 있었다. 게다가 그녀는 아이들을 무척 다정하게 대했다. 샤리는 이렇게 말했다.

"자신의 목표를 만드는 것에서 그치면 안 돼요. 팀의 목표를 생각하고 그 목표를 이루기 위해 어떻게 힘을 합할지 고민해야 합니다. 도전하기에 결코 만만치 않은 상황에서 팀을 구성할 때는 리더의 비전을 공유할 뿐 아니라 그것을 더욱 강화시킬 수 있는 사람들을 찾아야 해요. 우리 팀은 꾸준히 제 비전에 살을 붙여주고 있어요. 우리는 정기적으로 만나는데, 그들과 만날 때마다 새로운 아이디어가 샘솟고 에너지가 솟구친답니다."

어떤 아이디어든 현실로 만들기 위해서는 돈이 들어간다. 샤리는 현재의 예산으로는 팀의 아이디어를 모두 실천에 옮길 수도, 프로그램 비용을 충당할 수도 없다는 사실을 깨달았다. 베어 학교는 공립 학교였기 때문에 다른 학교와 똑같이 배정된 예산으로 운영됐지만 추가로 예산이 필요한 경우가 많았다.

그래서 샤리는 외부에서 기금을 모으는 팀을 하나 만들었다. 이렇게 구성된 팀은 지역 사회의 사람들에게 베어 학교 후원회에 참여해달라고 부탁하고, 수영장과 컴퓨터 그리고 새로운 설비를 위한 기금을 모으는 일을 했다. 심지어 미국골프협회로부터 건물 뒤에 장애인용 골프 코스를 지어주겠다는 약속까지 받아냈다! 그녀는 이 팀을 만들 때도 똑같은 기준, 즉 열정과 통찰력을 핵심으로 삼았다. 그녀는 그저 단순하게 원칙을 지켰고, 팀은 성공적으로 운영될 수 있었다.

샤리가 베어 학교를 떠난 지도 거의 2년이 다 되어간다. 교장은 바뀌었지만 그녀가 만든 팀은 지금도 계속해서 제 역할을 해내고 있다. 그들은 샤리가 없어도 1년간은 체제를 유지하겠다고 약속했다. 그리고 거의 2년이 지난 지금도 팀은 그대로 유지되고 있다.

샤리는 고객을 만족시킨다는 한 가지 목표를 달성하기 위해 모든 노력을 기울였다. 열정과 통찰력이 있는 팀원들을 모아 그들의 재능과 관심사에 꼭 맞는 일을 맡기고 최선을 다해 일할 수 있는 환경을 만들어준 것이 바로 그녀가 행한 준비였다.

팀은 팀원으로 만들어진 건축물이다

다양한 개성의 사람들로 완성된 드림 팀

건물을 지으려면 벽돌을 한 개씩 차곡차곡 쌓아 올려야 한다. 팀을 만드는 것도 마찬가지다. 질서 정연하게 차근차근 쌓다보면 훌륭한 팀이 만들어진다. 건설업 관리자인 앤디 클레머는 흡사 건물을 짓듯 팀원 한 명 한 명을 모은 사람이다. 그는 새로운 팀원을 물색할 때 기존 팀원들의 지혜와 경험을 활용했다. 앤디의 부드러운 태도 이면에는 강한 의지가 숨어 있다. 그는 지어야 할 건물의 특성에 가장 잘 맞는 건축가와 공학자, 다른 전문가들을 고집스럽게 찾았다. 그는 대개 인맥을 활용해 팀원을 구성했는데 마이애미부터 맨해튼, 스페인 빌바오에서 미국 샌프란시스코에 이르기까지 팀원들의 출신지도 다양했다.

건설 업계에서 팀원을 고르는 일은 스포츠 감독이 코치나 선수를 뽑는 것만큼 중요하다. 팀원들의 실력과 경험, 팀워크, 개방적인 태도뿐만 아니라 동일한 목표를 위해 협력하고자 하는 의지 역시 조화를 이뤄야 했다.

2001년, 미국 오하이오 주 톨레도 미술관은 앤디 클레머의 파라투스 그룹에 전시장 건축을 맡겼다. 그들은 앤디가 원하는 대로 프로젝트 팀을 구성할 수 있도록 적극 협조했다.

사나아(SANAA:일본의 건축 회사. 설립자인 세지마 가즈요와 니시자와 류에는 2010년 '건축의 노벨상'이라 불리는 프리츠커상을 수상했다 -옮긴이 주) 사의 일본인 건축가 두 사람의 설계도 훌륭했지만 성공적으로 전시장을 건축할 수 있었던 핵심 요인은 앤디가 엄격한 절차에 따라 프로젝트 팀 전원을 선택하고 준비했기 때문이었다. 톨레도 미술관으로서는 앤디 덕분에 전시장이라는 새로운 보물을 하나 더 소장하게 됐다. 앤디는 이렇게 말한다.

"그 건물은 단순히 설계를 실행에 옮긴 결과물이 아니에요. 팀 전체가 설계에 참여해서 만들어낸 것입니다. 우리는 서로에게서 배우며 일했기 때문에 더욱 훌륭한 건물을 만들어낼 수 있었죠. 우리 팀은 설계 고문과 구조 공학자, 외관 전문가, 비용 추산 컨설턴트, 기계 공학자, 기타 전문가들 모두에게서 정보를 얻어 그것을 종합했습니다. 팀원 선택 과정과 합류 시기가 이때만큼 투명하게 이뤄진 적도 드물었죠."

앤디는 팀원을 고를 때 개성도 중요하게 봤지만 실력과 꼼꼼함을 가장 먼저 봤다. 이 모두를 적절히 배합할 수 있을 때 유리 파빌리온(Glass Pavilion : 독일 브루노 타우트라는 건축가가 유리와 콘크리트로 만든 건축물로 예술적 의미가 크다-편집자 주)과 같은 위대한 건축물이 탄생하는 것이다.

사나아에게 설계를 맡기고 나서 앤디는 팀의 규모를 키워가기 시작했다. 기존 팀원들이 추가로 팀원을 고용하는 일을 도와줬다. 프로젝트를 감독하고 시 공무원들과 접촉할 책임 건축가를 선발하는 일은 사나아와 파라투스, 미술관 측이 함께 진행했다. 또한 선발된 책임 건축가의 추천으로 기계 및 구조에 관한 자문을 해줄 팀원을 영입했고, 나중에는 이 사람들이 다시 채용 과정에 참여해 비용 추산 컨설턴트를 뽑았다. 팀원 선발은 이런 식으로 꼬리에 꼬리를 물고 이어졌다. 현장에서 복잡한 설계를 실행에 옮겨야 하는 책임 건축가에 대해 앤디는 이렇게 말했다.

"톨레도의 이사인 로저 베르코비츠는 설계도에 나온 대로 건물을 만들려면 일을 매우 섬세하게 해야 한다는 걸 아주 잘 알고 있었습니다. 책임 건축가라는 직함에 책임이라는 단어가 괜히 들어가는 게 아니에요. 책임 건축가는 두 가지 중요한 자질을 갖춰야 합니다. 첫째는 자기중심적이지 않아야 한다는 것이고, 둘째는 기술적으로 정확해야 한다는 것입니다. 다른 사람의 설계를 완벽하게 따르는 동시에 극도로 정밀한 설계를 바탕으로 해서 서류를 만들어야 하니까요. 그리고 건축 기준도 잘 알아야 합니다. 설계를 승인받으려면 기본적으로 건축 기준을 훤히 꿰고 있어야 하죠."

미국 전역의 수많은 건축가들을 취재한 끝에 이들은 텍사스 주 휴스턴에 있는 한 회사를 선택했다. 그들은 톨레도 미술관으로 파견된 즉시 지역의 건축 기준을 파악하고 수시로 공사의 진척 사항을 알려줬다.

그 다음 단계는 건물의 디자인을 결정하는 것이었다. 사나아는 미술관에서 제시한 미적, 실용적 요구 사항에 맞춰서 모델을 만들기 위해 노력했다. 디자인 설계가 진행되는 동안 앤디는 공학자들에게로 관심을 돌렸다.

"너무 일찍부터 세세한 사항까지 다 정해놓도록 하는 건 별로 좋은 생각이 아닙니다. 공학자들도 세부 사항을 정해야 한다는 부담감을 덜고 자유롭게 설계할 시간이 필요하거든요. 그렇다고 너무 오래 기다려서도 안 됩니다. 설계를 살펴보고 건물로서의 기능이 충분한지도 판단해야 하니까요."

톨레도 미술관의 경우 공학자들이 설계에 아주 밀접하게 관여했다. 팀이 선택한 외관 전문가의 의견에 따라 유리 조각의 크기는 중국의 한 화덕에서 만들 수 있는 크기에 맞게 설계됐다.

"생각해보세요. 통유리로 벽을 세우는데 유리판의 높이나 너비라든지 유리판을 몇 개나 넣어야 할지 어떻게 결정하겠어요? 초기 설계에서는 유리에 관해 결정해야 할 사항이 많았기 때문에 우리는 일찌감치 외관 전문가를 뽑았습니다. 설계를 제한하는 게 아니라 실현 가능하게 만드는 게 자기 일이라고 생각하는 전문가가 필요했죠. 결국 우리 선택이 옳았습니다. 외관 전문가들은 기존에 알려진 것보다 더 큰 유리를 찾아내서 현실적으로 불가능할 뻔했던 설계를 실현시켰으니까요!"

그다음으로 고용한 팀원은 비용 추산 컨설턴트였다. 미술관은 꽤나 진보적인 디자인의 건축물을 원했지만 재정적으로는 상당히 보수적인 입장을 취했다. 파라투스는 뉴욕과 시카고에서 이름 있는 비용 추산 컨설팅 회사를 몇 군데 추천했고, 다른 팀원들도 함께 의사 결정에 참여했다.

"보통 건물주가 비용 추산 컨설팅 회사와 한 번 계약하면 그 회사는 계속해서 건물주와 일하게 됩니다. 다른 스태프들은 돈이 나가든 말든 건물주가 고민할 문제라 생각하죠. 그런데 건축가와 공학자들을 의사 결정에 참여시키면 어떨까요? 그렇게 하면 비용 컨설턴트의 의견을 좀 더 신뢰할 수 있을 뿐 아니라 협력업체와 가격을 흥정할 때도 팀원들의 도움을 받을 수 있습니다."

마지막 단계는 협력 전담반을 선택하는 것이었다. 앤디는 웃으며 말했다.

"협력 전담반을 선택하는 일이 맨 마지막입니다. 모든 비용이 여기서 결정되니까요. 하지만 시기가 중요하죠. 협력 전담반을 너무 빨리 선정하면

두 가지 문제가 생깁니다. 하나는 비용 때문에 디자인적 요소가 지나치게 죽을 수도 있고, 다른 하나는 협력 전담반이 계속해서 열심히 일할 동기를 잃을 수 있다는 것이죠. 작업을 하다가도 돈을 더 많이 주겠다는 일자리가 생기면 그쪽으로 가버릴 수도 있으니까요. 하지만 협력 전담반을 너무 늦게 선정해도 문제입니다. 그들이 가격을 낮춰줄 수 있는 시점이 있는데, 그때를 지나도 역시 곤란하거든요."

앤디가 생각하는 위대한 프로젝트의 주춧돌은 역시 준비였다. 복잡한 프로젝트에 참여해야 하는 사람이 있다면 그에게서 좋은 교훈을 얻을 수 있을 것이다. 성공하려면 팀을 제대로 구성해야 한다. 마치 뛰어난 선수들이 가득 앉아 있는 대기석에서 가장 적합한 선수를 골라내듯 말이다.

팀 만들기는 준비의 효과를 배가시킨다

- 팀을 만들 때는 적절한 사람을 적합한 곳에 배치하는 일이 가장 중요하다. 각 팀원의 능력을 알고 그 사람이 능력을 가장 잘 발휘할 수 있는 자리로 보내야 한다.
- 팀원들 역시 준비 과정에서 중요한 역할을 한다. 팀원들은 팀장이 목표를 세우고 과거의 사례를 조사하여 전략을 짜는 데 도움을 줄 것이다.
- 마지막 준비 원칙인 각본 짜기를 할 때 팀원들은 '선의의 비판자' 역할을 함으로써 각본을 좀 더 세련되게 다듬을 수 있도록 도와줄 것이다. 또한 팀원들은 각본의 연습 상대가 될 수 있다.
- 팀을 구성할 때는 각 단계별로 투명하게 진행해야 한다.

chapter 8

어려운 부탁을 할 때는 각본을 준비하라

유사 이래 최고의 영화 각본은 무엇일까? 물론 딱 하나를 꼽기는 어렵다. 하지만 많은 시나리오 작가들이 꼽는 각본 중 하나가 바로 로버트 타운이 쓴 〈차이나타운〉(Chinatown : 1974년 로만 폴란스키 감독이 영화로 제작함 – 옮긴이 주)이다. 할리우드 역사상 두 번째 황금시대라는 명성에 걸맞게 차이나타운은 등장하는 배우들의 명연기만으로도 충분히 그 가치를 인정받고 있다. 필름 누아르(film noir : 주로 암흑가를 무대로 한 1950년대의 할리우드 영화-편집자 주)에 속하는 이 영화의 각본은 미국의 정치·사회·경제적 배경과 암울한 가족사를 잘 버무려 매혹적인 스토리를 만들어냈다. 이 영화의 또 다른 백미는 뛰어난 연출이다. 잭 니콜슨이 코를 베이는 장면, 존 휴스턴이 죽은 생선의 툭 튀어나온 눈깔을 들여다보는 장면, 전화벨이 울리고 페이 더너웨이의 얼굴이 사색으로 변하는 장면….

나는 〈차이나타운〉의 대본이 감독의 철저한 준비를 거쳐 탄생한 결과물이라고 생각한다. 감독은 한 가족의 몰락을 담은 이야기의 배경으로 캘리포니아와 그곳 유권자들을 기만했던 실제 사기 사건을 사실적으로 자세히 그려냈다. 나는 사업상 필요한 각본을 쓸 때 〈차이나타운〉의 철저함을 본받으려고 노력한다.

법정에서 증언을 하거나 물건을 판다든지 스테로이드 검사를 하는 것 같은 실제 상황에서 미래를 항상 정확하게 예측할 수는 없다. 그러나 예상 시나리오를 가지고 미리 연습을 해볼 수는 있다. 어떤 일이 펼쳐질지 상상하고 예상 각본을 써보라. 그것만으로도 실전에서 일어나는 변수에 대처할 굳건한 토대를 마련할 수 있다. 각본을 준비할 때 모든 문장을 하나하나 다 적을 필요는 없다. 대신 회의나 발표를 하기 전에 반드시 먼저 생각해보고 싶은 것들을 대강 적어두는 것이 좋다. 각본에 모든 가능성을 다 담을 수는 없지만 당신을 최대한 준비된 상태로 만들어줄 수는 있다. 나의 경우 동료들에게 각본을 점검해달라고 부탁하기도 한다. 동료의 따끔한 충고가 각본의 내용과 전달 방식을 더욱 효율적으로 만들어주기 때문이다.

물론 각본을 짜려면 시간이 좀 걸리지만 사람들이 대개 생각하는 것보다는 적게 걸린다. 또 각본을 짜놓으면 당신이 맞닥뜨릴 일의 75% 이상을 준비해둘 수 있다. 그렇다면 썩 괜찮은 투자 아닌가?

완벽한 각본을 만들겠다고 시간을 낭비할 필요는 없다. 각본을 짤 때는 자신이 표현하고 싶은 것을 알아볼 정도로만 만들면 된다. 속기로 적어두는 것도 한 방법이 될 수 있다.

나는 법률가, CEO, 일류 의사 등 모든 전문 분야에서 일하는 사람들을 만나면서 끊임없이 놀라는 부분이 있다. 모든 것을 다 이룬 듯한 사람, 한눈에 봐도 최고의 협상가나 PM, 음악가, 의사 같은 사람들이 상대방이나 청중의 주의를 끄는 데 실패하는 경우가 너무나 많다는 것이다. 그들은 치열한 협상 자리에서 어떤 이야기를 꺼냈다가 오히려 상황만 악화시켜 상대방이 거부감을 나타내기도 했다.

나는 지금까지 협상에 임하는 사람들을 숱하게 관찰해왔다. 사람들은 누구나 자신의 요구를 관철하겠다는 분명한 목표를 갖고 협상에 나선다. 예를 들면 제품의 공동 마케팅에 대한 권리로 상대방에게 1년에 100만 달러씩을 '요구'할 계획이라고 가정해보자. 그러나 막상 상대방과 마주 보고 협상해야 한다는 압박감과, 요구가 거절당할 수도 있다는 두려움이 고개를 들면 마음이 요동치기 시작한다. 결국 협상에 들어가기 전 확고했던 '요구'는 사라지고 최대 100만 달러의 보상이나 75만~100만 달러 사이의 '제안'으로 바뀌어버린다.

이제 나의 경우를 살펴보겠다. 대중 연설가야말로 정말로 각본의 장점을 톡톡히 누릴 수 있는 직업이다. 나는 즉흥 연설에 상당히 강하다는 말을 많이 듣는데, 그때마다 남몰래 회심의 미소를 짓는다. 사람들이 내 발표나 기조연설, 세미나, 비평 등이 즉석에서 이뤄진 것이라 생각해주면 좋지만, 사실은 미리 각본을 짜두고 팀원에게 검토를 받은 후 예행연습까지 여러 번 마친 경우가 대부분이다.

물론 써놓은 각본을 실전에서 줄줄 읽는 것은 아니다. 즉석에서 상황에 가장 잘 맞는 말이 튀어나오게끔 '준비를 해둘' 뿐이다. 각본을 이용한 준비는 자신감을 북돋아준다. 또 각본을 만들면 내가 충분히 이해하지 못한 사안에 대해서 열심히 찾아보며 외울 수도 있고, 새로운 통찰력을 얻을 수도 있다. '글로 적어본다'는 간단한 행동만으로도 자신이 확실히 아는 것과 그렇지 않은 것을 금세 파악할 수 있기 때문이다.

나는 어려운 요구를 해야 하는 협상에서 반드시 이 원칙을 따른다. 내 요구에 대한 상대방의 예상 반응을 미리 각본으로 짜두고, '난감한 요구'를 할 때의 불편하고 불안한 내 감정을 상대방에게 보이지 않도록 준비하는 것이다. 예를 들어 프로 스포츠 업계에서 에이전트들은 자신이 관리하는 선수를 대신해 거액의 연봉 계약을 성사시켜야 한다. 일부 슈퍼스타들의 경우 20대 후반에 접어들면 그런 요구를 하기 때문이다. 하지만 그들이 속한 팀의 재정이 그만한 연봉을 감당할 수 없다면 '얼마를 내놓으라'고 요구하기가 미안해진다. 상대방이 맞춰주기 힘들다는 걸 알면서도 요구하자면 마음이 불편해지는 것이다. 그러나 제안을 하기 전에 각본을 짜고 미리 연습을 해두면 상대방의 시선을 회피하거나 말을 더듬지 않고도 '난감한 요구'를 할 수 있는 자신감이 생긴다.

막대한 돈이 오가는 협상만큼 긴장되는 상황이 아니더라도 각본은 유용하게 사용할 수 있다. 비즈니스 거래뿐 아니라 개인적인 인간관계에도 적용할 수 있는 것이다. 가령 배우자나 형제, 자매에게 차마 알리기 어려운 소식을 말할 때 미리 각본을 짜두면 도움이 된다. 원하는 이야기를 각본으로 작성해두면 불편한 주제도 편안한 마음으로 이야기할 수 있다.

나는 할 말을 일일이 각본으로 적어두지는 않는다. 다만 협상 카드로 활용할 수 있는 핵심 내용만 적어둘 뿐이다. 각본상 중요한 지점의 여백에는 '이유를 묻는다'나 '여기서 질문한다' 같은 것도 적어둔다. 때로는 다른 사람이 직접 나의 고객이나 상대방의 입장이 되어 어느 지점에서 이런 문장을 사용할지 짚어주기도 한다.

여전히 당신은 각본을 짜는 일이 부담스러울 수도 있다. 미리 짠 각본에 따라 움직이는 기계가 된 듯한 느낌도 들 수 있다. 물론 처음엔 어색할 것이다. 그러나 팀원들의 도움을 받으면 굉장히 즐겁고 알차게 연습할 수 있다. '각본 짜기'는 준비 체크리스트의 맨 마지막 단계로 지금까지 이야기해온 준비 과정의 완성판이라고 할 수 있다.

연봉 협상의 가장 중요한 원칙

내가 각본의 중요성을 절실히 체감한 것은 비교적 최근의 일이다. 스포츠 에이전시를 하면 구단주들이 받아들일 만한 수준을 훨씬 뛰어넘는 '요구'를 해야 하는 경우가 다반사다. 나로선 그렇게 과도한 요구를 하는 것이 곤란할 때가 많다. 그러나 상대방이 연봉을 깎아내리려 하는 만큼 나도 당당하게 요구해야 한다는 사실을 곧 깨달았다.

나는 내 '요구'를 더욱 강하게 표현하고 싶었다. 그러기 위해서는 '요구가 받아들여질까?' 하는 내 안의 의심을 극복하고 상대방에게 더 강하게 제안해야 했다.

1992년 나는 커비 퍼켓의 연봉 협상을 위해 각본을 짰다. 목표는 5년 계약에 3,200만 달러였다. 꽤 높은 액수를 제시하면서 느끼는 찜찜한 마음을 없애고 자신감도 키우기 위해서 나는 동료인 마이클과 함께 협상 각본을 짰다. 마이클은 '악역'을 완벽하게 소화해냈다. 마이클 덕에 나는 각본의 내용부터 전달하는 방법까지 연기를 하듯 연습할 수 있었다. 우리는 실전과 거의 흡사할 만큼 각자의 역할에 충실하게 언쟁을 벌였다. 이 작업을 통해 나는 커비의 편에 서서 상대에게 당당한 모습으로 요구할 수 있을 정도로 자신감을 얻었다.

나는 내 요구 사항에 대한 명확한 이유를 잊지 않으려고 미리 종이에 적어뒀다. 다음은 그때 내가 협상해야 했던 상대방인 미네소타 트윈스 단장 앤디 맥파일에게 전할 말을 적어둔 각본이다.

"커비는 3,600만 달러의 가치가 있는 선수입니다. 필리스와 레드삭스도 최소한 그만큼은 제안을 했으니까요. 지난 여름까지만 해도 훨씬 낮은 수준을 받아들일 생각이 있었습니다만 선수 조합에서 이를 반대했습니다. 이제 커비에게 줄 합당한 보수를 시세에 따라 결정하는 게 공평합니다. 단장님께서 현명한 결정을 내리실 것이라고 믿습니다."

나는 자신 있게 내 요구를 밀어붙였다. 그리고 마침내 애초의 목표를 초과하는 결과를 얻어낼 수 있었다. 그는 규모가 작은 팀에서 활동하면서도 당시 메이저리그에서 최고의 연봉을 받는 선수 대열에 합류했다. 단, 협상을 할 때는 '과유불급(過猶不及)'을 명심해야 한다. 요구를 할 때도 과유불급, 각본을 짤 때도 과유불급이다. 어쨌거나 각본을 가지고 요구하면 한결 당당해질 수 있다는 것만은 분명하다.

왠지 인위적이라고? 그렇지 않다. 각본을 짜는 것은 재미있는 일이기도 하다. 마치 퍼즐 맞추기처럼 나중에 자신이 얼마나 잘 맞췄는지 볼 수 있으니까 말이다. 그런데 내 경험에 비춰보건대 우리 고객과 교육생들은 모든 준비 원칙 중에서도 각본 짜기를 유독 싫어하는 것 같다. 심지어 일정표를 짜는 것보다 더 질색을 한다. 부자연스럽고 부담스럽다나. 아마 각본을 짜는 재미를 몰라서 그럴 것이다. 그럴 땐 영화의 한 장면을 찍는다고 생각하면 좀 더 재미있게 할 수 있다.

이 책의 서문에서 교차 훈련에 대해 이야기한 것을 기억하고 있는가? 서로 다른 분야 사이에도 연결 고리가 존재한다는 것 말이다. 육상선수나 농구선수는 수영이나 자전거 훈련을 통해 기량을 높일 수 있다. 성과를 더 높이 끌어올리는 기술로 흔히 쓰는 게 바로 교차 훈련이다. 그러므로 다른 사람들이 어떻게 각본을 짰는지 살펴보면 당신에게 필요한 해결책을 찾을 수 있을 것이다.

당신의 전문 분야가 무엇이든 다음에 소개하는 세 명의 인물에게서 각본 짜기의 장점을 배울 수 있을 것이다.

존스홉킨스 병원의 정신과 과장인 레이 드파울로 박사는 예산 발표부터 환자와의 대화까지 모두 각본을 통해 준비했다. 법정 변호사인 폴 샌들러는 자기 편 기소인에게 각본상 악역을 맡겼다. 시애틀 슈퍼소닉스 단장인 샘 프레스티는 대면 협상의 압박감을 줄이기 위해 거래할 때 사용할 수 있는 말들을 빠짐없이 써서 각본을 만들었다. 이 준비의 달인 세 명은 각본을 사용하여 예측을 벗어난 상황에서도 자신감을 갖고 민첩하게 대응할 수 있는 힘을 얻었다.

예산을 끌어오는 가장 확실한 방법

세계 최고의 의사들과 싸워서 이기려면?

조울증 전문의 레이 드파울로 박사는 각본을 사용해 준비하는 것을 미친 듯이 좋아한다. 존스홉킨스에 있는 그의 진료실 밖을 지나다보면 회의를 준비하며 흥분한 어조로 떠드는 그의 목소리를 들을 수 있을 것이다. 레이는 존스홉킨스 정신과 과장으로 이 분야에서는 세계 최고의 실력을 갖추고 있다.

병원에서 정신과를 운영한다는 것은 회사의 한 부서를 운영하는 것과 별반 다를 게 없다. 예산을 둘러싼 논쟁, 세력 다툼, 직원 간 갈등은 어딜 가나 똑같이 존재하는 문제니까 말이다.

레이 역시 이 모든 문제에 대처하는 동시에 세계적인 정신과 의사라는 명성도 유지해야 했다. 그래서 그는 각본을 준비한다. 누굴 만나고 어떤 협상을 하든 그는 각본을 짠다. 레이와 취재를 하려고 그의 진료실 앞에서 대기하고 있었는데 안에서 각본을 연습하는 소리가 밖에서도 다 들렸다. 그는 방안을 서성거리다 잠시 멈추더니 상대방 역할을 맡은 사람의 의견을 들었다. 그리고 강조할 내용에 강세를 두는 쪽으로 어조를 조절했다. 정말이지 대본을 연습하는 배우와 똑같았다.

레이의 정신과에는 170명 정도의 교수가 있다. 이들 대부분은 주요 프레젠테이션이나 협상을 앞두고 있거나 지원금을 승인받아야 하는 회의가 있을 때, 심지어 환자와의 면담을 앞두고도 각본을 만들어 준비했다. 이렇게 똑똑한 사람들도 자기 머리를 믿지 않고 각본을 짜는 데 시간을 들인다는 사실이 놀랍지 않은가?

나는 각본을 짜기엔 시간이 너무 촉박하다 싶을 때마다 이들을 떠올린다. 그러면 각본을 만들어야겠다는 의욕이 다시 샘솟는다. 레이는 다음과 같이 말한다.

"하루 근무 시간의 40%는 준비에 쓴다고 생각해요. 그리고 준비하는 시간의 대부분은 각본을 짜는 데 씁니다. 예전에 비슷한 내용으로 회의한 적이 있거나 정기적으로 만나온 사람들을 만나도 각본을 안 쓸 수가 없어요. 각본을 짜면서 실제 상황에 있는 듯한 기분을 느끼는 게 좋아요. 동료들에게 항상 준비돼 있는 사람으로 보이는 것도 좋고요."

내가 그날 문밖에서 들었던 것은 레이가 전날 밤 자정이 넘어서까지 준비했던 각본이었다. 원래는 정신과에 배정될 예정이었던 1년치 예산의 일부가 의예과의 일반 예산으로 빠질지도 모르는 상황이었다. 그렇게 되면 부서 사람들 몇 명이 해고될 수도 있었다.

세계 최고의 병원이자 세계 최고의 의대에 소속된 한 사람으로서 느끼는 부담감과 경쟁심이 얼마나 클지 상상해보라. 이런 조직에서 예산 줄다리기란 흔한 일이다. 레이를 비롯한 존스홉킨스 정신과 의사들은 예산 줄다리기를 해야 할 뿐만 아니라 정신 의학 분야에서도 최고들이 모인 자리에서 살아남을 수 있는 역량을 갖춰야 했다.

"저는 환자를 돌보는 일을 정말 좋아합니다. 우리가 하는 일에 확고한 신념을 갖고 있거든요. 하지만 행정적인 문제들도 간과할 수 없어요. 행정적인 변화의 중심에 서야 한다는 것을 이해하는 사람들이 필요합니다. 저 역시 비즈니스와 업무적인 협상까지도 철저히 준비하려고 노력합니다. 하지만 의욕만으로는 부족해요. 즉, 시스템으로 무장해야 합니다. 전 준비 원칙을 빠짐없이 숙지하고 한 단계, 한 단계 실천한답니다(레이는 과장 부임 초기에 우리 세미나에 참여한 바 있다)."

이런 방식으로 일하면서 레이는 의욕을 충전하고 일의 능률도 높일 수 있었다. 중요한 예산 협상을 앞둔 레이의 책상 위에는 그가 만든 각본이 놓여 있었다. 예산을 협상하기 위한 각본의 개요는 다음과 같다.

1. 듣고, 질문하고, 그에 대한 대답을 명확히 함
존스홉킨스 병원의 단기 · 중기 · 장기적 목표에 관해 새로운 아이디어
논의
a. 단기 : ____

b. 중기 : ____________________________

c. 장기 : ____________________________

2. 병원의 요구 사항은 무엇이며 우리의 요구 및 직원들의 요구와 어떻게 다른가?

3. 결과 : 다른 과도 병원이 실속 없는 예산안을 요구하고 있다는 사실을 아는가?

4. 정신과 전문의 중 한 명이 다른 대학으로 가버릴 경우 우리 대학이 직면하는 결과 : 수백만 달러의 정부 지원금을 잃게 됨

5. 대안 : 병원 측에 예산을 1년 동안 운영해보라고 요구한다. 그래야 의사 결정권자들이 실제 지출 내역과 책임자를 가려낼 수 있을 것이다.

6. 대안 : 좀 더 큰 계획, 즉 병원과 학교 전체 프로그램이 통합되는 것을 지지한다. 현재 예산 분배와 관련해 정신과에만 신경을 쓰는 병원의 초점을 다른 곳으로 옮길 수 있다.

레이는 각본의 중반까지는 협상 테이블에 있는 모든 사람들이 공감하는 바를 찾는 데 주력한다. 예를 들어 단기 및 중·장기 목표 가운데 몇 가지를 분석하다보면 서로 공감하는 부분 중에서 현실로 만들 수 있는 것이 생기기 때문이다. 레이는 상대편의 관심사를 파악하기 위해서도 노력한다. 이번 협상의 경우에도 각본에 상대방의 입장을 넣어서 그들의 목적을 파악하고 현재의 쟁점과 얼마나 관련이 있는지 알 수 있었다. 각본의 후반부에서 레이는 자신의 부서와 상대편 부서의 관심사를 비교한다. 그런 후 윈 – 윈

의 결과를 이끌어낼 만한 아이디어나 해결책을 브레인스토밍한다.

"확실한 계획과 각본을 만들지 않았다면 내 상황은 물론이고 상대편 입장도 완전히 파악하지 못했을 겁니다. 이건 게임으로 승부를 가리는 것과 비슷해요. 은근히 재미도 있답니다."

그는 환자들을 대할 때도 각본을 사용한다. 레이를 비롯한 존스홉킨스 정신과 의료진은 전 세계에서 모여든 가장 까다로운 정신 병리학 사례들을 늘 접하게 된다.

"환자의 고통이 극심할 때가 가장 힘들어요. 정말로 뇌에 이상이 생긴 것이기 때문에 환자가 자신의 상태를 객관적으로 판단할 수 없죠. 게다가 우울증 환자들은 정말 부정적인 선입견을 갖기 쉽거든요. 그래서 전 햄릿의 독백으로 치료를 시작할 때가 많아요. '죽느냐 사느냐 그것이 문제로다' 말이에요. 물론 각본을 따르더라도 경우에 따라 수정하는 편이죠. 치료 기술은 굉장히 다양하지만 상황에 맞는 각본이야말로 진짜 효과가 좋습니다. 간단한 이치예요. 물론 실전에서 어떻게 사용하느냐도 중요해요. 그래서 항상 예행연습을 하지요."

레이가 읊는 독백은 경우에 따라 다양하지만 그래도 마지막은 언제나 삶을 긍정하는 대사로 끝난다.

"심각한 우울증 때문에 저에게 15년간 치료를 받아온 여성분이 있어요. 최근에도 상담을 했는데, 아직 그분의 병을 고쳐드리진 못했어요. 약물이나 상담도 소용이 없었거든요. 그래도 그분이 삶에 만족하고 제대로 살아갈 수 있도록 도와드렸어요. 그런데 얼마 전에 그분이 또다시 우울증에 빠지고 말았죠. 전 오랫동안 그분을 위해 만들어온 각본을 사용했습니다. '우울증과 싸우면서도 훌륭한 삶을 살아온 당신은 진정한 영웅입니다. 우리 의료진과 간호사들 모두가 그렇게 생각했어요. 아주 오래전부터 말이에요'. 그녀는 평생 동안 어깨 위에 엄청난 무게의 망령을 짊어지고 살아왔어요. 그러면서도 삶의 방향을 바르게 하려고 엄청나게 노력하는 사람이었답니다."

부서 사람들의 일자리를 지켜주기 위한 각본이든 환자의 생명을 구하기 위한 각본이든 레이는 눈에 보이지 않는 망령이라도 당장 쫓아낼 각오로 열성을 다해 각본을 짜고 있다.

직감보다 각본에 의존하라

일할 때 각본은 공연 중 악보와 같다

폴 샌들러는 작은 하모니카를 반짝이며 오래된 블루스 곡을 멋지게 연주할 줄 아는 남자다. 그의 본업은 사실 법정 변호사다. 게다가 그는 미국 내에서 최고의 변론 실력을 갖고 있다. 그는 법정에서 최초 변론과 최후 변론을 할 때 하모니카를 연주할 때와 같은 분위기를 풍긴다. 평소의 그는 온데간데없고 마치 다른 사람처럼 행동하는 것이다.

그가 마치 원래 그랬던 사람인 양 자연스러워 보이는 이유는 뭘까? 그가 성공할 수 있었던 비결은 뭘까? 정답은 역시 준비다. 그는 각본을 미리 연습해보고 다른 사람들에게 자기 언행을 가차 없이 비판해달라고 한다.

폴은 언제나 자신의 직업과 취미에서 공통되는 부분을 찾았다. 그는 하모니카로 블루스를 연주하면서도 법정에서 변호할 때 쓸 말을 생각해내는 능력이 있었다.

"하모니카 같은 악기를 훌륭하게 연주하려면 오직 연습밖에 길이 없습니다. 하지만 잘못된 방식으로 연습하는 것은 아예 연습을 안 한 것만 못해요. 잘못된 키를 백날 연습해도 제대로 된 연주를 할 수가 없거든요. 정작 자신은 뭐가 잘못됐는지도 모르니까요. 잘못된 자세로 골프 스윙 연습을 한다고 생각해봐요. 아무리 열심히 연습해도 잘못된 자세만 몸에 익을 뿐이죠. 결국 연습을 '잘못'하는 셈이에요."

폴은 재판을 앞두고서 꼼꼼히 준비하기 때문에 '법정에서 가장 준비가 철저한 사람'이라는 명성도 얻었다. 하모니카를 멋들어지게 연주할 때와 같은 집중력으로 그는 시나리오를 작성하고 예행연습을 한다.

"법정 변호사(trial lawyer : 서류를 준비하는 사무 변호사와 달리 법정에서 직접 변호를 맡는다 – 옮긴이 주)로서 제가 가진 차별화된 강점이 바로 '준비'입니다. 법정 변호사는 남보다 특별히 뛰어날 필요가 없습니다. 준비만 철저히 해두면 되죠. 실제로 엄청나게 논리정연한 변호사들이 소송에서 참패할 때가 얼마나 많은지 아세요? 그들이 실패하는 이유는 간단합니다. 바로 상대측 변호인단이 그들보다 더 철저히 준비했기 때문입니다."

폴은 역사에도 일가견이 있었다. 법정 변호사로서 그의 롤모델은 에이브러햄 링컨이었다. 링컨은 역사적으로 워낙 유명한 인물이지만 그가 법정 변호사로서도 매우 유능했다는 사실을 아는 사람은 별로 많지 않다. 하지만 "재판에서 이기려면 상대방의 상황을 그들보다 더 훤히 꿰뚫어야 한다" 고 말한 사람이 바로 링컨이다.

폴은 재판 준비 1단계에서 의뢰인과 증인들로부터 진술을 가능한 한 상세하게 듣는다. 그는 자신이 만나게 될 사람의 머리끝부터 발끝까지 샅샅이 파헤치는 데 굉장히 많은 시간을 쏟아붓는다.

그다음 단계에서 그는 사건을 시간대별로 재구성하고 이를 뒷받침하는 증거 자료를 마련한다. 또 사건 일지를 작성하고 그에 알맞은 서류 정리 체계를 만든다.

이렇게 하는 이유는 두 가지다. 첫째, 최종 각본을 위한 정보를 얻기 위해서다. 둘째, 서류를 정리하여 재판에 들어가면 악보를 보면서 악기를 연주할 때와 마찬가지로 자신감이 생기기 때문이다. 폴은 자기 앞에 놓인 소송을 생각하며 법정에서의 상황을 머릿속으로 그려본다. 이런 준비 과정을 그는 노트에 차곡차곡 기록하고, 이 과정을 거쳐 법정에서 내세울 주장의 요지를 완성한다. 폴이 재판의 주요 논점이나 이론을 하나로 통합하는 시점도 바로 이때다.

"우리가 제시한 논점이 재판의 핵심이 될 수도 있어요. 따라서 청중에게 집중해야 합니다. 재판에서는 청중이 중심입니다. 다른 분야도 그렇지만 여기선 특히 의사소통의 중심에 자기 자신을 놓아선 안 됩니다. 중요한 건 청중이죠. 내가 제시한 논점이 반드시 청중의 관심을 끌 수 있어야 해요."

자기 편의 입장이 명확해지면 폴은 이른바 '대위법(Counterpoint : 독립성이 강한 둘 이상의 멜로디를 동시에 결합하는 작곡 기법 – 옮긴이 주)'을 사용한다.

"우리 입장을 완벽히 정리했다는 확신이 들면 이제 상대방의 관점에서 이 사건을 연구해야 합니다. 바로 여기서 링컨이 했던 말이 도움이 되죠. 상대방과 다른 시각과 전략을 발견해내고 우리의 전략을 적당히 수정합니다."

양쪽의 입장에서 사건을 이해했다면 이제 해당 사건에 적용할 수 있는 법률을 생각해야 한다. 이쯤 되면 각본의 틀이 갖춰지고 내용도 채워진 상태다. 그는 각본이 충분히 몸에 배도록 준비한다. 미리 짜인 각본대로 움직이는 것처럼 보이고 싶은 변호사는 아마 없을 것이다. 자신이 혹시 기계적이나 의식적으로 행동하는 것처럼 보이는지 알고 싶다면 실제로 해보는 수밖에 없다. 폴은 자신이 섭외한 사람들과 함께 미리 각본을 연습하면서 자연스럽게 변론할 수 있도록 준비한다. 그렇기 때문에 그는 미리 각본을 짜 두고 준비하지만 실제로는 전혀 그렇게 보이지 않는다. 동료들과 수차례에 걸쳐 예행연습을 하기 때문이다.

심지어 폴은 배심원 컨설턴트를 고용하여 자신의 변론을 들려주고 다른 변호사들과 모의재판을 하기도 한다. 때로는 아내까지 괴롭히면서 예행연습을 반복한다. 주위 사람들이 다 혀를 내두르며 도망가 버리면 자신의 충직한 애완견 앞에서 변론을 펼치기도 한다.

폴은 한 증인이 대배심원(Grand Jury:미국의 배심원은 기소를 평결하는 대배심원과 실제 재판을 경청하는 소배심원(Pett Jury)으로 나뉜다–옮긴이 주)들 앞에서 증언을 했던 때를 떠올렸다. 당시 폴의 의뢰인은 그 증인과 간통한 죄로 고소를 당했다. 폴은 증인이 거짓 증언을 했다고 확신하고 있었다. 그러나 이 사건을 철저히 준비하는 과정에서 폴은 개인사를 깊이 파고드는 일이 일부 배심원들의 호감만 깎아먹는다는 사실을 발견했다.

"모의재판을 하면서 증인을 다방면으로 심문해봤죠. 그러면서 각각 어떤 결과가 나오는지 살펴봤습니다. 내가 그녀의 사생활을 집요하게 캐묻자 모의 배심원들이 매우 강하게 반발하더군요. 법정에서도 그랬다면 패소했을지도 몰라요."

거침없이 비판하는 악역과 함께 대본을 연습하는 변호사는 흔치 않다. 대단히 유능하고 논리정연한 변호사는 많다. 하지만 그들 대부분은 자신감이 지나쳐 화를 자초할 때가 많다. 그래서 폴처럼 꼼꼼히 준비하는 사람이 허를 찌르고 승리를 거머쥐는 것이다.

폴이 각본을 통해 배운 점은 또 있다. 사람들의 이목을 끄는 특별한 사실이라도 논지에 맞지 않으면 쓸모가 없다는 것이다.

"놀랍고 새로운 사실이라고 해서 전부 다 우리의 근거가 되는 것은 아닙니다. 그보다는 우리의 논점에 집중하는 것이 핵심이지요. 말하자면 논점을 발전시켜야 합니다. 그렇게 해야 의사소통의 중심인 배심원들의 초점이 흐려지지 않으니까요."

이 교훈은 사실 법적 실무를 아는 것보다 더 중요하다. 어떤 발표나 협상이건 논점의 핵심을 유지하기 위해서는 이처럼 능숙하게 접근할 필요가 있다.

폴은 30년이 넘도록 숱하게 많은 사건에서 승소했다. 하지만 그는 좀처럼 자신의 직감에 의존하지 않는다. 초보 변호사일 때부터 지금 이 순간까지도 그는 변함없이 준비에 의존하고 있다. 그는 성공적인 변호사로서의 명성 못지않게 각본의 대가라고 불리는 것에도 엄청난 자부심을 느낄 것이 분명하다.

각본은 선택이 아니라 의무다

연봉 협상에서 당당한 목소리를 내려면

샘 프레스티는 혈기 왕성한 나이 28세에 샌안토니오 스퍼스의 부단장이 됐다. 그 후 30세가 되던 해인 2007년 시애틀 슈퍼소닉스(Seatle Supersonics : 2008년, 연고지를 워싱턴 주의 시애틀에서 오클라호마 주의 오클라호마시티로 옮긴 후 구단 명칭도 오클라호마시티 선더(Oklahoma City Thunder)로 바꾸었다-옮긴이 주)를 물려받아 NBA 역사상 최연소 단장이 됐다.

그는 스퍼스 시절부터 각본을 쓰는 능력을 키웠다. 팀의 전설적인 단장이었던 R.C. 뷰포드와 함께 마누 지노빌리(Manu Ginobili : 아르헨티나 출신의 가드 - 옮긴이 주), 토니 파커(Tony Parker : 2007년 NBA 올스타에 선정되기도 한 가드 - 옮긴이 주) 같은 스타 선수들과의 계약 협상을 준비하면서 수차례 각본을 짜왔다. 스퍼스의 경영진은 전원이 만족할 때까지 각본을 작성하고, 검토하고, 수정했다. 스퍼스는 협상을 할 때 상대방에게 당당하게 내놓을 수 있는 제안서를 완성하는 방법을 알고 있었다.

샘은 할아버지에게 옛날 방식의 준비법을 배웠다. 할아버지는 그가 아는 한 가장 준비를 잘하는 사람이었다. 일을 하거나 대화를 하기 전에도 그것이 여러 사람들에게 영향을 줄 수 있는 일이라면 반드시 치밀하게 준비해야 한다는 것이 할아버지의 지론이었다.

"각본을 짜는 건 당연하다고 생각해요. 상사나 내 월급을 지불하는 사람을 위해서라도 꼼꼼히 준비하는 자세를 가져야죠. 특히 각본 짜기는 중요한 걸 놓치거나 잘못된 방향으로 가지 않게 해주기 때문에 필수적으로 거쳐야 할 과정이랍니다."

샘은 각본 짜기를 그저 필요한 정도가 아니라 반드시 지키고 따라야 하는 의무라고 생각한다. 사실 회사가 특정한 준비 방법을 의무로 규정해두기란 어려운 일이다. 각본을 짜는 과정이 창의력을 갉아먹을 수도 있고 직원들을 일정한 틀 안에 가두면 반감을 살 가능성도 있기 때문이다. 그러나 직원 스스로 특정한 준비 방법을 의무라고 여긴다면 분명 고용주 입장에서는 상당히 인상 깊게 여길 것이다.

샘이 각본을 고치고 다듬는 과정은 안전 슈팅 거리가 4.5미터인 농구선수가 5미터 점프슛을 연습할 때와 비슷하다.

"최근에 《Deliberate Practice(계획적인 연습)》이라는 에세이를 읽었습니다. 과정의 즐거움에 관한 글이었어요. 좋은 결과뿐만 아니라 준비 과정 자체도 즐거울 수 있다는 내용이었습니다. 일이 잘 풀리지 않을 때라 해도 그 즐거움 때문에 부단히 정진할 수 있다는 겁니다. 일단 준비 과정에서부터 자기를 평가할 수 있다면 성공이냐 실패냐에 상관없이 자기 일에서 만족감을 찾을 수 있는 거죠."

샘이 각본을 쓰는 가장 중요하고 또 실용적인 이유는 자신의 프레젠테이션 능력을 키울 수 있을 뿐만 아니라 양쪽이 모두 만족할 만한 더 좋은 결과를 만들 수 있기 때문이다.

"처음 각본을 사용하기 시작하던 때 느낀 점이 있어요. 각본을 통해 우리보다 상대편의 전략과 관점을 더욱 잘 이해할 수 있다는 것이죠. 하지만 꾸준히 그런 방식을 사용하다보니 더욱 중요한 걸 깨닫게 되었습니다. 바로 각본을 통해 제 목소리를 찾고 저의 전략에 대해서도 자신감을 얻을 수 있다는 사실입니다. 정말 그래요. 각본은 제 메시지를 상대방에게 전달하는 것을 도와줄 뿐 아니라 제가 감정 때문에 본래 궤도에서 벗어나지 않도록 막아줍니다. 전체 과정을 명확히 보여준다는 점에서도 중요하지만 무엇보다도 제가 할 말들을 정확하게 파악할 수 있다는 점에서 더욱 중요하죠."

다음은 각본의 가치를 설명하면서 샘이 보여준 가상 시나리오다. 중요한 계약에 대해서 협상하는 상황을 설정한 것이다.

'샘은 한 선수를 훈련 캠프로 데려오는 문제로 에이전트와 회의를 앞두고 있다. 일반적으로 이런 상황에서 팀은 선수에게 보수를 지급하지 않는다. 하지만 샘은 선수에게 보수를 제공할 약간의 기금을 마련해뒀다. 그런데 선수의 기대치가 너무 높아서 기대치를 낮춰야 하는 상황이다. 그는 이 난감한 소식을 에이전트에게 무난하게 전하기 위해 그리고 일어날 법한 다른 상황을 그려보기 위해 각본을 만든다.'

"우리는 진심으로 A선수가 캠프에 참여하기를 원합니다. A로서도 자신의 역량을 증명할 수 있는 좋은 기회가 될 것이고, 우리 코치진으로서는 그가 우리 팀에 적합한지 평가해볼 좋은 기회가 될 것입니다."

(에이전트가 보수를 물어보건 말건 상관없이 다음을 덧붙인다)

"우리끼리 논의한 바로는 당신과 A가 원하는 실전 경험을 기꺼이 제공할 수 있습니다. 그렇지만 보수는 지급할 수 없네요. 하지만 당신과 A가 이번 기회의 가치에 대해 신중하게 고민하기를 바랍니다."

(에이전트가 보수 문제를 양보하지 않고 실질적인 금액, 가령 10만 달러를 요구하면 이렇게 한다)

"그렇다면 이렇게 생각해봅시다. 만약 일당으로 1만 5,000달러씩을 지급한다면 어떻습니까?"

(에이전트가 난색을 표한다면 마지막으로 추후에 통화하자고 제안한다)

"전에도 이런 적이 있었어요. 당신이 선수의 동의를 얻어낼 수 있도록 돕겠습니다. 그렇다면 일당을 2만 달러로 올리도록 하죠. 그리고 A가 지금으로부터 12개월 후에도 우리 선수로 계속 남게 될 경우 추가로 8만 달러를 지급하겠습니다. 이 정도면 괜찮은지 알려주십시오. 정 안 되겠다 싶으면 안타깝지만 서로 갈라서는 수밖에 없겠네요…."

(이런 경우 대개 에이전트가 계약 조건에 동의한다)

샘은 에이전트의 속내를 떠보기 위해 개방형 질문을 던졌다. 그는 '만약 ~라면'의 구절을 덧붙여 미리 상대방의 응답을 예측해보려 한다. 성급히 행동하지 말고 추후에 더욱 강하게 주장하자고 스스로를 다독인다. 그리고 가설과 과거의 사례를 이용해 에이전트를 설득한다. 샘이 각본을 어떻게 연습하고 창의적으로 대답하기 위해 어떻게 여백을 남겨두는지 잘 살펴보길 바란다. 그는 에이전트의 예상 행동과 전략도 각본에 넣어두려고 애쓴다.

스퍼스와의 협상에서 샘이 작성한 각본은 NBA팀 모두가 함께 만들어 낸 작품인 동시에 모범 답안이기도 했다. 이는 팀의 연봉 상한제 관리, 선수들의 기량 파악, 경기장에서나 운영 사무실에서의 협동심을 관리하는 데도 사용할 수 있다. 현재 그가 몸담고 있는 시애틀 구단은 앞으로 할리우드 영화 제작사보다도 더 많은 시나리오를 접하게 될 게 분명하다. 그리고 그들은 각본을 통해 부단히 연습하면서 더욱 커다란 명성을 얻게 될 것이다.

각본은 준비의 효과를 배가시킨다

- 각본을 연습할 때 '선의의 비판자'가 적절히 가담하면 발표나 제안, 특히 '다소 무리한 요구'를 자연스럽게 할 때 큰 도움이 된다.
- 각본을 작성하고 연습할 때는 단어 선택과 어조, 설득력 있는 과거의 사례 활용, 질문, 침묵까지도 미리 연습해둬야 한다.
- 각본은 아이디어나 접근법을 구체화하고 새로운 전략이나 대안을 발견하며 상대편 입장에 대한 새로운 사실을 깨닫는 데도 활용할 수 있다. '선의의 비판자'는 당신이 해당 각본의 강점과 약점을 파악할 수 있게 돕고 자신감을 키울 수 있게 해준다.

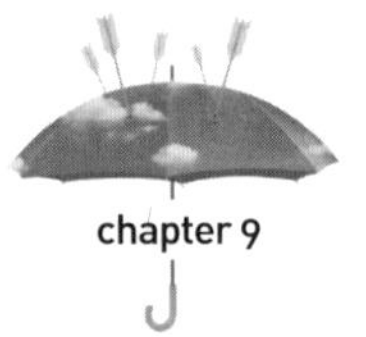

chapter 9

실수는 있어도 실패는 없다

철저히 준비했다고 해서 반드시 완벽한 결과가 나오는 것은 아니다. 사람은 누구나 실수를 하기 때문이다. 그러나 제대로 준비하는 사람은 자신의 실수에서도 교훈을 얻을 수 있다. 잘못을 바로잡을 수 있게 통찰력을 가다듬고 지금의 상황에 대처하거나 다시 올 도전을 준비하는 것이다.

나는 이 책을 쓰기 전에도 책을 두 권 집필한 경험이 있다. 간혹 사람들은 내게 이렇게 말한다.

"와, 책을 두 권이나 쓰신 걸 보니 굉장한 일을 하셨나보네요."

과분한 칭찬이지만 나는 좀 다르게 생각한다. 나는 살면서 숱하게 많은 실수를 저질렀다. 그리고 그 실수들을 통해 교훈을 얻었고 그 교훈에서 책을 쓸 수 있는 통찰력을 얻었다. 내 책을 읽은 독자들이 비슷한 문제를 겪을 때 나보다 더 지혜롭게 대처할 수 있도록 만들 교훈 말이다.

많은 사람들처럼 나도 성질을 건드리는 사람에게 욕을 한바탕 퍼부어주면 어느 정도 기분이 나아지고 잠깐이나마 흡족해진다. 그러나 누군가와 갈등을 빚는 상황에서는 '차라리 말을 말자. 저 인간한테 지옥에나 가라고 쏘아붙이고 싶지만 오늘이 아니면 내일이라도 할 수 있으니까'라고 생각하는 편이 훨씬 낫다. 나는 이 교훈을 아주 오랜 세월을 거쳐 터득했다. 그것도 아주 힘들게 말이다.

언젠가 나는 한 유명 인사의 개인적인 재정 업무를 대신 처리하는 일을 맡았다. 그런데 그가 어떤 건에 대해서 보수를 주지 않겠다고 하는 게 아닌가. 아무리 생각해도 난 정당하게 보수를 받을 권리가 있는데 말이다. 나는 화가 치밀었다. 그는 은혜도 모를 뿐 아니라 시야가 좁은 인간이라는 생각이 들었다. 그래서 그대로 말했다. 사실, 좀 더 험악한 표현을 쓰긴 했다.

하지만 그건 내가 과잉 반응한 것이었고, 오히려 더 큰 화를 자초하게 됐다. 그는 고소를 하겠다며 길길이 날뛰었다. 나로서는 돈을 받기는커녕 돈을 쓰게 된 셈이다. 그제야 깨달았다. 감정적으로 대응하는 것은 내가 통제력이 부족하다는 사실을 드러낼 뿐이며 감정 역시 관리해야 한다는 사실을 말이다. 그래서 나는 감정을 관리하는 것도 일이라고 생각하며 꼼꼼히 준비하기 시작했다. 이제는 거래를 할 때도 거래 자체(협상을 통해 내가 얻고자 하는 점)에만 신경을 쓰는 것이 아니라 나의 심리 상태도 같이 준비해서 내가 감정에 치우치지 않게 만전을 기한다. 이제 나에게는 거래 과정과 감정이 모두 준비의 대상이다.

나는 감정을 통제하는 2단계 과정을 사용한다. 첫 번째 단계는 신체적인 행동이다. 예를 들면 손가락을 입술에 대거나 작은 소리로 숫자를 센다(미국 3대 대통령이었던 토머스 제퍼슨이 그랬던 것처럼). 이 단계에서 마음의 흥분이 가라앉으면 두 번째 단계로 '이 일을 감정적으로 받아들이지 말자, 인신공격이 아니다'라고 스스로를 다독인다. 별것 아니지만 이것은 오랜 세월 동안 내가 감정적으로 실수를 하는 과정에서 나름대로 개발한 방식이다. 이 방법 덕분에 나는 목표에 더욱 성공적으로 접근할 수 있었다.

또 하나 내가 자랑스럽게 여기는 것이 있다. 샤피로 협상 연구소의 세미나 운영 방식에 대해서 나와 내 파트너 마크가 의사소통하는 데 실패를 거듭한 끝에 결국 협의를 했던 일이다. 사업 초기에 우리는 프로그램 강사로도 많이 참여했다. 겉으로 보기에 우리는 마치 환상적인 솜씨로 바통을 넘기며 기록을 갱신하는 이어달리기 팀 같았다.

사람들 눈에는 우리가 원활하게 돌아가는 조직으로 보였겠지만 사실 무대 뒤에서는 영화 〈The Odd Couple〉(기묘한 커플 : 코미디 작가 닐 사이먼의 작품을 영화화한 것으로 서로 의견 충돌이 잦은 두 남자가 주인공이다 - 옮긴이 주)의 두 주인공 펠릭스와 오스카처럼 우리는 티격태격댔다. 나는 어떤 일이든 몇 주 앞서 확실한 청사진을 그려두고 싶었다. 하지만 마크는 바로 전날 밤 호텔방에서 모든 사항이 제대로 되어 있는지 확인하고 싶어했다. 나는 내 방식이 옳다고 믿었다. 나에겐 준비가 가장 중요했으니까. 그러나 마크의 생각은 정반대였다. 몇 주 전이 아니라 하루 전에 예행연습을 해도 준비하는 데 문제가 없으며 오히려 강연할 때 더 자연스럽다는 것이었다. 나는 마크가 준비에 소홀하다는 느낌을 받았다. 또 그가 막판에 몰아서 연습을 '해치운다'고 생각했다. 하지만 이것은 오직 내 기준으로만 판단한 결과였다.

사실은 우리 둘 다 각자의 시각에서 벗어나지 못하고 있었을 뿐이었다. 지금 우리는 강연을 함께 할 일이 있을 때는 몇 주 전이나 하루 전이 아닌 며칠 전에 예행연습을 한다. 우리 프로그램은 예전과 다름없이 잘 굴러갔지만 우리가 스스로 느끼는 만족도는 훨씬 높아졌다. 실수를 통해 교훈을 얻은 것이다.

이렇게 갈등이 해결되고 나니 우리 관계의 다른 면들도 더욱 긍정적으로 변하기 시작했다. 사업 운영에 관련된 책임 영역을 나누는 것도 그중 하나였다.

예를 들어 사업을 하면서 전략적으로 결단을 내려야 할 때가 있었다. 즉, 우리 둘이 강연을 계속할지 아니면 강사 팀에게 모두 넘길지, 만약 넘긴다면 우리가 어느 정도 관여를 할지, 아예 빠져 있을지 등이 문제였다. 사실 나는 우리 회사가 업계 최고 수준의 강연을 제공하는 것을 목표로 하고 있었다. 하지만 마크의 목표에 대해서 나는 잘못 넘겨짚었다. 그가 수준 낮은 강연을 여러 차례 열어 돈을 벌고 싶어 한다고 생각한 것이다. 그때도 나는 이미 마크와 여러 번 오해를 하고 푼 적이 있어서 그간의 경험에서 배운 것이 있다. 그래서 그가 어떤 이유로 그랬는지 들어보고 회사가 나아갈 방향을 자유롭게 판단할 수 있도록 했다.

만약 내가 과거의 실수로부터 아무것도 배우지 못했다면 마크도 사업을 확장하는 데 뛰어난 본인의 재능을 발휘하지 못했을 테고, 나 역시 책을 쓰고 새롭게 사업을 추진할 기회를 놓쳤을 것이다. 연구소의 규모를 키우고 능력 있는 강연자를 키우자는 마크의 주장을 받아들인 덕에 이 모든 것이 가능했다.

핵심은 세 가지다. 첫째, 제대로 준비하는 사람은 꾸준히 준비한다. 둘째, 제대로 준비하는 사람이라 해도 실수할 수는 있다. 그러나 제대로 준비하는 사람은 이런 실수까지도 다음을 위한 준비로 활용한다. 셋째, 일을 진행하는 중에 조정이 필요하다고 해서 좌절할 필요는 전혀 없다. 이것은 준비가 부족해서가 아니라 단지 피할 수 없는 일이 일어난 것뿐이다. 오히려 일을 조정하고 실수를 바로잡을 때 준비 원칙은 더욱 중요해진다.

업계 최고의 전문가들이 준비를 할 때 바로 이 세 가지 공통점을 갖고 있다. 뉴욕 메츠의 감독이었던 윌리 랜돌프는 메이저리그 감독 자리에 수차례 도전했다. 그는 감독직 면접을 위해 스스로를 갈고닦았고 마침내 최고의 일자리를 얻는 데 성공했다. 콘스텔레이션 에너지의 CEO인 메이요 사툭은 회사가 대중의 집중포화를 맞게 됐을 때 자기중심적인 태도를 버리고 회사의 전략을 적절히 변화시켰다. 소니 픽처스 텔레비전 사장인 스티브 모스코는 신생 프로그램을 제대로 관리하지 못해 어려움을 겪었다. 그러나 그 덕에 변덕이 죽 끓듯 하는 업계에서 새로운 프로그램의 위험 요인을 줄이는 방법을 배울 수 있었다. 준비의 달인들은 실수도 단지 미래의 준비를 위한 하나의 사례라고 생각한다.

면접에서 절대 떨어지지 않는 비결

면접에서 미끄러질수록 더 잘나가는 남자

친구들과 볼링을 치건 야구 팀에서 감독을 하건 윌리 랜돌프는 지는 것을 정말 싫어했다. 그는 천성적으로 경쟁심이 강했기 때문에 평생 이기면서 살아왔다. 특히 그는 뉴욕 양키스의 스타 2루수로, 그 다음에는 조 토레 감독 밑에서 양키스 코치진으로 명성을 날렸다. 그러나 그런 그도 5~6년 동안 고전을 면치 못한 일이 있었다. 그것은 그가 꼭 이뤄야 했던 승리, 즉 메이저리그라는 사다리의 꼭대기로 올라가는 일이었다.

만약 당신이 평생을 꿈꿔 온 직업처럼 소중한 목표를 눈앞에 두고도 이를 좀처럼 이루지 못하는 상황이라면 윌리의 이야기가 도움이 될 것이다. 윌리는 감독이 되기 위해 수차례 시도했지만 계속해서 패배의 쓴잔만 마셨다. 그러나 그는 실패했던 이유를 반복적으로 분석해서 준비 계획을 세웠다. 그리고 마침내 뉴욕 메츠의 감독 자리를 거머쥘 수 있었다.

그는 1999년에 처음으로 감독직 면접을 본 후 수년간 계속해서 면접만 봐야 했다. 그는 양키스 조 토레 감독의 충직하고 유능한 부관이었다. 그런데도 신시내티 레즈, 밀워키 브루어스, LA 다저스, 필라델피아 필리스, 시애틀 매리너스, 심지어 메츠도 조를 떨어뜨리고 다른 사람을 감독으로 고용했다. 도대체 이유가 무엇일까?

일부 스포츠 평론가들은 윌리가 면접을 너무 많이 보는 게 문제라고 꼬집었다. 메이저리그 구단들은 내정자가 있어도 감독직 채용이 열려 있음을 보여주려고 일부러 여러 후보들을 불렀다. 평론가들은 윌리의 잦은 면접이 구단들 체면만 살려줬을 뿐이라고 지적했다. 대부분의 면접은 형식적이었다. 애초에 구단들은 윌리를 고용할 생각이 없었던 것이다!

그러니 생각해보라. 당신은 훌륭한 야구선수일 뿐 아니라 코치로서도 뛰어난 실력을 발휘해왔다. 그런데 정작 원하는 걸 손에 넣을 수 없는 상황이라면 기분이 어떨까?

나는 수년간 윌리의 에이전트를 맡아왔다. 그가 감독직에서 계속 떨어지는 모습을 보는 것은 나로서도 괴로운 일이었다. 그러나 몇 번 실패를 거듭한 끝에 윌리는 면접에서 떨어진 경험을 다음번 면접을 준비할 때 사용하겠다고 마음먹었다. 그러자 면접 기술은 점점 나아졌고, 동시에 코치로서의 기량도 향상됐다. 윌리가 면접을 준비하는 과정은 단지 이번 하나를 위한 것이 아니라 또 다른 면접을 위한 것이기도 했다. 만약 면접이라는 경기가 있다면 윌리는 거기서 썩 훌륭한 타자는 아니었다. 그러나 메츠가 그를 고용할 무렵에는 면접의 1루타와 2루타를 지나 대부분의 질문에 홈런을 칠 정도로 발전해 있었다. 윌리는 당시 일에 대해 이렇게 말했다.

"너무 힘들었습니다. 어차피 안 될 걸 알면서도 갔던 면접이 있어요. 당시 제 친구 하나가 필라델피아에서 스포츠 평론가를 하고 있었는데 마침 제가 필라델피아에 있는 팀의 감독직 면접을 앞두고 있었어요. 그 친구가 귀띔해주더군요. 이미 딴 사람이 내정돼 있으니 가지 말라고요. 그래도 저는 면접을 보기로 결정했습니다. 가서 그들이 깜짝 놀랄 만큼 좋은 인상을 남기겠다고 결심했죠. 저는 할 수 있는 한 최선을 다했고 그들에게 깊은 인상을 남기려고 노력했습니다. 어떤 면접이든 제가 뭔가 배울 수 있는 기회로 삼겠다고 다짐했죠."

윌리는 경험을 배움의 기회로 활용하면서 세 가지에 집중했다. 첫째, 자주 받는 질문에는 모범 답안을 만들어서 일목요연하게 정리한다. 둘째, 감정을 통제하고 질문의 요지를 벗어나지 않게 대답하도록 연습한다. 셋째, 각 팀의 선수와 스태프, 신인 선수들에 대해 미리 조사한다.

"면접 초기에 받았던 질문 중에서 잊혀지지 않는 게 있어요. '만약 당신이 나무라면 어떤 나무일까요?' 처음엔 정말 당황했죠. 그렇게 철학적인, 아니 애매모호한 질문은 전혀 예상하지 못했거든요. 그래서 그냥 떠오르는 대로 버드나무라고 말했어요. 지금 또다시 질문을 받는다면 저는 반드시 강하고 견고한 참나무라고 할 거예요.

이런 질문도 있었죠. '춘절기 훈련을 어떻게 할 계획입니까?' 이것도 처음엔 미처 준비하지 못했던 질문이에요. 하지만 저는 그 면접이 끝나고 양키스로 돌아가 실제로 감독과 함께 춘절기 훈련을 이끌었습니다. 그러니 다음번에 똑같은 질문을 받았을 땐 저도 대답할 준비가 돼 있었죠. 실제로 경험했으니까요. 그러고 나서는 아주 제대로 된 대답을 할 수 있었어요. 한마디로 장외 홈런이었죠. 저절로 답이 술술 나오더군요. 왠지 면접관들도 지금껏 들어보지 못한 새로운 방법을 깨달았다는 듯한 표정이었습니다. 그러니까 면접도 야구랑 다를 게 없어요. 수십 번이든 수천 번이든 반복하면 할수록 실력이 부쩍부쩍 느니까요."

윌리가 새롭게 준비하기 시작한 또 다른 영역은 자기표현 방식이었다.

월리는 천성적으로 승부 근성이 강했다. 그래서 초기에 면접을 보러 다닐 때는 간혹 열정이 앞서서 질문의 요지를 벗어나는 대답을 늘어놓기도 했다.

그는 샤피로 협상 연구소의 세미나에 참석한 것이 자신의 인생에 전환점이 됐다고 말했다. 그는 평생 야구만 알고 살아왔기 때문에 비즈니스의 세계를 접할 기회가 거의 없었다. 그러나 감독직 면접은 노련한 비즈니스맨들과 만나는 자리다. 월리는 세미나를 통해 협상 기술의 감을 익혔고 세미나가 끝난 후에도 토론회에 계속 참여했다. 그는 협상에 대해 공부하는 열혈 학생이 되었고 그렇게 배운 지식을 향후 면접에서도 사용할 수 있었다.

"제가 원래 말을 하다보면 흥분해서 곁길로 새는 일이 많아요. 세미나 덕분에 질문의 요지를 벗어나지 않고 집중해서 대답하는 방법을 익힐 수 있었죠. 이제는 반대로 상대방에게 질문을 던지기도 합니다. 그러면 그들의 생각과 의중을 파악할 수 있거든요. 어차피 한 번에 모든 해결책을 다 말할 수는 없어요. 긴장을 약간 풀고 한발 뒤로 물러나서 그 질문에만 집중해야 합니다. 저는 대답하는 속도를 조절하고 스스로 자신을 통제하려고 노력했습니다."

월리는 또한 지독한 메모광이 되었다. 그는 면접 자리에 반드시 종이를 가져가서 현장 상황을 꼼꼼하게 기록했다. 면접을 보기 전에 미리 자신의 아이디어를 종이에 적기도 했다.

"내가 할 말 중에서도 깊은 인상을 남겼으면 하는 이야기들의 목록을 만들었습니다. 면접관이 질문을 던지면(10명의 면접관이 온갖 질문을 속사포처럼 쏘아댈 때도 있었죠), 그 질문을 종이에 적어두고 나중에 내가 어떻게 대답했는지 분석했습니다. 앞으로 또 받을 것 같은 질문도 골라보고요.”

윌리는 팀 선수들에 대한 지식만으로도 면접관을 감동시킬 수 있다는 사실도 발견했다. 윌리가 면접을 볼 팀에 대해 그토록 상세하고 깊게 분석했으리라고는 아무도 기대하지 않은 상황에서 그의 준비는 면접관들의 감탄을 자아냈다.

“훌륭한 코치로서 필요한 준비를 열심히 했다는 걸 증명할 수 있는 방법 중 하나가 바로 해당 팀에 대한 지식을 쌓는 것입니다. 저는 감독직 면접을 볼 때마다 면접을 위한 준비를 점점 더 체계화할 수 있었습니다.”

윌리는 자신이 힘들었던 시절에 배운 교훈을 지금도 잊지 않고 있다. 이제 그는 유명 감독이 되었고 언론에서도 그에게 인터뷰 요청을 많이 한다. 그는 면접관의 입장이 되어 코치진을 고용하며 조직 내 다른 분야의 채용에도 관여하고 있다.

“과거의 경험 덕에 코치진 면접을 더욱 잘할 수 있게 됐습니다. 언론과 인터뷰하는 것도 쉬워졌고요. 특히 명쾌하고 정확하게 대답하는 법을 알게 됐죠. 면접에서 떨어지는 모든 과정도 저에게는 배움의 기회였고 그때 배운 것들은 지금도 유용하게 쓰고 있습니다. 다시 하라면 기꺼이 하겠어요. 그때나 지금이나 변함없어요. 모두 훌륭한 준비 과정이었으니까요.”

윌리는 부단히 자신의 준비 기술을 갈고닦았다. 그는 ‘과정의 가치’를 알기 때문에 언제나 배우고 수정하며 점점 더 발전하고 있다. 그는 결국 뉴욕 메츠의 감독 자리를 얻었다. 고통스러운 좌절의 경험까지도 학습과 훈련의 기회로 삼았던 그의 준비가 결실을 맺은 것이다.

실수를 인정하면 길이 보인다

겸손한 CEO는 잘못을 인정할 줄 안다

1986년, 젊은 투자금융가 메이요 샤툭은 마이크로소프트와 오라클, 선마이크로시스템스, 노벨 등의 IPO(Initial Public Offering : 주식 공개 상장) 과정에서 핵심적인 역할을 맡으며 유명해졌다. 최근에는 콘스텔레이션 에너지 CEO로서 유명세를 치렀다. 당시 그는 산업 전반에 걸쳐 금리가 한창 오르는 때 플로리다 발전소를 인수하겠다는 발표를 했고 즉시 대중과 정치인들로부터 맹공격을 받았다.

논쟁의 여지는 있지만 사실 금리가 인상된 것은 공공 산업에 대한 규제가 완화되고 전국적으로 연료비가 상승했기 때문이었다. 하지만 메이요는 금리 인상을 부추겼다는 비난을 겸허히 받아들였다. 이런 상황에서 메이요가 보여준 태도는 문제가 발생했을 때 자신의 실수를 인정하고 새로운 방향을 잡아서 극복하는 일이 얼마나 중요한지 잘 보여준다.

자기에 대한 확신이 하늘을 찌르는 CEO가 얼마나 많은가. 그들은 실수를 깨닫고 방향을 바로잡기 위해 준비를 할 생각은 눈곱만큼도 하지 않는다. 예를 들어 메릴랜드의 보험사인 케어퍼스트는 비영리 단체에서 영리 기업으로 전환하겠다고 발표해 대중의 거센 반발에 부딪힌 적이 있다. 하지만 케어퍼스트 경영진은 사람들의 반대 때문에 전략을 수정하기는커녕 온 힘을 다해 자신들의 입장을 밀어붙였다. 하지만 결국 그들은 영리 기업이 되고자 했던 목적을 이루지 못했고 직원 중 몇몇은 직장까지 잃었다.

메이요의 경우 이와 정반대로 행동했다. 그는 실수를 인정하고 합병 계획을 취소했다. 사실 그는 항상 자신감이 넘쳤고 웬만한 방해 공작에는 전혀 휘둘리지 않을 사람이었다. 하지만 그는 과감히 자아를 버리고 대세에 순응했다. 그 결과 콘스텔레이션의 주가는 합병 취소 이후 더 치솟았다.

독점은 한때 정부의 규제 대상이었지만 이제 시장 개방 추세에 따라 하나의 경쟁력으로도 평가받고 있다. 하지만 콘스텔레이션사가 플로리다 발전소와의 합병을 시도할 때는 상황이 좋지 않았다. 합병에 대한 대중의 반감이 높아지고 있었기 때문이다. 당시는 허리케인 카트리나의 피해로 에너지 가격이 급격히 상승했고 공공 산업에 대한 규제가 완화되면서 소비자 물가도 덩달아 오르던 시기였다. 무엇보다도 주지사 선거로 메릴랜드 주의회 내에 긴장감이 고조될 때여서 이들의 합병은 정치적인 먹잇감이 되기 딱 좋았다(콘스텔레이션 에너지의 본사는 메릴랜드 주에 위치해 있다 - 옮긴이 주).

당시 언론은 합병과 72%의 금리 인상을 엮기 시작했다. 정치인들은 이 합병을 지지하거나 반대하면서 자신의 정치적 기반을 다지려고 했다. 한편 메릴랜드 주는 〈포천〉이 선정한 상위 500대 기업에 속한 이 회사를 잃을까봐 전전긍긍했다. 결국 메이요는 자신이 초강력 폭풍의 소용돌이 속에 갇혔다는 것을 깨달았다.

"우리 측 준비가 부족했던 탓도 있어요. 정치나 언론 같은 외부 환경을 생각하지 않았던 것도 잘못이죠. 합병을 할 때는 굉장히 많은 요인들을 평가합니다. 하지만 언론이나 정치적 폭풍에 휘말려 들어가면 대중에게 사실이 잘못 전달될 수 있고 그 파급력도 크다는 사실을 놓치고 있었어요. 금리가 오르는 것은 알고 있었습니다. 선거가 다가오는 것도요. 하지만 그 두 가지 변수를 함께 고려하지는 못했죠. 그게 유권자들의 반발로 이어졌고 정치인들은 거래가 성사되는 것을 일단 막는 걸로 대응했습니다. 우린 금리가 얼마나 오를지 몰랐습니다. 합병을 발표할 당시에는 아직 발전소를 인수하기 위한 경매를 시작하지 않았거든요. 전통적인 합병 절차에 의존했을 뿐, 이런 변수들에 대비하지 않았던 게 화근이었습니다."

그러나 메이요는 기존 계획을 밀어붙이지 않았다. 대신 실수를 통해 교훈을 배웠고 그때부터 전략을 바꿨다. 그는 합병 실패에 따르는 경제적 손실을 부각시켜서 주민들의 불안감을 자극하는 대신, 합병이 취소된 상황에서도 콘스텔레이션 주주들의 권익을 최대한 보호하기 위해 노력하는 쪽으로 방향을 바꿨다.

"우리는 전략적 선택 사항들을 다시 검토했습니다. 새로운 방향을 잡기 위해 몇 달 동안 밤낮으로 대안을 분석했죠. 결국 합병을 중단하기로 결정했습니다. 지금은 주주들도 상당히 만족스러워합니다. 직원들은 아직 다소 불안정한 모습입니다만 점차 극복하고 있고요. 우리가 사람들의 뜻을 잘못 짚었던 것은 사실입니다. 하지만 우리는 즉시 잘못을 바로잡았습니다. 아마 앞으로는 훨씬 더 잘할 거라고 생각합니다."

최고의 리더(CEO건 쿼터백이건)는 실수를 인정할 줄 모르는 오만의 늪에 절대 빠지지 않는다. 메이요의 사례를 보면서 나는 이를 새삼 깨달았다. 최고의 리더는 경험을 통해 배운다. 전략을 수정하여 예상치 못한 발전을 이루는 것도 그들에게는 준비의 한 과정이다.

피할 수 없다면 실수에서 배워라

커다란 실수일수록 중요한 가르침을 준다

스티브 모스코 정도면 이렇게 말할 수 있지 않을까?

"준비? 솔직히 난 그런 거 신경 안 써."

하지만 그는 결코 그렇게 말하지 않는다.

소니 픽처스 텔레비전의 사장인 스티브는 영화 〈바람과 함께 사라지다〉의 마지막 장면을 촬영한 할리우드의 대저택을 사무실로 쓰고 있었다. 과거에 이곳에 머물렀던 사람들로 말하자면 그랜트 팅커(Grant Tinker : NBC 방송국 전 CEO, MTM 엔터프라이즈 공동 설립자, TV 프로듀서 - 옮긴이 주), 조 케네디(Joe Kennedy : 존 F. 케네디의 아버지, 사업가 겸 정치인 - 옮긴이 주), 데시 아르나즈(Desi Arnaz : 미국 영화배우 겸 제작자 - 옮긴이 주) 등이 있었다.

스티브는 미국 동부 해안의 라디오 판매원에서 시작해 서부 방송국의 임원이 되었는데, 누구보다도 빨리 성공의 열쇠를 거머쥔 사람이었다. 그는 TV 역사상 가장 큰 규모의 프로그램 배급을 성사시켜 소니 픽처스 TV에 수백만 달러를 안겨줬다.

그가 아무 노력도 하지 않고 그 자리에 도달할 수 있었던 것은 아니다. 대부분의 사람들이 그렇듯 스티브도 숱한 실수를 저질렀다. 하지만 그는 자신의 실수를 교훈 삼아 미래의 도전에 대비할 수 있는 하나의 경험으로 만들었다. 재미있는 것은 할리우드의 신사 스티브 모스코가 영화보다 스포츠에서 더 많은 영향을 받았다는 사실이다.

"얼마나 열심히 준비를 했건 상관없이 경기 중에는 실수를 피할 수 없다는 걸 스포츠를 통해 배웠습니다. 실수를 통해 배우는 것이 최고의 학습이라는 사실도 말이죠. 중요한 건 자신의 실수를 분석해서 다시는 같은 짓을 저지르지 않는 것이죠."

그에게 실수를 바로잡고 거기서 교훈을 얻으라고 가르쳐준 사람은 고등학교 풋볼 코치였다.

한번은 스티브가 처음으로 터치다운을 하고 마치 자기가 스포츠 영웅이라도 된 양 엄청 으스대며 오두방정을 떤 적이 있었다. 흥분을 어느 정도 가라앉히고 터치라인을 향해 걸어오자 코치는 그의 헬멧을 움켜쥐더니 얼굴을 가까이로 잡아당겼다. 둘의 시선이 마주쳤다. 코치는 낮은 목소리로 경고했다.

"전에도 경험해본 것처럼 침착하게 행동해라."

스티브는 그때의 실수를 통해 배운 것을 할리우드에서도 잊어본 적이 없다.

"저는 할리우드에서 중요한 첫 회의에 들어가기 전에 반드시 참석자들에 대한 사전 조사를 합니다. 제가 운동선수로서 준비했던 경험은 이 바닥에 처음 들어섰을 때도 자신감을 잃지 않도록 지탱해줬습니다. 그 실수(터치다운 세리머니)의 경험도 저에겐 준비였습니다. 그때는 상상도 못 했지만 말이죠. 하지만 훌륭한 코치가 하는 일이 바로 그거예요. 선수들을 준비시키고 실수를 바로잡는 일이요."

스티브는 굉장히 젊은 나이에 할리우드의 거물이 됐지만 은퇴하는 순간까지도 배워야 할 것이 산더미 같다고 생각했다. 나는 그의 이런 자세가 무척 놀라웠다. 그렇게 열린 마음으로 자신의 실수를 인정하고 배웠기 때문에 그는 남들보다 빨리 성공했으며 눈부신 역량을 발휘할 수 있었다. 그는 일단 잘못을 하면 준비를 조정할 수 있는 기회로 삼았다.

다음 두 가지 이야기에서 그의 준비 방법이 특히 잘 드러난다. 하나는 간단한 실수였고, 또 하나는 중대한 실수였다.

"〈사인필드(Seinfeld : 미국 유명 시트콤 프로그램-옮긴이 주)〉의 전국 방송 협상 초기였습니다. 나는 간단하지만 중요한 실수를 저질렀죠. 당시 영업 사원들에게 굉장한 양의 프레젠테이션 자료를 딸려 보냈습니다. 파일, 비디오, 파워포인트 등 관련된 자료 전부였어요.

하루는 직원 하나가 공항에서 그 자료들을 하나하나 점검하다가 프레젠테이션을 해야 할 자리에 제시간에 못 온 거예요. 수백만 달러가 걸린 계약이 날아갈 뻔한 순간이었죠. 하지만 우리는 발 빠르게 대응했습니다. 그 실수를 통해 새로운 시스템이 필요하다는 것을 배운 겁니다. 그래서 페덱스 특송 서비스로 화물이 도착할 때까지 확인할 수 있는 시스템을 만들었어요. 자료가 손상되지 않도록 완벽하게 포장하는 법도 익혔고요. 게다가 페덱스하고 좋은 조건에 계약까지 맺었습니다. 덕분에 〈사인필드〉를 213개 지역에 팔 수 있었고 지역마다 4~5개 방송국과도 협상을 했습니다.

우리는 영업 사원들의 걱정을 덜어주는 것도 우리 일이라는 사실을 재빨리 간파했습니다. 이런 조치는 별것 아닌 듯해도 성공에 정말 큰 도움이 됐습니다."

그는 1990년에 아주 중대한 실수를 저질렀다. 당시 소니는 밤늦은 시간대에 도시의 젊은 시청자들을 끌어들이기 위해 새로운 프로그램을 계획하는 중이었다. 그때 진행을 맡고 있던 한 영화배우가 프로그램에서 하차하자 시청률이 곤두박질치고 있었기 때문에 그를 대신해줄 뭔가가 필요했다. 스티브는 전설적인 음악 프로듀서 퀸시 존스와 그가 만든 인기 잡지 〈바이브(Vibe)〉를 새 프로그램의 파트너로 맞이하고 재도약의 꿈에 부풀어 있었다. 퀸시 존스와 소니가 결합하자 전국에 있는 지역 방송국 주주들로부터 굉장한 관심이 쏟아졌다. 그러나 야심 찬 첫 방송 이후 시청률은 바닥으로 떨어졌다. 도대체 왜 그랬을까?

"우리가 엄청난 실수를 했거든요. 우리는 프로그램을 한 명의 프로듀서에게 맡기지 않고 여러 명의 위원회를 구성해 프로그램을 맡겼습니다. 주인공 섭외부터 무대 디자인, 촬영, 프로그램 형식까지 모두 여러 명의 결정으로 이뤄졌어요. 그런데 위원회 사람들끼리 서로 너무 존중한 게 탈이었습니다. 그 누구도 의견을 강력하게 내세우지 않았고 책임도 지려고 하지 않았으니까요. 당시 우리는 젊은 진행자를 섭외했는데 사실 그가 최선의 선택은 아니었습니다. 그렇지만 누구도 명확하게 주장을 내세우지 않으니 결과는 점점 수렁 속으로 빠져들 수밖에요. 프로그램을 구상할 때는 반짝반짝 빛을 발하던 아이디어도 순식간에 빛이 바래는 거죠. 그 프로그램은 1년도 안 되어 폐지됐어요."

당시 영업부 부사장이었던 스티브는 프로그램을 계획하는 데 매우 귀중한 교훈을 얻었다. 소니 픽처스 텔레비전의 사장이 된 지금까지도 그는 이 교훈을 마음에 새기고 있다.

"프로그램당 단 한 명의 리더만 있어야 합니다. '액션'을 외치고 책임을 지는 사람 단 한 명이요. 지금도 내가 프로그램 아이디어를 짤 때 무조건 고수하는 원칙이 그겁니다. 아이디어는 여러 사람에게서 뽑아올 수 있지만 의사 결정은 오직 프로듀서 단 한 사람의 몫이죠."

상황에 알맞게 대처하는 사람과 상황에 압도돼 아무것도 못 하는 사람, 그 둘의 차이를 만드는 것이 바로 준비에 대한 이와 같은 태도다.

스티브는 실수를 있는 그대로 인정하고 상황을 조정했다. 이것은 중요한 준비 자세지만 조직의 최고 리더들에게선 좀처럼 보기 힘든 모습이기도 하다. 스티브는 실수를 인정하고 바로잡으며 다시는 같은 실수를 하지 않기 위해 노력했고 결국 남들과 다른 결과를 만들 수 있었다.

Part 3

준비는 끝났다,
거침없이 승리하라!

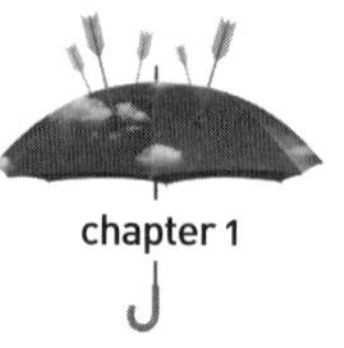

chapter 1

타고난 것만으로 최고가 될 수는 없다

내가 좋아하는 연설가 중 하나는 셰익스피어 작품에 나오는 헨리 5세다. 동명의 연극을 영화화한 1989년 작품에서는 배우 케네스 브레너가 헨리 5세로 분해 전투 연설을 했다. "한 번 더 저곳을 향해 돌진하자, 친애하는 제군들이여!" 이 장면을 보며 나는 셰익스피어 시대의 글로브 극장(Globe Theatre : 1599년 런던에 세워진 셰익스피어 극의 초연 극장 - 옮긴이 주)에 울려 퍼진 외침이 눈앞에 펼쳐지는 듯했다. 역사 전문가들은 바람둥이 왕자 헨리 5세가 왕위에 오르자마자 하룻밤 새에 위대한 통치자이자 두려움을 모르는 전사로 변모한 모습에 감탄할 것이다. 멍청하긴!

여기 윈스턴 처칠의 저서《History of the English Speaking Peoples》내용 중 일부를 소개한다. 처칠은 역사를 제대로 꿰뚫고 있었다.

중세 영국, 그 암흑의 시대에 한 줄기 찬란한 빛이 드리운다. … 헨리 5세는 26세의 나이에 왕이 되었다. 한심한 청춘이 일국의 지도자라는 책임을 맡게 되자 느닷없이 진중하고 도덕적인 인물로 돌변했다는 꿈같은 이야기에 너무 빠져들어서는 안 된다. 방탕했던 생활은 그의 끓어넘치는 열정이 표출된 것뿐이었다. 사실 그는 어릴 적부터 쭉 중요한 일을 해온 셈이다.

여기서 '중요한 일'이란 준비를 일컫는 처칠식 표현이다. 처칠은 헨리 5세가 겉으로 보이는 화려한 자신감을 넘어선 준비의 달인이라는 사실을 우리에게 알려주고자 했다. 처칠은 아쟁쿠르 전투(Battle of Agincourt : 1415년 백년전쟁 중에 헨리 5세가 이끈 영국군이 북부 프랑스 지역인 아쟁쿠르에서 프랑스군을 상대로 승리한 전투 - 옮긴이 주)에서의 승리는 오만한 언변이 아니라 꼼꼼한 준비의 결과라고 단언한다.

1414년 헨리 5세는 육지와 바다에서의 전투 준비에 흠뻑 빠져 있었다. 그는 함대를 재정비했다. 그리고 관례대로 군함들을 물려받아 전쟁에 대비하는 대신, … 영국 해군을 위해 많은 군함을 축조했다. … 원정군을 선별해 특별훈련을 시켰다. 육탄전에 의존하는 일반적인 방식을 버리고 … 6,000명의 궁수(그중 절반은 기마 보병)가 태반을 차지하게 했다.

헨리 5세는 누가 뭐래도 자신만만하고 저돌적이며 대담한 리더였다. 그러나 나는 확신한다. 영화 속 브레너가 표현한 헨리 5세의 확고한 자신감은 유전적 요인이나 하늘이 내려준 재능에서 나온 게 아니라 준비에서 비롯되었다는 것을 말이다.

나는 사업가로서나 한 인간으로서 자기 계발을 위해 역사책과 전기를 즐겨 읽는다. 그중 링컨과 루스벨트의 전기에서 큰 감동을 받았는데, 그들 역시 헨리 5세처럼 준비를 통해 성공의 가능성을 높인 '선수'들이었기 때문이다. 그들은 사람과 환경, 자신이 맞닥뜨린 상황을 철저히 파헤쳤으며 문제를 꼼꼼히 분석하고 대안을 마련했다. 이를 통해 그들은 자신만만하고 카리스마 넘치는 인물이 되었다. 그들이 내보인 자신감의 이면에는 공통적으로 부단한 준비가 자리 잡고 있었다.

링컨은 때때로 침울해지는 자신의 성향에도 불구하고 확고부동한 태도로 준비 윤리의 오랜 가치를 지켰던 사람이다. 미국 대통령이라면 으레 지나야 했던, 역사적으로 캄캄했던 암흑의 순간에도 그는 변함이 없었다. 아마도 전 세계인이 그의 게티스버그 연설(Gettysburg Address : 미국 남북 전쟁 최대 격전지였던 게티스버그에서 링컨이 전사한 장병들을 추모하기 위해 했던 짧은 연설로 '국민의, 국민에 의한, 국민을 위한 정부는 지상에서 영원히 사라지지 않을 것입니다'라는 대목이 유명하다 - 옮긴이 주)을 기억할 것이다.

링컨은 어떻게 그토록 유려하고 완벽한 연설문을 창조해낼 수 있었을까? 신생 국가가 맞이한 그토록 위협적인 순간에도 그는 어쩌면 그렇게 당당하게 연설을 할 수 있었을까? 그 해답은 철저한 준비에 있다. 도리스 컨스 굿윈의 저서 《권력의 조건》을 살펴보면 링컨이 뛰어난 문장가가 되기 위해 어떻게 준비하며 살아왔는지 알 수 있다.

책은 링컨에게 학교나 다름없었다. 인쇄된 문장을 읽으며 그는 과거에 존재했던 위대한 지성들과 만날 수 있었다. 친지와 이웃들은 그가 책을 찾아 동분서주했으며 손에 넣을 수 있는 책은 무조건 다 읽었다고 기억한다. … 그는 《성경》과 《이솝 우화》를 몇 번이고 다시 읽었고, 몇 년 후에는 책 전체를 통째로 외워서 줄줄 읊을 정도였다. … 링컨은 어딜 가든 책을 손에서 놓지 않았다.

링컨은 독서를 하면서 작문뿐만 아니라 지혜로운 의사 결정을 내리는 데도 많은 도움을 받았다. 역사 속의 이야기를 통해 링컨은 의사 결정을 내릴 사람으로서 그리고 작가로서 필요한 자신감을 쌓아갔다.

한편 루스벨트는 특유의 자신만만함으로 유명했다. 그는 한 순간도 준비를 쉰 적이 없었다. 작가 에드문드 모리스는 《Theodore Rex》라는 제목의 전기에서 루스벨트의 놀라운 독서량과 관련된 일화를 소개하고 있다. 1903년 콜롬비아 대학 총장이 루스벨트에게 추천 도서 목록을 부탁했을 때 루스벨트는 1901년 대통령에 취임한 이래로 읽었던 책들을 모조리 목록에 넣었다고 한다.

콜롬비아 대학의 총장이 요청했다는 사실에 약간 의아하긴 했지만 성심성의껏 응해줄 가치는 있었다. 그는 취임한 후 지금까지 읽었던 책들을 하나하나 떠올리며 손으로 써 내려가기 시작했다.

《헤로도토스(Herodotus)》일부와 《투키디데스(Thuycidides)》1권과 7권,

《폴리비오스(Polybius)》,《플루타크 영웅전(Plutarch)》, 아이스킬로스의
《오레스테이아(Orestean)》3부작, 소포클레스의《테베 공략 7장수(Seven
Against Thebes)》, 에우리피데스의《히폴리토스(Hippolytus)》와《바카이
(Bacchae)》, 아리스토파네스의《개구리(Frogs)》, 아리스토텔레스의《정
치학(The Politics)》….

모리스는 그리스 신화 책을 몇 권 더 나열한 후 루스벨트가 읽었던 프랑
스 책의 기나긴 목록을 또 덧붙인다. 깊이 파고들지는 않았지만 대강 훑어
본 책들의 목록까지 말이다.

모리스는 루스벨트가 러일 전쟁을 현명하게 중재했던 사례도 책에 담았
다. 루스벨트는 1905년 포츠머스 조약을 주선했고 이 공로로 1906년에 노
벨상을 수상했다. 그는 이 일을 성사시키기 위해 상대 국가의 역사에 대해
통달할 정도로 집요하게 파고들어 공부했다. 협상을 준비하면서 동맹국과
유대 관계를 확립하고 전쟁 상대국들과도 관계를 구축했으며 다른 나라들
과 함께 대안을 모색했다.

일본은 심각한 경제 위기를 겪고 있었으므로 전쟁을 끝내는 데 관심을
보일 가능성이 컸다. 러시아는 일본과의 전투에서 연이어 패배한 탓에 영
토를 확장하려는 야욕에 제동이 걸려 심리적 타격을 입은 상태였다. 루스
벨트는 이런 사실들을 훤히 꿰뚫고 있었다. 그는 철저한 준비를 통해 러·
일간 평화 조약을 이끌어낼 수 있다는 자신감을 가졌다.

나는 링컨과 루스벨트의 업적을 접할 때마다 절로 탄성이 나온다. '개인

이든 기업에서든 많은 성과를 올리려고 할 때 별다른 준비 없이도 가능한 게 과연 있을까' 하는 의문이 들었다. 나도 전에는 링컨과 루스벨트가 타고 난 천재들이라고 생각했다. 그러나 그들을 알면 알수록 그들이나 우리 사이에 별 차이가 없다는 확신이 강해졌다. 그들도 우리처럼 준비가 필요한 평범한 사람들일 뿐이었다.

물론 유전적으로나 문화적으로 특권을 갖고 태어난 사람들은 분명 존재한다. 연예계나 스포츠계와 마찬가지로 비즈니스계에도 그런 사람들이 있다. 하지만 단지 타고난 것만으로는 최고가 될 수 없다. 그들은 단지 자신을 완벽하게 만들어갈 뿐이다. 링컨이건 루스벨트건 잘나가는 운동선수나 의사, 정치가, 기업이건 간에 자신감은 성공에 없어서는 안 될 요소이며, 이 것을 키우는 데는 꼼꼼한 준비가 결정적인 역할을 한다.

흔들림 없는 자신감의 뿌리, 준비

타석이 자기 방처럼 편안한 남자

미국 중서부 출신의 과묵한 사나이 조 마우어는 최고의 야구선수로 야구 역사에 한 획을 긋고 있다. 2006년, 〈스포츠 일러스트레이티트(Sports Illustrated)〉지는 그를 표지 모델로 내세우며 '아메리칸 아이돌(American Idol : 가수를 지망하는 사람들이 시청자와 심사위원들 앞에서 공개적으로 오디션을 치르고 순위를 매기는, 미국의 연예 프로그램-편집자 주)'이라는 칭

호를 부여했다. 어찌 보면 그는 타고난 천재인 것도 같다. 하지만 그는 약간 탁월한 재능을 가진 또 다른 '준비의 달인'일 뿐이었다.

조는 가장 묵묵하게 자신감을 내비치는 사람이기도 했다. 적어도 나와 함께 일한 사람들 중에서 조만큼 자신감으로 가득 찬 사람은 없었다. 이것은 말이 아니라 그의 행동을 보면 알 수 있다. 그는 마치 자기 방에 들어가는 것처럼 타석에 들어선다. 그의 자신감은 손에 잡힐 듯 생생하고 분명하다. 그를 아는 사람이라면 이런 자신감이 재능이 아니라 철저한 준비에서 나온다는 사실을 알고 있다. 그는 타자로서나 포수로서 쉬지 않고 꼼꼼하게 준비했다.

준비에 대한 태도는 조 가족의 내력이었다. 스포츠에 대한 조의 재능과 열정을 먼저 간파한 것은 그의 아버지였다. 하지만 미네소타의 겨울은 혹독할 만큼 추워서 밖에서는 야구를 할 엄두도 낼 수 없었다. 그의 아버지는 아들이 1년 내내 야구를 할 수 있도록 대안을 찾아 분석했다.

그는 먼저 실내에서 배팅 연습을 할 수 있을 만큼 널찍한 공간을 찾아나섰다. 그리고 추운 지역 출신의 야구선수들이 연습할 기회가 상대적으로 제한돼 있는데 어떻게 성공할 수 있었는지도 찾아봤다. 심지어 북부의 대학 야구 팀들이 악조건의 날씨 속에 어떻게 훈련하는지도 알아봤다.

흡족한 대안을 찾아내지 못한 조의 아버지는 아예 직접 투구 장치를 발명해야겠다고 결심했다. '퀵 스윙(Quick Swing)'이라는 이름이 붙은 이 투구 장치는 공이 자동으로 튀어나오는 기계였다. 이 장치를 사용하면 지하실처럼 한정된 공간에서도 타격 연습을 할 수 있었고, 거기다 정확한 스윙 타이

밍까지도 익힐 수 있었다. 조의 아버지는 이렇게 말했다.

"아시다시피 미네소타의 겨울은 엄청 춥습니다. 그러니 스윙 연습은 지하실 같은 실내에서 해야 했죠. 하지만 우리 집 지하실은 야구 방망이를 휘두를 만큼 넓지 않았어요. 그래서 제가 직접 이것저것 만들어봤죠. 조가 1년 내내 스윙 연습을 할 수 있게 해주고 싶었거든요. 제가 만든 장치의 기본은 튜브예요. 공을 집어넣으면 튜브를 타고 내려오면서 가속도가 붙어 굉장히 빠른 속도로 타자 앞에 떨어집니다. 조가 그걸 보고는 좋아서 팔짝팔짝 뛰더군요."

조의 아버지는 이어서 말했다.

"조는 어린 시절에 또래 친구들보다 자신감이 넘쳤어요. 이유는 간단해요. 연습을 더 많이 했으니까요. 그래서인지 열여섯 살 때 미국 청소년 대표 팀에 들어갔을 때도 그렇게 긴장하지 않더라고요. 꾸준히 반복해서 연습한 덕에 자기 실력에 대한 확신이 있었으니까요. 물론 그 애는 결코 잘난 체하지 않아요. 하지만 항상 자신 있어 보였죠."

어린 조는 완벽한 스윙을 하기 위해 하루도 빠지지 않고 몇 시간씩 아버지와 연습했다. 그는 부단히 스윙 자세를 다듬으며 스윙의 원리를 꿰뚫었다. 자신의 강점과 약점도 정확히 이해했다. 이러한 준비를 통해 조는 자신의 재능을 더욱 예리하게 다듬었을 뿐 아니라 그보다 훨씬 중요한 자신감도 얻을 수 있었다. 자신에게 맞는 효과적인 방법으로 준비하는 데서 오는 자신감 말이다.

이번에는 조의 말이다.

"경기를 앞두고 필요한 모든 준비가 끝났다는 확신이 들면 자신감도 올라갑니다. 물론 성적도 확실히 좋게 나오죠. 상대편 투수나 타자들에 대한 주의 사항을 모두 점검하고 예전의 경기를 분석하고 계속해서 연구한 상태라면 타자로서나 포수로서 굉장한 자신감을 갖고 경기에 임할 수 있습니다. 저는 경기에 들어가기 전에 경기 내용 전체를 상상해봐요. 여러 상황에 대한 시나리오를 지겹도록 연습했기 때문에 실제로 그런 일이 벌어질 때 의연하게 대처할 수 있습니다. 준비하는 데 시간과 에너지가 많이 필요하지만 자신감을 얻으려면 이보다 더 좋은 방법도 없어요."

젊은 나이에 벌써 세 번의 타격왕과 한 번의 MVP를 수상한 조 마우어는 철저한 준비를 통해 얻은 자신감으로 메이저리그의 역사에 한 획을 긋고 있다.

협상의 가장 유리한 고지, 자신감

인질 협상의 승패는 자신감이 결정한다

조 마우어가 9회 말 동점, 게다가 투 아웃, 투 스트라이크, 스리 볼인 상황에 타석에 선다면 과연 그가 느끼는 중압감이 어느 정도일까?

다른 상황을 상상해보자. 한 사람의 삶과 죽음이 당신의 손에 달려 있는 경우 말이다. 즉, 당신이 인질 협상가라면 그때 느끼는 중압감은 어느 정도일까? 곧 살인자가 될지도 모를 사람과 냉철하고 침착하게 통화하면서

땀 한 방울 안 흘리는 영화 속 영웅을 상상하면 곤란하다. 현실은 전혀 다르니까 말이다.

그럼 좀 더 현장감 있는 상상을 해보자. 당신은 지금 동료 경찰관이 사람들을 인질로 잡아 경찰과 대치하고 있는 집에 도착했다. 그는 이미 인질을 죽였지만 당신은 아직 그 사실을 모른다. 하지만 그와 전화로 협상하면서 어느 정도 친밀해졌다고 생각할 즈음 마침내 사실을 알게 된다. 당신은 살인자와 감정적인 관계를 맺었다는 사실 때문에 자신감이 흔들릴지 모른다. 그러나 설사 그가 이미 손에 피를 묻혔다 해도 당신은 여전히 그에게 공감하는 모습을 보여줘야 한다.

또 다른 상황을 생각해보자. 당신은 지금 어느 농장으로 달려가고 있다. 한 남자가 목을 매달겠다고 소동을 피우고 있기 때문이다. 쌍안경으로 보니 대들보에 밧줄이 매달려 있고 바닥에는 빈 술병들이 어지럽게 흩어져 있다. 그 남자는 위스키를 갖다달라고 요구하면서 안 그러면 죽어버리겠다고 협박한다. 협상의 첫 번째 원칙은 용의자에게 절대로 술을 주면 안 된다는 것이다. 그런데 갑자기 그가 전화를 끊어버린다. 그리고 의자 위로 올라가서 올가미에 목을 매려고 한다. 당신은 이제 어떻게 할 것인가?

제럴드 브룩스는 이 두 가지 상황을 모두 겪었다. 그는 경찰이자 FBI 인질극 특별 수사원이다. 만약 그가 자신의 말과 몸짓, 어조, 전략을 미리 준비해두지 않았다면 어땠을까? 아마 첫 번째 사례에서는 더 많은 사람들이 살해당했을 것이고, 두 번째 사례에 나오는 한 남자는 결국 자살을 택했을 것이다.

실제로 그는 어떻게 인질극을 벌인 경찰관을 굴복시키고, 자살을 시도하던 만취한 남자를 구해냈을까? 제럴드는 꼼꼼한 준비 덕분에 두 사건을 해결할 수 있었다고 말한다. 그는 먼저 경찰관과의 협상에 대해 입을 열었다.

"그가 저지른 일을 알기 전에 이미 저는 그와 충분히 대화를 시도했습니다. 물론 협상 중간에 그런 끔직한 일이 벌어진 걸 알면 한순간에 자신감이 무너지기 십상이죠. 그러나 우린 전에도 숱한 모의 훈련을 통해 그런 상황에 대비하는 훈련을 했습니다. 저는 법을 집행하는 경찰로서의 임무는 잠시 잊고 그저 오늘 주어진 시간을 살아가는 똑같은 한 인간으로서 상대방에게 호소하는 데 집중했습니다. 우리는 그 사람이 한 일로 그를 판단하지 않으려고 노력합니다. 덕분에 저는 임무 중에 저지를 수 있는 최악의 실수만큼은 피할 수 있다고 자신합니다."

일촉즉발의 자살 소동을 눈앞에 두고서 제럴드는 대화의 주제를 자살에서 다른 것으로 바꿀 방법을 생각해냈다. 그는 농장 남자와 여러 가지 술 브랜드나 각자의 취향에 관해 대화를 나누며 시간을 벌었다. 그동안 요원들이 집 안으로 잠입했고 남자가 목을 매는 찰나에 그를 구해낼 수 있었다.

제럴드는 흔들림 없는 자신감을 유지하기 위해 두 가지 준비 원칙을 사용한다. 하나는 각본을 쓰는 것이다. 일상에서 사람들과 지내면서 공감대를 만드는 연습을 할 때 이를 사용했다. 다른 하나는 과거의 사례를 참고하는 것인데, 예전에 있었던 인질극들을 찾아서 공부하는 방법이다.

협상할 때 제럴드가 가장 중요하게 생각하는 것은 공감대를 형성하는 일이다. 사실 이것은 진심으로 접근해야 가능한 일이다. 경찰로서의 위치도, 자신의 윤리적인 입장도 버려야 하고 인질범이 저질렀거나 앞으로 저지를

지 모르는 일에 대해서도 예단하면 안 된다. 제럴드는 매우 위험하고 극도로 혼란스러운 상태에 있는 사람과도 인간적인 관계를 맺을 수 있다고 스스로를 철저히 믿어야 했다. 사실 이런 준비는 아무리 해도 영원히 완벽하게 할 수는 없다. 제럴드는 매일 가족이나 친구와 함께하는 일상 속에서도 머릿속으로는 공감대를 형성하는 데 도움이 될 만한 각본을 쓴다. 현장에서 자신감을 유지하려면 끊임없이 준비해야 하기 때문이다.

"경청과 질문, 의사소통을 잘하기 위해서 저는 일상적으로 만나는 모든 사람들과의 관계에서도 항상 연습을 한답니다. 저는 누구에게든 칭찬을 아끼지 않고, 비난이 아니라 긍정적인 평가를 해주려고 노력합니다. 사람들이 좋아하거나 필요로 하는 것 또는 그들의 삶과 마음에 드리운 어둠을 꿰뚫어볼 수 있어야 합니다. 이런 능력은 위기가 닥쳤을 때 갑자기 '짠' 하고 나타나는 게 아닙니다. 천재적인 협상가가 현장으로 뚜벅뚜벅 걸어 들어가 사람들의 생명을 간단히 구하는 영화와는 엄연히 다르죠. 현실에서는 반드시 혹독한 준비가 필요합니다."

한편 제럴드는 다른 사례를 공부하기 위해 전국을 돌며 세미나에 참석하기도 했다. 대개 주목할 만한 인질극이 벌어진 직후에 경찰청에서 마련한 세미나였다.

"다른 사례를 모두 연구하면 이것을 바탕으로 나름의 방법을 만들 수 있습니다. 현장 상황이나 위기에 처한 사람의 감정 상태를 판단할 수 있는 체크리스트를 만드는 거죠. 각각의 인질극을 동료들과 함께 연구하면서 목록을 만들면 다음번에 협상할 때는 최고의 통찰력과 자신감을 갖고 임할 수 있습니다."

조 마우어처럼 제럴드 역시 꼼꼼한 준비를 통해 자신감을 얻었다. 야구 선수나 인질 협상가 역시 철저하게 준비하여 자신감을 키운 것이다.

자신감이 이기는 조직을 만든다

나이키에 도전하는 겁 없는 사람들

자신감은 비즈니스맨에게도 중요하다. 나는 일을 하면서 자신감 넘치는 사람들을 많이 만날 수 있었다. 하지만 자신감 넘치는 기업, 자신만만한 경영진, 자신감에 찬 사람들이 모인 집단이라는 게 실제로 존재하는지 나는 오랫동안 궁금했다. 리더의 과도한 자신감은 종종 직원이나 팀의 자신감을 저하시키기 때문이다. 그런데도 한 집단으로 모여 시너지 효과를 낼 수 있을까? 나는 한 가지 경험을 통해 곧 깨달았다. 한 집단이 철저하게 준비했을 때, 그 집단의 자신감도 함께 올라간다는 사실을 말이다.

꼼꼼하게 준비하는 문화는 기업 내의 팀이나 직급을 거쳐 단계적으로 퍼질 수 있다. 또는 준비에 일가견이 있는 누군가를 다른 사람이 모방할 수도 있다. 그 누군가는 상사일 수도 있고 관리자, 일반 직원, 비서일 수도 있다.

준비에 대한 윤리 문화는 기업 내부의 분위기와 함께 퍼져간다. 개개인의 준비가 회사의 문화로 정착되는 것이다. 문화는 전염성이 강하기 때문에 회사의 브랜드에 영향을 미칠 수도 있다. 제품이 이미 있다면 때로는 준비 자체를 마케팅 포인트로 삼을 수도 있다.

언더아머가 바로 이런 기업이었다. 언더아머는 '단단히 무장한'이라는 뜻의 기업명에 걸맞게 항상 자신감이 넘쳤다. 언더아머의 설립자인 케빈 플랭크는 나와 대학 시절 풋볼을 함께한 동기다. 그래서 나는 언더아머의 아이디어가 설립자의 머릿속에 들어 있을 때부터 이 기업이 스포츠 의류 업계의 선두 주자로 성장하기까지의 과정을 쭉 지켜볼 수 있었다.

언더아머가 만드는 광고의 핵심은 자신감이었다. 이들은 품질 좋은 옷과 자신감을 연결시켜서 마케팅을 펼쳤다. 실제로 상품보다 광고에 이끌려 언더아머 제품을 구입하는 사람도 많았다. 특히 언더아머 광고 중 어떤 것은 일종의 문화 현상으로 확대되기도 했다. 그중 첫 번째 광고는 '홈경기는 절대 내줄 수 없다(Protect This House)'였다. 광고가 나왔을 때 사람들은 너도나도 이 광고 문구를 외쳐댔다(경기를 앞둔 풋볼팀의 주장이 'Protect This House'라고 비장하게 말하며 다른 선수들을 독려하는 내용의 광고다 - 옮긴이 주). 후속 광고는 언더아머가 신발 시장에 진출해서 처음 출시한 제품을 홍보하는 내용이었다. 이 광고는 '클릭 – 클락'(Click - Clack : 신발을 신고 걸을 때 나는 '저벅저벅' 소리 - 옮긴이 주)이라는 의성어를 광고 문구로 내세워 소비자들의 뇌리에 강한 인상을 남겼다.

그러나 언더아머라는 기업의 속을 들여다보면 기막힌 광고를 만들어낸 밑바탕에 직원들의 강한 자신감이 깔려 있다는 것을 금세 알 수 있다. 그리고 그 자신감 이면에는 준비가 자리 잡고 있다. 이 기업은 겉으로 보이는 이미지 이상으로 제품의 연구 · 개발에서 다른 회사들보다 앞서 있었다. 즉,

확실한 R&D를 등에 업고 대담한 마케팅을 자신 있게 밀어붙인 것이다.

언더아머는 소비자들의 관심을 파악하는 일에 가히 통달한 수준이었다. 그들은 제품을 개발할 때 소비자의 욕구를 최우선으로 고려한다. 말하자면 언더아머의 준비는 소비자에 대해 아는 것이었다. 언더아머의 마케팅 부장인 스티브 바티스타의 설명을 들어보자.

"우리는 제품을 준비할 때 '운동선수에게 유용한가?'라는 근본적인 질문에서부터 출발합니다. 우리는 선수들에게 필요한 것이나 그들에게 유용한 혁신을 하기 위해 연구·조사를 하고 브랜드를 구축합니다. 그런 다음 광고를 하기 전에 선수들에게 먼저 직접적으로 마케팅을 합니다. 그러면 제품이 괜찮다는 입소문이 퍼지기 시작하죠. 심지어 제품이 하나의 브랜드로 자리 잡기도 전에 말입니다."

언더아머는 제품을 만들 때 메이저와 마이너 선수 모두 철저하게 조사하고 그것을 토대로 준비를 시작한다. 실력 있는 의류 디자이너들은 선수들의 필요에 맞춰 다양한 디자인을 내놓는다. 화학 전문가들은 그 디자인에 맞는 소재를 찾아 연구하며 품질을 높일 방법을 찾는다. 그리고 잠재 고객을 대상으로 수개월에 걸쳐 테스트를 하고 그들의 피드백을 반영해 제품의 완성도를 더욱 끌어올린다.

'클릭-클락' 신발을 출시할 때도 이런 과정을 그대로 거쳤다. 나는 다양한 종류의 운동선수들로부터 경기 중에 신는 신발이 너무 무겁다는 불평을 몇 년간 숱하게 들어왔다. 언더아머도 역시 그 소리를 들었고 그들은 소비자들이 원하는 것을 반영한 제품으로 '무장해서' 소비자에게 다가갔다.

이 제품을 개발한 팀은 신발을 디자인하고 나서 연령과 종목에 상관없이 수많은 운동선수들로부터 피드백을 받았다. 또한 강도 높은 현장 테스트를 하면서 시장 분위기에 맞게 제품을 다듬어갔다. 그들은 초지일관 근본적인 질문의 끈을 놓지 않았다. '어떻게 하면 성능을 향상시킬 수 있을까?'

클릭 – 클락 광고도 그냥 만들어진 게 아니라 소비자 그룹을 면밀히 조사해서 탄생한 작품이다. 신발 밑창이 콘크리트 바닥과 부딪혀 나는 소리를 묘사해서 선수들의 공감을 얻은 것이다. 클릭 – 클락은 선수들이 경기장으로 나가기 전에 마지막으로 듣는 소리다. 별것 아닌 것처럼 보이는 이 소리는 금세 제 몫을 톡톡히 해냈다. 출시 3개월 만에 클릭 – 클락이 전체 시장 점유율의 20%를 달성한 것이다.

클릭-클락의 광고는 상당히 인상 깊으면서도 독창적이었다. 자신감이 최고치에 달해야 할 순간, 즉 경기장에 들어서는 순간을 포착해 자신감 넘치는 선수들의 모습을 잘 담아낸 것이다.

누구나 언더아머의 본사 로비에 들어서면 직원들 사이에 넘쳐흐르는 자신감을 느낄 수 있을 것이다. 그들은 모두 자기 회사의 유명한 광고 못지않게 회사의 제품 준비 과정에 대해서도 무척 이야기하고 싶어한다. 언더아머 직원들은 스포츠 의류 업계에서 나이키의 아성을 무너뜨린다는 뚜렷한 목표를 공유하고 있었다. 어쩌다 독창적인 광고 하나로 기적적인 결과를 만든 것이라면 이런 목표를 세우는 게 허무맹랑해 보였을 것이다. 하지만 그들은 상대방의 관심사를 파악한다는 준비의 원칙을 철저히 따랐기 때문에 나는 그들의 자신감을 신뢰할 수 있었다.

명확한 원칙을 따르는 준비는 사람들에게 자신감을 심어준다. 물론 이것
은 기업이나 학교, 병원 등의 조직에도 마찬가지로 적용할 수 있다.

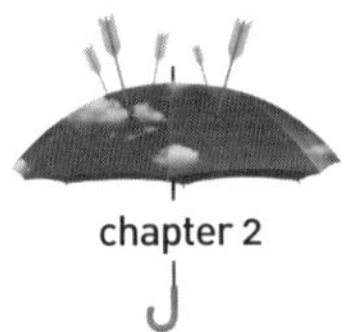

성공한 사람은 결과보다 준비에 집중한다

준비가 그렇듯 실력도 한 단어로 정의하기는 어렵다. 하지만 실력을 측정할 수 있는 방법은 무궁무진하다. 수익률, 타율, 순위, 선거 결과, 투자 회수금 등 다양한 방법을 생각할 수 있을 것이다. 하지만 이런 측정법은 간혹 우리의 기를 꺾기도 하고 심지어 우리를 속일 수도 있다. 그래서 나는 실력이라는 단어를 준비와 연관지어 정의하는 것을 좋아한다.

실력을 가진 사람은 어디에 있어도 눈에 띈다. 그들과 함께 일해본 사람들은 알 것이다. 그런데 실력 있는 사람들은 대부분 결과만큼 과정도 중요하게 여긴다. 성공 여부를 판단하는 것도 중요하지만 대부분의 실력자들은 성공 자체에 그리 연연하지 않는다. 이 책에 나온 인물들도 열이면 열 모두 결과와 준비 과정의 만족도를 똑같이 중요하게 여겼다. 내 생각엔 오히려 그런 태도가 이들을 실력자로 만들어주는 것 같다. 물론 재능과 카리스마, 에너지도 성공하는 데 도움이 될 것이다. 그러나 과정에 헌신하는 사람들은 대부분 훌륭한 결실을 맺는다.

이 장에서는 두 명의 뛰어난 실력자를 소개하고자 한다. 셜리 프랭클린은 무질서하게 개발된 도시(애틀랜타)의 시장이고, 돈 코핸은 끔찍한 암을 두 번이나 이겨낸 부동산 개발업자다. 이들이 일하는 과정에서 준비가 끝나고 실행이 시작되는 시점을 딱히 짚어내기는 어렵다. 그만큼 준비와 결과가 밀접한 관계에 있기 때문일 것이다. 그들은 준비와 실행을 명확히 구별하지 않고 일의 순서대로 그저 자연스럽게 하고 있었다.

성공한 사람들은 이렇게 준비했다

말단 공무원에서 애틀랜타 시장까지

미국 조지아 주 애틀랜타 시민들 대다수가 셜리 프랭클린 시장의 실력이 보통을 넘는다는 사실을 잘 알고 있다. 〈타임〉지는 미국 최고의 시장 다섯 명 안에 그녀의 이름을 올렸다. 그러나 그녀가 리더로서 얼마나 꼼꼼히 준비하는지는 사람들에게 잘 알려지지 않은 것 같다.

셜리는 오랜 세월 정치계에 몸담았던 경험을 통해 준비 하나만으로는 실력을 제대로 발휘할 수 없다는 사실을 잘 알고 있었다. 정치인과 행정가, 시 공무원들은 다들 너무 제멋대로였기 때문이다. 그러나 셜리는 꼼꼼한 준비가 자신과 다른 사람의 리더십에 결정적인 차이를 만든다는 사실을 잘 알고 있었다. 준비된 자로서 최고의 실력자가 되는 것이 그녀의 목표였다.

셜리는 두 명의 실력 있는 멘토를 두었다. 앤드루 영(Andrew Young : 전직 애틀랜타 시장 겸 미국 국회 의원으로 현재는 민권 운동가 - 옮긴이 주)과 메이너드 잭슨(Maynard Jackson : 애틀랜타 최초의 흑인 시장 - 옮긴이 주)이 그들이다. 그녀는 앤드루와 메이너드가 각각 애틀랜타 시장을 역임할 당시 시에서 행정을 담당하는 직원이었다. 셜리는 다음과 같이 말한다.

"제가 리더십을 키울 수 있었던 건 모두 그분들 덕분이에요. 저는 500만 달러의 예산과 서른 명도 안 되는 직원을 둔 문화부의 사무직에서 출발했어요. 하지만 1990년에 제가 그곳을 떠날 무렵에는 8,000여 명의 직원과 수십 억 달러의 예산을 관리했습니다. 앤드루와 메이너드는 제가 사람과 문제를 관리할 줄 아는 사람으로 성장하도록 이끌어줬답니다."

셜리는 스스로 발전하고, 프로로 성장할 수 있었던 것도 모두 이들 멘토 덕분이었다고 생각한다. 그들은 그녀의 능력을 파악하고 그녀가 좀 더 효과적으로 준비할 수 있도록 도와줬다. 그녀는 전직 시장들과 그들의 실수나 성공, 리더십에 대해서도 많은 대화를 나눴다. 앤드루와 메이너드는 당연히 그녀가 닮고 싶은 롤모델이 되었다.

"앤드루는 문제를 분석할 때는 한 치의 실수도 없어야 한다고 말했죠. 문제를 일으킨 사람들을 비난하기 위한 분석은 필요 없다고요. 실수를 했다면 문제를 해결하고 나서 뭔가를 배우고 더 나아지면 된다고 했어요."

그녀는 멘토들이 선거 운동에서 시정(市政)의 자리까지 성공적으로 옮겨간 과정을 가장 배우고 싶었다. 셜리는 10대 시절부터 선거 운동과 다양한 정부 활동에 참여했지만 단 한 번도 직접 운영해본 적은 없었다.

"두 분 모두 저의 잠재력을 인정해주셨어요. 하지만 제가 선거 운동을 제대로 이해할 수 있게 된 건 그분들과 함께 준비한 덕분이었죠. 그들은 자신의 통찰력과 지식을 바탕으로 선거 과정에서부터 정부 기관을 운영하는 일까지 모두 자세히 알려줬어요."

셜리는 자신의 효율적인 행정 능력을 바탕으로 준비 과정을 실천했다. 그녀는 투표로 선출된 시장이었지만 시 행정에서도 실력이 있다는 것을 사람들에게 보여줬다.

그녀는 시 행정 업무를 하면서 실력이나 명성은 준비와 직접적인 관계가 있다는 사실을 알 수 있었다. 그녀가 애틀랜타 시장으로서 처리해야 할 급선무로 오염된 물과 하수도 시설 문제 해결을 든 것은 아주 당연한 결정이었다.

나는 예전에 볼티모어 시장과 함께 예루살렘에 간 적이 있다. 우리는 예루살렘의 테디 콜레크 시장과 대화를 나누었다. 이 두 명의 신사는 서로 수천 킬로미터나 떨어진 곳에 살았지만 둘 다 시장으로서 아주 난처한 문제들을 안고 있었다. 공통의 화제 찾기가 사막에서 바늘을 찾는 것만큼 어려울 것 같았던 이 둘은 어찌된 일인지 만나자마자 하수도와 하수구 이야기로 열을 올리기 시작했다. 그들은 상대편 세계의 실상을 샅샅이 파악하고 있는 듯했다. 둘 다 도시의 기반 시설을 적절하게 유지하는 일이 얼마나 어려운지 공감하며 통탄을 금치 못했다.

나는 셜리와 만나자마자 예루살렘에서 했던 그들의 대화가 떠올랐고 그녀가 시장으로서 해결할 최우선 사안으로 하필 시의 기반 시설을 선택한 이유가 무엇인지 궁금해졌다. 노숙자 문제부터 부동산 가격 안정, 범죄와의 전쟁까지 선택할 수 있는 사안은 무궁무진했을 텐데 말이다. 아마 수십억 달러를 들여 수많은 파이프와 하수관을 보수하겠다고 덤비는 것보다는 덜 힘들고 더 눈에 띄는 일이었을 텐데 말이다.

"시장 후보가 선거 유세를 하면서 '제가 당선된다면 이 도시를 헤집어 하수도관을 보수하겠습니다'라고 공약했던 사람은 아마 저밖에 없었을 거예요. 하지만 하수도관 보수는 급수 시설과 관계가 있어요. 공중위생과 우리가 마시는 물에도 영향을 주는 정말 근본적인 문제죠."

결국 셜리는 근본적인 문제 앞에서 발군의 실력을 발휘하여 두 가지 목표를 달성했다. 하나는 유권자들의 신뢰를 얻은 것이고, 다른 하나는 행정을 운영하기 위한 준비의 토대를 마련한 것이다. 셜리는 기본적인 문제를 해결하되 사람들의 주의를 끌 필요는 없다고 생각했다. 이런 자세는 시청에서는 좀처럼 보기 힘든 태도였다.

셜리는 중요한 문제는 도시 외부의 전문가를 초빙해 자문한다는 자신의 기준을 굳게 믿고 있었다. 기반 시설 프로젝트도 그 기준을 따라 준비했다. 가장 신속하고도 효율적으로 문제를 해결하는 것이 그녀의 명확한 목표였다. 셜리는 문제 해결에 필요한 능력을 갖춘 사람들을 골라서 팀을 꾸렸다.

그녀는 애틀랜타 밖에서 환경 전문가와 엔지니어, 토지 이용법 전문 변호사, 수도 전문가를 불러들였다. 애틀랜타의 물 문제와 개인적인 이해 관계에서 전혀 상관없는 사람들이 객관적으로 말하는 것을 듣고 싶었기 때문이다. 셜리는 대대적인 변화를 주도할 때 반드시 이런 원칙을 지켰다. 과거의 사례를 모으고 목표를 세우고 자신과 팀이 모은 사실에 기초해서 전략을 세우는 일 말이다.

"그들의 조언을 토대로 문제점을 객관적으로 파악하고 나서 계획을 세웠어요. 동시에 긍정적인 여론도 함께 조성하기 시작했어요. 전문가들의 입장은 어디까지나 중립적이었기 때문에 우리 유권자들도 그들의 말을 믿을 수 있었죠. 외부 전문가들은 우리가 해결책을 찾을 준비를 제대로 하고 있는지도 점검해줬습니다."

외부 전문가 그룹을 포함해 팀을 꾸리기 위해서는 해야 할 일이 어마어마했다. 아마 이는 대부분의 사람들이 예상하는 것보다 훨씬 더 힘든 작업일 것이다. 하지만 여기서 또 한 번 셜리의 실력이 빛을 발했다. 그녀는 자신이 통제할 수 있는 모든 변수를 통제하기 위해 애썼다. 어떤 도시에서 무슨 위기가 발생하든 충분한 정보와 전문 지식을 바탕으로 정책을 만드는 것이 문제를 해결하는 첫걸음이다. 그녀는 시 공무원들이 정책에 자신감을 갖고 제대로 준비됐다고 스스로 만족할 만큼 준비한다면 일은 자연스럽게 풀린다고 생각했다.

셜리는 시장이자 대중 연설가로서 처음 시작했던 때를 떠올리면서 실력도 형편없었고 준비도 덜 된 풋내기 연설가였다고 스스로를 평가했다. "제가 연설하려고 일어나면 우리 사무실 사람들이 일제히 몸을 움츠리더군요.

특히 제 즉흥 연설은 아주 못 들어줄 지경이었어요.”

그래서 그녀는 유창하게 즉흥 연설을 할 수 있도록 준비하기 시작했다. 자신의 멘토들을 비롯해 훌륭한 연설가들의 테이프를 들으며 연구했다. 연설을 잘하는 사람들의 강연이 있으면 참석해서 그들의 말에 귀를 쫑긋 세웠으며 유명 연설문을 열심히 수집하기도 했다. 하지만 셜리는 여기서 그치지 않고 스스로 각본을 짜기 시작했다.

결국 그녀는 감동적이고 힘 있는 연설가가 되었다. 마틴 루서 킹 주니어의 아내인 코레타 스콧 킹 여사의 장례식장에서는 4분 동안 근사한 연설을 하기도 했다. “하지만 그걸 준비하고 예행연습까지 하는 데는 장장 15시간이 걸렸어요”라고 셜리는 고백한다.

지금 그녀는 연설뿐만 아니라 회의, 일대일 대화를 앞두고도 각본을 짠다. 그리고 실제 상황에서는 철저히 준비가 된 사람이라는 이미지를 남긴다. 한때 그녀가 연설할 때 몸을 움츠리며 창피해하던 직원들도 이제는 그녀의 연설 실력을 인정할 것이다.

이 책에 등장하는 다른 모든 사람들도 마찬가지다. 특정 학교나 도시, 기업이나 TV 방송국의 리더로서 보여준 그들의 실력은 꼼꼼하게 준비에 몰두하는 것에서부터 시작됐다. 그들의 준비 윤리는 아주 투명하고 또 영향력이 있었다. 그들은 성공과 과정을 똑같이 중요하게 여긴다. 셜리가 그렇듯 그들도 철저한 과정이 곧 성공으로 이어진다는 사실을 잘 알고 있었다.

병을 이긴 사람들은 이렇게 준비했다

최악의 암을 물리친 준비의 달인

주변에 암에 걸렸던 사람이 있는가? 그렇다면 녹록지 않은 의료 현실 속에서 암과 싸우는 일이 얼마나 힘든지 잘 알 것이다. 치명적인 암을 이기고 살아나기 위해서는 대단한 용기가 필요하다. 생사의 고비를 몇 번씩 넘겨야 할 뿐 아니라 사람을 쉽게 체념하게 만드는 의료진이나 의학적 소견, 치료가 지연되는 시스템 속에서도 살아남아야 한다. 죽음을 부르는 질병과 마음에 상처만 주는 병원과 보험 체계에 효과적으로 대처할 수 있는 유일한 방법은 체계적으로 치료를 준비하는 방법밖에 없다. 그러나 이를 알고 적용할 줄 아는 사람은 극히 드물다.

내 이복동생 돈 코핸은 평생 동안 준비의 달인으로 살아왔다. 그 덕에 1972년 올림픽 동메달을 비롯해 숱한 경기에서 메달을 땄다. 또한 부동산 개발업체도 차렸는데 여기서 번 돈을 모교인 암허스트 대학에 기부하기도 했다.

하지만 무엇보다도 그의 꼼꼼한 준비 실력을 가장 잘 보여준 것은 두 차례에 걸친 암과의 싸움이었다. 그것도 가장 무시무시한 악성 종양으로 알려진 호지킨 림프종 4기와 말이다.

그의 목표는 살아남는 것이었다. 그리고 사랑하는 가족과 함께 보내는 시간을 최대한으로 늘리는 것이었다. 그는 치료 센터, 치료 방법, 의사, 심리·물리 요법을 완벽하게 조사해서 8단계 준비 원칙을 모두 밟기로 결심했다. 먼저 그는 자신과 같은 유형의 암을 이겨낸 사람들의 사례를 찾았다. 많지 않았지만 그에게 용기를 주기에는 충분했다. 그다음은 주변 사람들에게 정보를 부탁하고 대중 매체와 의료 전문지를 샅샅이 뒤져 가능한 치료 방법과 병원을 찾아내 일일이 검토했다. 돈이 찾은 치료 방법은 같은 연령대의 환자들이 견디기 힘들 만큼 육체적으로 고통스러운 과정이었다. 내로라하는 명의들조차 치료를 받을지 안 받을지는 돈의 뜻에 따라 결정해야 한다고 말했다. 그는 다양한 정보들에 근거해 나름의 전략을 세웠다.

돈은 팀을 구성하면서 자신의 준비 실력을 유감없이 발휘했다. 의사들과 면담을 하고 정신과 의사를 찾아가 가족들과 헤어질지도 모른다는 슬픔과 두려운 마음을 털어놨다. 그는 유능하고 헌신적인 자신의 아내 트리나를 이 전투의 보좌관으로 삼았다.

"나 스스로 되뇌었죠. '돈, 넌 비즈니스에 대해서는 철저하게 꿰고 있을지 몰라도, 이 일에 관해선 일자무식이야.' 그래서 팀을 구성했던 겁니다. 팀원들에게 저마다 맡을 역할을 정해주고 제게 주어진 시간 동안 오직 그들에게만 집중했죠. 제 전략은 팀을 이용해서 이 어려움을 이겨내는 것이었습니다."

돈의 가족이 보여준 효율성과 자신감은 담당 의사들에게도 영향을 미쳤다. 나는 병원의 고문 겸 위원회의 일원으로서 여러 의사와 병원을 알고 있었다. 의사들은 보통 환자와 가족이 얼마나 준비됐는지를 감지하고 그에 맞게 대했다. 불공평하다고? 그러나 상대방의 수준에 따라 다르게 대응하는 것은 인간의 본성일 뿐이다. 당신이 의사라면 환자가 진료실로 들어와 함께 검토할 체크리스트를 공손히 내밀었을 때 어떻게 반응하겠는가?

실제로 돈은 의사들에게 그렇게 했다. 그가 의료진으로부터 적극적인 협조를 받을 수 있었던 데는 분명 이런 준비도 한몫 했을 것이다.

트리나는 매일 아침 화장실 거울에 돈이 그날 복용할 약과 만나야 할 사람의 목록을 붙여뒀다. 어느 날 아침 돈은 통증이 너무 심한 나머지 그대로 주저앉아 변기에 구토를 하고 말았다. 트리나는 즉시 달려갔는데 눈앞의 광경을 믿을 수 없었다. 돈이 머리를 변기통에 처박은 채 미친 듯이 웃고 있었던 것이다. 돈이 그때를 이렇게 회상했다.

"아내가 나더러 왜 그렇게 웃느냐고 물었어요. 양치를 하다가 칫솔을 깊숙이 집어넣는다고 생각해봐요. 자기가 뭐라도 되는 양 으스대는 사람들도 별수 없이 나처럼 변기통에 머리를 처박게 되지 않겠어요?"

하지만 그가 이렇게 웃을 수 있던 것은 싸울 준비를 이미 충분히 해뒀기 때문이다. 내 생각은 그렇다. 그는 아마 악마 앞에서도 웃을 수 있었을 것이다. 일생일대의 위기 앞에서도 할 수 있는 한 최선을 다해 체계적으로 준비했다는 자신감이 있었기 때문에 그는 그렇게 웃을 수 있었다. 그는 자신이 할 수 있는 모든 것을 다 했다. 결과는 단지 그 뒤에 따라오는 것이었다. 부수적인 효과도 있었다. 그는 과정 자체에 몰입한 덕분에 죽음에 대한 생각에서도 자유로울 수 있었다. 결국 그는 준비를 통해 죽음이 아닌 치유를 경험할 수 있었다.

나는 돈의 사례를 통해 준비의 체크리스트처럼 평범한 것도 목숨을 위협하는 병과 같은 엄청난 어려움이 닥쳤을 때 유용하게 사용할 수 있다는 사실을 배웠다. 그는 효율적으로 준비하는 일에서만큼은 자신이 할 수 있는 모든 것을 다 했고, 자신이 통제할 수 있는 모든 변수를 통제했다. 이처럼 철저한 준비를 통해 그는 건강을 되찾을 수 있었고, 변기통 안에 비친 곤란한 상황에 놓인 자신을 보고도 눈인사를 나눌 만큼 여유를 되찾을 수 있었다. 꼼꼼한 준비를 통해 돈은 자신의 생명을 구했고 오늘날까지 유능한 인재로 살아가는 데 도움을 받고 있다.

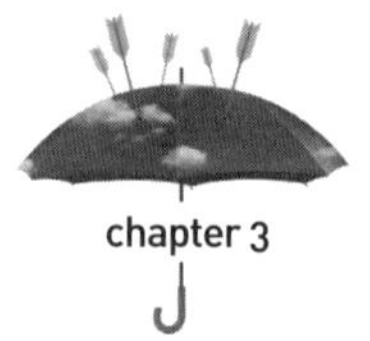

결과보다 과정을 즐겨라

내 친구이자 소설가 부부인 짐과 캐런은 준비란 '어려움(rigor)'과 '낙관주의(optimism)' 두 단어로 설명할 수 있다고 말한다. 준비를 실행하기는 어렵지만 체계적으로 준비하다보면 성과가 곧 나타날 것이라는 낙관적인 태도를 가지게 된다는 말이다.

꼼꼼한 준비는 자신감과 능률을 높여줄 뿐만 아니라 큰 만족감을 안겨주기도 한다. 준비의 체크리스트를 개발하고 다른 사람에게 가르치기 시작하면서 나는 한 가지 재미있는 사실을 발견했다. 바로 준비의 원칙들은 내 인생의 지침이 될 수도 있다는 사실이다. 무엇을 하든 준비 원칙은 내가 낙관적인 태도를 가질 수 있도록 만들었다!

내가 감당해야 했던 숱한 도전 속에서 체계적인 논리와 흐름이 있는 준비의 체크리스트는 항상 중요한 역할을 했다. 일에서 성과가 높아질수록 일이 아닌 준비 과정 자체에서 얻는 만족감도 커졌다. 내 삶의 모든 것들이 새롭게 보이고 명확해졌기 때문이다.

살면서 해야 할 일들이 첩첩이 쌓이다보면 능률이 떨어질 수 있다. 그러다보면 일을 하고 살아가는 이유, 즉 만족감을 잃어버리기 쉽다. 2006년 토리노 동계 올림픽 당시 어느 피겨 스케이팅 선수는 자신이 준비를 너무 많이 한 것 같다고 이야기했다. 스포츠나 예술 분야에서 이런 말은 참 흔하다. "제가 똑똑하지 못했습니다", "준비를 너무 많이 했어요", "생각이 너무 많았어요" 등등. 그런데 재미있는 사실은 대개 준비 과정에서 만족을 느끼지 못하는 사람들이 이렇게 말하곤 한다는 것이다. 그들에게 준비는 결과를 만들기 위한 수단에 불과할 뿐이다.

나도 한때는 오직 결과를 만들기 위해서만 준비했다. 하지만 이제는 준비 과정 자체를 즐기고 있다. '예술을 위한 예술' 또는 '여행 자체가 목적지다'라는 표현과 같은 경지랄까. 준비를 위한 준비, 즉 방법 자체가 결과 못지않게 중요할 수도 있다는 것이다.

준비는 상상한 그대로를 이룬다

빈민가 소년의 상상이 현실이 되다

벤 카슨은 유명한 소아 신경외과 의사다. 그는 준비 과정에서 무한한 만족을 느끼는 사람의 표본이라고 할 만하다. 그는 아이들의 생명을 구하는 자신의 일을 정말 사랑한다. 하지만 그가 일에 열정을 쏟아붓는 또 다른 이유는 준비에 온전히 의존하면서 자신이 커다란 기쁨을 느낄 수 있기 때문이다.

벤은 사람들을 돕는 것을 삶의 가장 큰 만족으로 여긴다. 그는 또한 외과 의사 겸 행정가로 일하는 과정 자체에서도 굉장히 큰 만족감을 얻었다. 벤에게 준비는 일종의 의식과도 같았다. 온종일 분주한 가운데서도 그의 마음이 항상 평온할 수 있었던 이유는 매일매일의 과정에 온전히 몰입했기 때문이다.

"저에게 준비는 아주 큰 기쁨입니다. 준비를 하면 마음이 편해지거든요. 일은 항상 끝이 없습니다. 그런 가운데서 저는 다른 사람에게 필요한 지식을 최대한 공부해서 전달해야 하고 다른 의사들의 성과를 보면서도 부단히 학습해야 합니다. 그게 제 의무죠. 한 명의 환자에게서 다음 환자로 넘어갈 때마다 체크리스트와 업무의 일정한 틀이 필요합니다. 당연히 준비가 돼 있다면 성공할 가능성도 훨씬 높아지죠. 준비를 잘했는데도 실패할 수 있지만, 그래도 준비를 통해 제 삶은 좀 더 발전할 수 있답니다."

벤은 어릴 적 찢어지게 가난한 가정에서 자라면서 성공에 대한 열망을 불태웠고 결국 경제적인 어려움을 극복하면서 성공할 수 있었다. 벤은 어린 시절 디트로이트 시내에 살았는데 피폐한 이웃들에 둘러싸여 절대로 그 바닥을 벗어날 수 없을 것 같은 절망감이 들기도 했다. 그러나 그의 어머니는 부단히 그를 준비시켰고 클래식 연주를 가르치거나 여러 가지 좋은 책들도 많이 읽게 했다.

"수술실에 들어갈 준비가 됐다는 확신이 없으면 마음이 정말 편치 않습니다. 당연한 얘기지만 마음이 불편하면 아무 일도 손에 잡히지 않죠. 그래서 완벽하게 준비를 마친 상태가 아니라면 차라리 수술을 안 하는 쪽을 택합니다. 저는 어머니에게서 준비를 배웠습니다. 어머니에겐 저의 독서 능력을 키워줄 당신만의 방법이 있었어요. 어렸을 때 어머니는 하루 종일 부잣집에서 일을 하다가 밤늦게 돌아오시곤 했죠. 그리고 집에 오시면 저에게 책을 읽으라고 하셨어요. 부잣집 사람들이 책을 읽는 시간만큼 읽어야 한다면서요.

우리는 철자법, 문장론, 문법 같은 걸 정말 열심히 공부했어요. 어머니는 뭘 하든 단계적으로 접근하는 게 원칙이었죠. 저는 독서를 통해 어떤 일이든 준비할 수 있다는 것을 깨달았어요. 책 속의 장면을 생각하려면 상상력을 동원해야 하잖아요. 이를 준비에 적용하면 자신이 할 일을 미리 상상해볼 수 있죠."

매일 밤, 그는 다음 날 할 일을 머릿속에 그리며 잠자리에 든다. 침대에 누워서도 수술을 위한 체크리스트를 하나씩 점검하고 환자와 그 가족들의 모습을 상상하며 모든 상황을 머릿속에 그려보고 또 한 번 점검한다. 준비를 통해 그는 생명을 치유하고 구하는 기쁨에 한 걸음 더 다가가는 커다란 만족감을 얻고 있다.

최악의 상황에서 더 빛나는 준비의 힘

오른손을 잃은 피아니스트의 인생 역전

유명 피아니스트인 레온 플라이셔를 통해 준비와 만족감의 상관관계를 다시 한 번 확인할 수 있다. 내가 레온을 처음 만난 건 볼티모어 심포니 오케스트라가 한창 파업 중일 때였다. 새로운 심포니 홀 개장을 앞둔 터라 파업으로 인한 재정 손실이 막심했다. 나는 운영진과 연주자들을 중재해달라는 요청을 받았는데 다른 몇몇 유명 인사들도 왔다 갔지만 갈등을 해결하는 데 실패한 상태였다.

양쪽의 입장을 조사하는 와중에 나는 레온에게 프로 음악계의 정치와 관행을 가르쳐달라고 부탁했다. 양측 모두에게서 가장 존경을 받는 인물이 그였기 때문이다. 레온은 내가 운영진과 연주자들의 입장을 파악하고 각자가 내세우는 대안을 이해할 수 있도록 도왔다. 오케스트라가 단원을 어떻게 선별하고 운영진과 위원회가 어떻게 돌아가는지도 알려줬다. 그러던 어느 날 새벽 5시, 드디어 파업이 종결됐다는 기쁜 소식을 알려준 것도 레온이었다.

문득 로버트 브라우닝의 시구절이 떠오른다. '인간은 자신의 이해력이 미치는 범위를 뛰어넘어야 한다.' 레온이야말로 자기 일의 틀을 뛰어넘는 비범한 경지에 도달한 사람이었다. 신이 내려준 두 손으로 피아노를 연주할 때 레온은 천국에 있는 듯한 기분을 느낀다고 했다. 황홀경이나 환희, 크나큰 만족감에 빠진 상태 말이다.

레온은 예전에 오른손이 마비되는 엄청난 비극을 겪은 적이 있다. 악력이 약해져서 악수하는 것조차 불가능한 상태였다. 그의 생계는 물론이고 그동안 쌓아온 명성과 경력까지도 한순간에 날아갈 판이었다. 정체불명의 질병이 그의 재능을 앗아간 것이다. 이미 아홉 살부터 당대의 클래식 거장이었던 아르투르 슈나벨의 문하에서 수학했던 음악 신동이 더 이상 피아노를 연주할 수 없게 된 것이다. 레온은 이렇게 말했다.

"나에게 피아노는 단순한 악기가 아닙니다. 피아노는 내 몸의 일부나 마찬가지입니다. 단순한 물건도 아닙니다. 피아노의 건반은 내 손가락과도 같습니다."

피아노를 칠 수 없다는 것은 마치 레온의 몸 가운데서 일부가 떨어져나가는 것과도 같았다. 레온은 더 이상 천부적인 재능을 뽐낼 수 없었다. 그래서 그는 준비를 하기 시작했다. 그는 삶의 목표를 다시 정했고 과거의 사례를 분석하며 병과의 싸움을 통해 얻을 수 있는 대안들을 하나하나 따져보았다.

"치료를 하려고 여러 전문가들을 전전하며 문의했죠. 시도할 수 있는 방법은 모조리 다 찾아보기로 작정했거든요. 물론 왼손만으로 연주하는 사례도 생각보다 꽤 많더라구요. 하지만 수년간 그 방법은 거들떠보지도 않았습니다. 왠지 내가 다시는 양손으로 연주할 수 없다는 사실을 인정하는 것 같아서 말이에요."

치료법을 찾아 헤매던 레온은 결국 음악과 자신의 관계를 다시 정의하기로 결심했다. 자신의 목표를 분석한 뒤 레온은 이제 피아노를 치는 대신 남을 가르치는 데서 의미를 찾겠다는 결심을 했다. 그의 스승인 아르투르 슈나벨이 뉴욕의 작은 아파트에 피아노 두 대를 갖다놓고 재능 있는 학생들 네댓 명을 가르치며 만족과 보람을 느꼈던 것처럼 말이다. 레온은 또한 지휘에도 관심을 가졌는데 음악의 생생한 역동성을 멋진 오케스트라와 함께 공유할 수 있었다.

레온은 자신의 스승을 하나의 사례로 삼아서 학생들을 가르치기 시작했고 음악과 새로운 관계를 맺을 수 있는 지휘자라는 직업도 생각해냈다. 그러자 왼손만을 사용하는 연주를 할 마음도 조금씩 생겼다. 이제 레온은 두 손으로 연주할 때만큼 만족스럽진 않아도 오랫동안 원했던 기쁨을 가끔씩은 만끽할 수 있었다. 그는 음악가로서 재기하기 위해 준비의 체크리스트를 사용했다. 내가 심포니의 파업 협상이 타결될 가능성을 예측하기 위해 사용했던 것과 똑같은 체크리스트였다.

레온은 결국 자유를 얻었다. 1981년 후반에 수근관증후군(carpal tunnel syndrome : 손가락에 통증이 생기고 감각이 없어지는 손 신경 질환 – 옮긴이 주) 수술을 받고 오른손의 감각을 되찾은 것이다. 하지만 신은 레온을 다시 한 번 시험대에 오르게 했다. 나는 그때 양손으로 다시 연주를 시작하는 그의 성대한 콘서트 현장에 있었다. 〈뉴욕타임스〉는 이 콘서트를 커버스토리로 실었다. 새로 지은 심포니 홀에서 그는 양손으로 첫 곡을 연주하기 시작했다. 하지만 공연 한참 전부터 레온은 아직 양손 연주 실력이 온전히 돌아오지 않았다는 것을 알고 있었다. 건반은 더 이상 몸의 일부처럼 움직여주지 않았다. 오랫동안 피아노를 만져보지 않았던 손가락으로도 건반을 두드릴 수는 있었지만 피아노는 이미 레온의 몸이 아니었다.

레온은 몹시 낙담했다. 자기기만에 빠졌다며 스스로를 나무랐다. 사회자가 그를 부르자 레온은 무대 위로 나왔다. 돌아온 신동을 보려고 온 사람들과 클래식 애호가들로 가득 찬 공연장에서 그는 무대 위에 서 있었지만 눈곱만큼도 기쁘지 않았다. 오히려 마음속에는 모멸감만 가득했다.

"내가 완치되지 못했다는 사실이 공공연하게 알려지자 신기한 일이 생겼습니다. 대형 콘서트 일정이 열 개나 잡혀 있었어요. 저는 그게 다 취소될 줄 알았거든요. 나의 양손 연주 실력이 완전히 돌아온 것으로 잘못 알고 잡힌 공연이었으니까요. 그런데 취소된 공연은 딱 한 개뿐이었습니다."

레온은 왼손으로 공연을 하는 동시에 강습과 지휘자 일도 할 수 있었다.

1995년의 어느 날, 그에게 한 통의 전화가 걸려 왔다. 그가 준비 기간에 만났던 의료 전문가 중 한 사람인 다니엘 드라흐 박사였다. 그는 레온에게 워싱턴 D.C.의 국립보건연구소가 임상 실험 중인 보톡스 치료를 받아보라고 권했다.

보톡스 치료는 서서히 효력을 발휘하기 시작했다. 레온은 뇌 질환의 일종인 근육긴장이상증(dystonia)을 앓고 있었다. 뇌가 보낸 메시지 때문에 손가락이 제멋대로 오그라드는 병이었다. 보톡스 치료는 손가락에 마비 신호를 보내는 뇌의 메시지를 차단할 수 있는 새로운 치료법이었다. 드디어 그는 손가락이 오그라드는 현상 없이 피아노를 연주할 수 있게 된 것이다. 사실 치료를 받은 후에도 병이 깨끗하게 나은 것은 아니었다. 하지만 치료 후에는 가끔이나마 두 손으로 다시 연주할 수 있을 정도로 상태가 많이 좋아졌다.

한때 자괴감에 빠져 있었던 레온은 새로운 치료법 덕분에 공연을 계속할 수 있었다. 그리고 그는 현재까지도 공연을 계속하고 있다. 레온은 지금도 전 세계를 여행하며 공연을 하고 음악 대학에서 학생들을 가르치고 있다. 그가 환자로서 꾸준히 준비했던 과정은 음악가로서 준비했던 과정과 닮았다. 레온은 절대 물러서지 않았다. 교수나 지휘자로서 준비하는 과정도 음악을 계속하는 데 필요하다는 사실을 깨달았기 때문이다. 이제 그는 음악을 통해 새롭게 찾은 만족감에서 자신의 병을 고칠 힘을 얻고 있다.

레온은 '피아니시모(pianissimo : 부드럽게)'를 유지하는 것이 뛰어난 연주라고 생각한다. 사실 레오는 '부드러운' 연주자다. 최고의 클래식 비평가들 역시 그를 부드러운 연주의 대명사라고 평가한다. 이것은 피아노 연주자이자 지휘자로서 그가 갖고 있는 개성이었다.

레온은 치명적인 병 때문에 인생의 진로를 바꿔야 했다. 하지만 그는 새로운 도전을 담대히 받아들였고 예전과는 다른 새로운 삶에 도전하여 성공할 수 있었다. 그는 늘 피아니시모처럼 부드럽게, 그러나 온 힘을 다해 용감하게 새로운 삶을 준비했다. 그는 끊임없이 노력한 덕분에 예전에 누리던 만족감까지도 되찾을 수 있었다. 레온은 준비에 대해 이렇게 말한다.

"준비의 원칙은 압박감에 시달리는 상황에서도 최고 수준의 80%까지 성과를 끌어올릴 수 있게 해줍니다."

레온은 너무나 오랜 세월 동안 압박감에 시달리며 살았다. 그러나 한순간도 노력을 게을리하지 않았다. 2007년에는 레온의 일대기를 다룬 다큐멘터리가 아카데미 영화제 후보작으로 선정되기도 했다. 그는 수많은 스타들과 어깨를 나란히 하며 레드 카펫을 밟았다.

〈두 손(Two Hands)〉이라는 제목의 이 영화는 그의 재능과 좌절 그리고 재기하기까지의 과정을 잘 그려낸 수작이다.

만약 당신이 레온과 만난다면 주저 말고 손을 내밀어도 좋다. 당신을 만나면 아마 그가 먼저 활기차게 손을 내밀지도 모르겠다. 그 손을 맞잡으면 그는 짓궂게 손가락을 구부려 당신의 손바닥을 간질일 것이다. 그는 이제 꼬부랑 할아버지나 다름없는 나이인데도 여전히 새로운 삶에 도전하는 일을 멈추지 않는다. 지금도 그는 오른손을 온전히 사용할 수 있도록 열심히 노력하면서 동시에 제자들과 오케스트라 단원들에게는 그들이 음악의 기쁨을 느낄 수 있도록 도와주고 있다. 현재 그는 그 어느 때보다도 만족감에 흠뻑 취한 음악가의 삶을 살아가고 있다.

준비의 원칙은 간단하다. 하지만 레온이 음악가로서 컴백하는 과정에서 커다란 기여를 한 것처럼 그 영향력은 상당히 크다. 레온은 인생의 시련에 부딪혔을 때 준비로 대응했고 자신의 삶에서 새로운 만족감을 찾을 수 있었다. 음악의 천재이자 거장으로서 그는 이제 다른 음악가들을 준비시키는 동시에 자신만의 새로운 연주를 준비하며 살고 있다.

연설, 발표, 협상, 팀 회의 등 무슨 일을 앞두었건 간에 당신은 준비라는 간단한 과정만으로도 지극히 큰 만족감을 느낄 수 있다. 나는 음악의 선율에서 환희를 맛볼 만큼 축복받은 명음악가는 아니다. 그러나 나는 레온을 비롯한 수많은 준비의 달인들과 똑같이 생각하는 것이 하나 있다. 바로 '준비는 예술'이라는 것이다. 나는 가끔씩 꼼꼼하게 준비하는 데 흠뻑 취해서 황홀경에 빠지기도 하는 준비 애호가이다.

성공과 환희를 맛보고 싶다면 당신도 이제부터 '준비'를 시작하라!

준비 원칙 체크리스트

삶의 변화에 도전하거나 어려운 문제를 해결하기 위한 전략을 세울 때 다음의 양식은 당신의 생각을 정리하는 데 도움이 될 것이다. 하지만 당신 마음대로 온갖 정보 조각들을 빈칸에 넣어서는 안 된다. 대신, 상황을 논할 때 다른 사람들과 능률적으로 소통할 수 있도록 핵심만 적도록 한다. 체크리스트에 완벽한 답을 적을 필요는 없다. 하지만 누군가가 이 체크리스트의 요점을 검토한 후 당신에게 질문할 때 명확하게 대답할 수 있을 정도는 돼야 한다.

⊙ 준비 원칙 체크리스트

문제가 무엇인가?		
상황 요약		
목표	**최종 목적지 정하기** • 나는 이 문제에 어떻게 대응하고 싶은가? 또는 이를 통해 무엇을 성취하길 원하는가?	
과거의 사례	**관련된 비즈니스 거래나 경험 찾기** • 나도 이와 비슷한 경험을 한 적이 있는가? 또는 다른 사람들은 어떻게 대처했는가? 결과는 어떤 것이 있는가?	
대안	**발생할 수 있는 다양한 결과 고려하기** • 대안들은 나의 목표를 얼마나 충족시키는가? 일이 잘 풀리지 않을 경우 어떤 결과가 발생하는가? 상대방이 나와 거래하지 않는다면 그의 다른 대안은 무엇인가?	

관심사	**상대방의 진짜 목적 파악하기** • 상대방이 원하거나 필요로 하는 것 중 내가 해결해줄 수 있는 일은 무엇인가?	
전략	**계획 세우기** • 어떤 단계를 밟아야 하는가? 그리고 언제, 어떻게 착수할 예정인가?	
일정	**기간별로 이뤄야 하는 목표 정하기** • 전략에 따른 과정 중에 어떤 단계를 언제까지 완수하길 기대하는가?	
팀	**팀원 정하기** • 이 일을 혼자 할 것인가, 다른 사람들과 함께 할 것인가? 팀원들의 역할은 무엇인가? 나는 팀원들에 대해 얼마나 아는가? (이력, 전문 분야, 장단점, 성격 등)	
각본	**전하고자 하는 메시지나 제안 적기** • 각본에 들어갈 탐문용 질문과 가상의 상황은 무엇인가? '선의의 비판자' 역할을 맡은 팀원이나 지인들은 각본에 대해서 어떻게 생각하는가? 각본을 완성한 후에는 연습을 통해 상대방에게 메시지를 당당히 전할 수 있도록 자신감을 쌓는다.	

이 책에 나온 준비의 달인들

Part 1 ────────────────────────────────

chapter 1

— 켄 싱글턴(Ken Singleton) : 전직 메이저리그 야구선수이자 현 뉴욕 양키스 전담 스포츠 중계 아나운서

chapter 2

— 에릭 맨지니(Eric Mangini) : NFL 팀인 뉴욕 제츠(New York Jets)의 전(前) 수석 코치

Part 2 ────────────────────────────────

chapter 1

— 스티브 비스코티(Steve Biscotti) : 알레기스 그룹(Allegis Group) 설립자, 미식축구 팀 볼티모어 레이븐스
  (Baltimore Ravens) 구단주, 〈포브스〉가 선정한 세계 부자 400인 중 한 명

— 헨리 테일러(Henry Taylor) : 존스홉킨스 공중보건대학 보건 정책 및 관리 부장, 전직 웨스트 버지니아
  주 위생관

— 미셸 셰퍼드(Michelle Shepherd) : 뱅크오브아메리카 동부 책임자

chapter 2

— 빌 밀러(Bill Miller) : 레그 메이슨 캐피털 매니지먼트(Legg Mason Capital Management) 회장 겸 CIO
  (최고투자자)

— 앤 마리 티어니(Ann Marie Tierney) : 캘리포니아 주 시카고에 있는 파이어스톰 와일드랜드 소방업체
  (Firestorm Wildland Fire Suppression)의 대형 화재 진압 소방대원

chapter 3

— 테일러 브랜치(Taylor Branch) : 퓰리처상을 수상한 역사가이자 베스트셀러《America in the King
  Years》의 저자

— 빌 월튼(Bill Walton) : 얼라이드 캐피털 코퍼레이션(Allied Capital Corporation) 회장 겸 CEO

— 로버트 파커(Robert Parker) : 〈The Wine Advocate〉지 와인 평론가, 프랑스의 '레지옹 도뇌르 훈장
  (Ordre de la Legion d'Honneur)'과 이탈리아의 국가 공로 훈장인 '꼬멘다또레(Commendatore)'를 받음

chapter 4

— 샬린 바셰프스키(Charlene Barshefsky) : 1996~2001년 미국 무역 대표부였고, 현재 워싱턴 D.C.의 법
무법인 윌머헤일(Wilmer-Hale)의 수석 국제 파트너

— 존 디온(John Dionne) : 블랙스톤 그룹(Blackstone Group) 전무 이사

— 스콧 필라즈(Scott Pilarz) : 예수회 수사, 스크랜튼 대학(University of Scranton) 총장, 영문학 교수

— 밥 코스타스(Bob Costas) : 에미상을 수상한 스포츠 중계 아나운서, 베스트셀러 《Fair Ball : A Fan's Case
for Baseball》의 저자

chapter 5

— 조 어만(Joe Ehrmann) : 목사이자 코치, 전직 NFL 선수, 〈Parade〉지가 선정한 '미국에서 가장 탁월한
코치'

— 리앤 한센(Liane Hansen) : 미국 국영 라디오 방송국인 NPR의 〈위크엔드 에디션 선데이(Weekend
Edtion Sunday)〉 DJ

— 톰 지아노파울로스(Tom Giannopoulos) : 마이크로스 시스템스(MICROS Systems) CEO

— 리사 폰티넬리(Lisa Fontenelli) : 골드만삭스(Goldman Sachs) 전무 이사이자 글로벌 투자 조사부 운영
책임자

chapter 6

— 웬디 웹스터(Wendy Webster) : 웨그먼스 식품(Wegmans Food Markets) 매장 관리자

— 아르니 클라이너(Arnie Kleiner) : LA KABC-TV 사장 겸 총 책임자

— 래리 깁슨(Larry Gibson) : 법학 교수, 라이베리아 대통령 엘렌 존슨 설리프(Ellen Johnson Sirleaf)와 마
다가스카르 대통령 마크 라발로마나(Marc Ravalomanana)를 비롯하여 수많은 미국 정치인의 선거 캠페
인 고문

chapter 7

— 마크 샤피로(Mark Shapiro) : 메이저리그 팀 클리블랜드 인디언스(Indians)의 전(前) 단장, 2011년 현재 팀
의 사장, 2005년 메이저리그 올해의 단장

— 샤리 휴엔 존슨(Shari Huene-Johnson) : 플로리다 주 콜리어 학군의 리더십 개발 코디네이터, 전직 윌리
엄 S. 베어(William S. Baer) 학교장

— 앤드루 클레머(Andrew Klemmer) : 파라투스 그룹(Paratus Group) 설립자 겸 CEO, 새로운 박물관 건설
을 위한 국제 프로젝트 디렉터

chapter 8

— J. 레이몬드 드파울로 주니어(J. Raymond DePaulo, Jr) : 헨리 핍스(Henry Pipps) 교수 겸 이사장, 존스홉킨스 병원 정신과 과장

— 폴 샌들러(Paul Sandler) : 법정 변호사이자 기업 경영 컨설팅 회사 샤피로 셰어 기노 앤드 샌들러(Shapiro Sher Guinot and Sandler, P.A.)의 파트너

— 샘 프레스티(Sam Presti) : 시애틀 NBA 팀 슈퍼소닉스(Supersonics) 단장, 전직 샌안토니오 스퍼스(San Antonio Spurs) 부단장

chapter 9

— 윌리 랜돌프(Willie Randolph) : 뉴욕 메츠의 전 감독, 전직 뉴욕 양키스 3루 및 벤치 코치, 전직 메이저리그 야구선수

— 메이요 샤툭(Mayo Shattuck) : 콘스텔레이션 에너지(Constellation Energy)의 CEO 겸 회장

— 스티브 모스코(Steve Mosko) : 소니 픽처스 텔레비전 사장

Part 3 ─────────────────────────────

chapter 1

— 조 마우어(Joe Mauer) : 미네소타 트윈스(Twins) 포수, 2006, 2008, 2009년 아메리칸리그 타율 1위, 2009년 아메리칸리그 MVP

— 제럴드 브룩스(Gerald Brooks) : 볼티모어 카운티 경찰청 소속 형사이자 FBI 인질 협상 팀원

— 스티브 바티스타(Steve Battista) : 기능성 의류업체 언더아머(Under Armour) 마케팅 부사장

chapter 2

— 셜리 프랭클린(Shirley Franklin) : 미국 조지아 주 애틀랜타의 전 시장, 과거 9년간 시 행정 담당관 역임

— 돈 코핸(Don Cohan) : 부동산 개발업체 도네스코 컴퍼니(Donesco Company) 사장, 요트 부문 올림픽 메달리스트, 암 극복

chapter 3

— 벤저민 카슨(Benjamin Carson) : 존스홉킨스 병원 소아 신경외과의, 베스트셀러 저자

— 레온 플라이셔(Leon Fleisher) : 피아니스트, 교수, 지휘자

승리의 여신을 내 편으로 만드는
준비의 힘

2012년   1월   5일 1판 1쇄 박음
2012년   1월 10일 1판 1쇄 펴냄

지은이 로널드 M. 샤피로, 그레고리 조던
옮긴이 신선해
펴낸이 김철종

편집진행 노준승
디자인 양미정
마케팅 최단비 오영일 김상숙

펴낸곳 (주)한언
주소 121−854 서울시 마포구 신수동 63−14 구프라자 6층
전화번호 02)701−6616 **팩스번호** 02)701−4449
전자우편 haneon@haneon.com **홈페이지** www.haneon.com
출판등록 1983년 9월 30일 제1−128호
ISBN 978-89-5596-609-1   13320